Everest
Escalando a Face Norte

Matt Dickinson

Everest
Escalando a Face Norte

Tradução
Elaine Calove

São Paulo
2007

EDITORA
Gaia

© 1997, 1999 by Matt Dickinson

1ª Edição, Editora Gaia, 2007

Diretor Editorial
Jefferson L. Alves

Diretor de Marketing
Richard A. Alves

Gerente de Produção
Flávio Samuel

Coordenadora Editorial
Rita de Cássia Sam

Preparação
Cássio Dias Pelin

Revisão
Cacilda Guerra

Capa
Eduardo Okuno

Foto de Capa
© Galen Rowell/Corbis

Projeto Gráfico
Reverson R. Diniz

Dados Internacionais de Catalogação na Publicação (CIP)
(Câmara Brasileira do Livro, SP, Brasil)

Dickinson, Matt
Everest : escalando a face norte / Matt Dickinson ; tradução Elaine Calove. – São Paulo : Gaia, 2007.

Título original: The other side of Everest

ISBN 978-85-7555-153-0

1. Dickinson, Matt – Viagens – Everest, Monte (China e Nepal) 2. Everest, Monte (China e Nepal) – Descrição e viagens 3. Montanhismo – Everest, Monte (China e Nepal) 4. Montanhistas I. Título

07-6177   CDD-796.5220922

Índices para catálogo sistemático:

1. Montanhistas : Biografia   796.5220922

Direitos Reservados
EDITORA GAIA LTDA.
(pertence ao grupo Global Editora
e Distribuidora Ltda.)

Rua Pirapitingüi, 111-A – Liberdade
CEP 01508-020 – São Paulo – SP
Tel.: (11) 3277-7999 – Fax: (11) 3277-8141
e-mail: gaia@editoragaia.com.br
www.editoragaia.com.br

Colabore com a produção científica e cultural.
Proibida a reprodução total ou parcial desta obra
sem a autorização do editor.

Nº DE CATÁLOGO: **2835**

Para Fiona

Agradecimentos

Quero registrar minha eterna gratidão à minha esposa Fiona e aos meus filhos Thomas, Alistar e Gregory. O amor e o apoio deles estiveram comigo em cada passo, bem como o de meus pais, Sheila e David.

Quero agradecer também às seguintes pessoas a ajuda incondicional, tanto durante a expedição quanto na redação deste livro: Nicola Thompson por conseguir uma editora; Himalayan Kingdoms por realizar uma expedição impecável sob condições extremamente difíceis; Simon Lowe, Sundeep Dhillon e Roger Portch por se colocarem à minha disposição, bem como seus diários de expedição; Kees't Hooft e Alan Hinkes por seu trabalho de filmagem incansável na montanha; Julian Ware, da ITN, e Charles Furneaux, do Canal 4, por acreditarem que eu seria capaz de fazer o filme que eles queriam; e Brian Blessed, cujo sonho deu origem a toda essa expedição.

Durante a expedição, nossa equipe xerpa, liderada por Nga Temba, fez todo o exaustivo trabalho de montar os acampamentos e, em particular, quero agradecer a Lhakpa, Mingma e Gyaltsen seus esforços incríveis no dia do ataque ao cume.

Durante a pesquisa para este livro, sou grato pelo auxílio de, entre outros, Audrey Salkeld; da doutora Caroline Mackenzie, do Acampamento-base de Rob Hall; do líder David Breashears da Imax Expeditions; e de Crag Jones.

Meu editor Tony Whittome foi, desde o início, uma fonte inesgotável de incentivo, e Chris Bradley e Nicholas Crane fizeram comentários editoriais valiosos quando eu mais precisava.

Por fim, quero agradecer a Anna Gumà Martinez. Sem sua inspiração, nenhuma montanha jamais teria sido escalada.

Prefácio

Existem duas listas meticulosamente compiladas pelos observadores do Everest. Uma contém os nomes das pessoas que chegaram ao cume. A outra, os nomes dos que morreram.

O fato de meu nome estar na primeira delas me espanta até hoje, e mesmo agora, dois anos após eu ter pisado no topo do mundo, ainda acordo suando frio quando recordo que foi por um triz que não entrei na segunda lista. O Everest é um lugar difícil, e o tempo não apagou minhas lembranças.

Eu era uma das centenas de pessoas que estavam reunidas na base da montanha na primavera de 1996. Como todos, eu estava nervoso, apavorado diante dessa fenomenal criação da natureza. Ao contrário dos demais, nunca tive a intenção de chegar ao cume, e muito menos de escrever um livro sobre isso. Minhas obrigações eram profissionais: fazer um documentário de uma hora para a televisão sobre uma expedição inglesa que iria escalar a Face Norte do Everest, organizada pela Himalayan Kingdoms, uma empresa inglesa da cidade de Sheffield. A rota seguiria pelo Colo Norte, Crista Norte e Crista Nordeste, a mesma que já havia sido tentada pela expedição britânica de 1924, durante a qual George Leigh Mallory e Andrew Irvine desapareceram tragicamente.

O lado norte do Everest nunca teve muita publicidade em comparação com o flanco sul (Nepal), escalado com mais freqüência, mas tudo mudou após a notável descoberta do corpo de George Leigh Mallory no alto da Face Norte. O desaparecimento de Mallory, com seu parceiro Andrew "Sandy" Irvine, passou a fazer parte do folclore do montanhismo. O ataque ao cume por Mallory e Irvine ocorreu em 8 de junho de 1924, numa época em que não existia o equipamento tecnológico de que dispomos agora. Eles escalaram usando roupas semelhantes às usadas pelos escoceses para escalar no inverno: casados grossos de lã e botas com cravos. A rota era desconhecida, os perigos da altitude ainda não eram bem compreendidos, ou seja, eles estavam literalmente pisando em território desconhecido.

Quando não retornaram para o acampamento, ficou claro que acontecera uma tragédia. Mallory e Irvine perderam suas vidas durante a investida ao cume. Mas será que eles chegaram lá antes de morrer?

Colegas de equipe e várias outras pessoas procuraram em vão por eles por quase 70 anos. A Face Norte é imensa e um corpo humano pode cair em uma vala inacessível ou entre matacões gigantescos e nunca ser encontrado. Parecia que o mistério de Mallory e Irvine nunca seria resolvido.

Foi então que um comunicado à imprensa emitido por uma pequena expedição anglo-americana em busca nas altas encostas da Face Norte na temporada pré-monção de 1999 percorreu o mundo. O corpo de Mallory havia sido encontrado! O mundo da escalada aguardava ansiosamente mais notícias. Que descobertas poderiam ser feitas? Ele morrera numa queda ou seu corpo estava intacto, indicando que a causa da morte havia sido exaustão? E o mais intrigante: haveria uma câmera com o corpo? Sabia-se que Mallory e Irvine carregavam uma pequena câmera Kodak. Ela poderia conter uma imagem do cume, uma prova irrefutável de que eles haviam sido os primeiros a realizar tal feito, quase 30 anos antes de Sir Edmund Hillary e Tenzing Norgay.

Aos poucos, foram divulgadas mais informações. Um par de óculos de neve foi encontrado no bolso de Mallory, um sinal claro de que quando ele caiu já estava escuro. Havia também outros artefatos: uma caixa de fósforos, cartas para parentes na Inglaterra, anotações referentes ao suprimento de oxigênio para o ataque ao cume.

Depois vieram as fotografias da descoberta de 1999 – fotografias comoventes, perturbadoras, de um corpo desbotado devido à radiação e à exposição. Parte do corpo de Mallory estava coberto por gelo e pequenas pedras, mas suas costas e a parte inferior das pernas eram bem visíveis. Em um dos pés, a equipe encontrou o que sobrou de uma bota com cravos. A situação da outra perna era mais complicada: estava quebrada em dois lugares. Mais tarde, foram encontrados ferimentos na cabeça compatíveis com uma queda grave e uma corda partida em duas. Mallory caiu, isso era certo.

Mas o maior mistério ainda não fora solucionado. Nada de câmera, e o altímetro que Mallory usava quebrara com a queda.

O que a descoberta confirmava era a natureza perigosa do lado norte do Everest, o mesmo que eu devia filmar. Estamos falando de um lugar em que um simples escorregão pode significar a morte. Como no caso de Andrew Irvine, essa era minha primeira expedição ao Everest, e eu mantinha isso bem vivo na cabeça quando montei a equipe para a expedição de três meses.

Minha primeira decisão foi contratar Alan Hinkes, um escalador com bastante experiência em alta montanha e que já havia conquistado o K2; ele faria a filmagem caso a equipe tivesse a chance de chegar ao cume. Supus que meus limites seriam ditados pela minha crônica falta de experiência.

Eu nunca fora além dos 6 mil metros e, em uma montanha de 8.848 metros como o Everest, isso mal me qualificava para chegar ao Acampamento-base.

Em nossa expedição, nem tudo correu como planejado. Nenhuma expedição seguiu seus planos originais na temporada de 1996, como descreveram diversos artigos de jornais e revistas e vários livros. A tempestade que atingiu a montanha em 10 de maio garantiu essa notoriedade, matando oito montanhistas com sua fúria. No total, 12 montanhistas morreram no Everest naqueles meses turbulentos.

Menos de um ano após a tempestade, foi publicado o livro de Jon Krakauer, *No ar rarefeito*. Seu sucesso imediato provou que os eventos de 1996 despertaram um interesse sem precedentes pelo Everest no mundo todo.

Na introdução de *No ar rarefeito*, Krakauer afirmou que pensava que, "escrevendo o livro, poderia expurgar o Everest da minha vida". Na verdade, aconteceu exatamente o oposto, inspirando uma tempestade de reações na mídia e na internet, tornando seu nome notório nos dois lados do Atlântico. O livro fez tanto sucesso que vendeu mais de 1 milhão de cópias – o suficiente, segundo meus cálculos, para formar uma pilha do mesmo tamanho da própria montanha.

No ar rarefeito é um relato fascinante, aclamado como um clássico do gênero com todo o mérito, embora tenha gerado controvérsias desde seu lançamento.

A crítica de Krakauer aos atos de Anatoli Boukreev, o guia russo que estava na montanha contratado pela equipe da Madness Mountain, de Scott Fischer, durante o dia do ataque ao cume resultou em um debate público entre ambos. Em seu livro, *A escalada*, escrito por G. Weston DeWalt, Boukreev defende-se piamente dos argumentos contra ele. Em seguida, Boukreev foi condecorado pelo American Alpine Club por suas ações heróicas ao salvar vários montanhistas da morte certa no Colo Sul, no ponto culminante da tempestade.

Boukreev morreu em uma avalanche no Annapurna pouco depois da publicação de seu livro. Embora ele não esteja mais entre nós para se defender, o debate continua. A internet, particularmente em sites como <www.amazon.com> e <www.salon.com>, tornou-se o novo foro de debates, argumentações e contra-argumentações sobre o Everest, num fogo cruzado diário.

No ar rarefeito revelou muitas verdades sobre o montanhismo e, especialmente, sobre a situação das expedições comerciais na montanha. Nem todas as suas observações foram bem recebidas. Como disse o diretor da Imax e uma das pessoas a chegar ao cume do Everest, David Breashears: "Acho que o livro de Jon é um relato muito honesto. Ele conta várias duras verdades. Os montanhistas não estão acostumados a receber críticas. Somos tribalistas. Jon escreveu sobre coisas que as pessoas não gostam de ouvir e que são traumáticas para algumas delas".

Everest: escalando a Face Norte não foi escrito para competir com *No ar rarefeito* nem com qualquer outro livro que fale do Everest, embora, como Krakauer, eu ingenuamente nutrisse a idéia de que escrevendo o livro poderia deixar a montanha no passado. Em vez disso, ele foi escrito – pura e simplesmente – para contar a história de nossa tentativa pelo flanco norte (tibetano), uma rota mais fria, mais longa e com a reputação de ser mais técnica que a ascensão pelo sul. Fiquei impressionado com o que vi durante aqueles meses... e ainda mais impressionado à medida que meu papel na expedição mudou de um mero cronista para membro da equipe do ataque ao cume em questão de horas. Fazer um filme sobre a expedição foi uma experiência recompensadora (especialmente, a oportunidade de filmar no cume), mas, durante a pós-produção, senti a necessidade de começar a escrever a história.

Bastou começar e não consegui mais parar de escrever nos seis meses seguintes. O resultado é este livro que está em suas mãos. Ele foi publicado no Reino Unido um mês depois de o livro de Jon Krakauer chegar às livrarias. Até onde sei, *Everest: escalando a Face Norte* ainda é o único livro que trata dos eventos daquela temporada contando a história do lado norte da montanha e de um ponto de vista que eu espero que venha somar algo.

Houve mortes no lado tibetano – quatro no total –, incluindo a do austríaco Reinhard Wlasich, que deu seus últimos suspiros numa barraca a apenas alguns metros da nossa, enquanto Alan Hinkes e eu deixávamos o Acampamento 6 para nosso ataque ao cume. Comecei a me questionar sobre o incidente: "Por que você não se esforçou mais para salvá-lo?" e "Como você pôde continuar tentando chegar ao cume quando uma pessoa estava morrendo ali ao lado?".

A resposta fácil – e praticamente a pior de todas – é afirmar que, a menos que você saiba o que é estar em extrema altitude em uma montanha como o Everest, não há uma maneira realista de compreender as ações humanas sob essas circunstâncias. A resposta mais pessoal que costumo dar – embora ela também pareça ser a pior delas – é perceber que, quanto mais analiso minha experiência no Everest, mais respostas parecem surgir.

Fiz o possível para responder a essas perguntas neste livro.

Outra controvérsia gerada pela Face Norte e que, em definitivo, não vai sumir, é aquela que se refere ao encontro entre a equipe japonesa Fukuoka e os três montanhistas da polícia de fronteira indo-tibetana no dia do ataque ao cume. Nesse episódio discutido à exaustão, três montanhistas japoneses e seus xerpas passaram pelos três montanhistas indianos, que estavam à beira da morte, na Crista Nordeste, sem oferecer alimento ou bebida nem tentar um resgate.

Esse ato causou uma avalanche de protestos no mundo todo e levou a uma reunião sobre a crise no Acampamento-base, na qual o líder de nossa expedição foi solicitado a, com os demais presentes, censurar as ações da equipe japonesa. A reação dos líderes reunidos foi interessante – e talvez não fosse a que eu esperava. Mais tarde, Alan Hinkes e eu encontramos os corpos de dois dos montanhistas indianos durante nosso ataque ao cume, uma das experiências mais perturbadoras de que me recordo de um período em que a morte sempre esteve à espreita.

Everest: escalando a Face Norte é o Everest visto pelos olhos de um novato em alta montanha e não me envergonho disso. É um relato pessoal, pura e simplesmente, escrito não para montanhistas, mas para qualquer pessoa que seja fascinada pelo Everest. Como *No ar rarefeito* e *A escalada*, ele nem sempre foi bem-recebido no mundo do ar rarefeito da elite montanhista (um montanhista inglês renomado disse-me de forma irritada que "não se trata de um livro de montanhismo porque você não é um montanhista").

Talvez eu tenha invadido um território ao qual não pertenço. Não conheço o montanhismo como Jon Krakauer, nem sou um escalador como Boukreev era. Eu era um peixe fora d'água no Everest e sou o primeiro a admitir isso. Devo muito mais à sorte que a qualquer outra coisa o fato de ainda estar vivo – à sorte e à atenção dos colegas montanhistas e dos xerpas que me auxiliaram em cada momento de tensão durante aqueles meses.

Nesse meio-tempo, descobri que é raro o dia em que minha experiência no Everest não ressurge de uma ou outra forma. Em dezenas de ocasiões no Reino Unido, na França, na Espanha e na Suíça, em clubes de montanhismo, em livrarias e em reuniões de empresários, eu contei a história que se passou no Everest naquela fatídica primavera de 1996. Em nenhum momento as pessoas deram sinal de estarem fartas do assunto. Na verdade, é o contrário: o pesadelo da tempestade e a realidade brutal da morte súbita na alta montanha ganham força na imaginação das pessoas a ponto de o Everest ser mais uma vez o tema de debates acalorados em bares e pubs, como quando a expedição de John Hunt realizou a primeira ascensão em 1953.

Da mesma forma que uma transparência projetada em uma tela de dois metros nunca conseguirá reproduzir a majestade do nascer do sol visto dos 8.230 metros da Face Norte do Everest, nunca haverá palavras suficientes para descrever o horror de caminhar sobre as pernas estiradas de um montanhista morto num caminho salpicado de corpos até o cume. Algumas cenas daquela expedição jamais sairão da minha memória.

Com freqüência me perguntam: "Escalar o Everest mudou sua vida?". Acho que o mais próximo de uma resposta que consigo é quando digo que escalar o Everest não mudou minha vida, a mudança veio ao escrever *Everest: escalando a Face Norte*. Sou um contador de histórias profissional há 12 anos. São histórias de expedições contadas na forma de documentários. Escrever este livro foi uma revelação, abrindo para mim um meio de comunicação mais profundo que qualquer filme que eu fiz. No meu documentário sobre o Everest, *Summit fever* [Febre do cume], tive apenas 47 minutos para contar a história de três meses na montanha. Neste livro, tenho (assim espero!) atenção exclusiva por mais de 200 páginas! No futuro, pretendo escrever mais e filmar menos.

Everest: escalando a Face Norte está sendo traduzido para o alemão, holandês, hebraico e espanhol, mas fiquei especialmente feliz quando soube que ele atravessou o Atlântico para ser editado nos Estados Unidos. Há mais de dez anos, faço filmes para emissoras norte-americanas, como Discovery Channel, Arts & Entertainment Network e National Geographic e, com os Estados Unidos como um destino de viagem freqüente, será emocionante ver este livro nas livrarias ao lado de livros importantes sobre o Everest como *No ar rarefeito* e *A escalada*.

Matt Dickinson
nov. 1999

Ilustrações

(Exceto se indicado de outra forma, todas as fotografias são © de Matt Dickinson/ITN Productions)

Primeira parte

Acampamento-base no Glaciar Rongbuk
Brian Blessed em Katmandu
Caminhada até o Glaciar Rongbuk (*Sundeep Dhillon*)
Pastores de iaques a caminho do Acampamento-base Avançado
Membros da equipe xerpa (*Sundeep Dhillon*)
A Face Norte do Monte Everest
Matt Dickinson com o Changtse ao fundo (*Alan Hinkes*)
Acampamento no Colo Norte
Equipe da Himalayan Kingdoms no Colo Norte (*Simon Lowe*)
Alan Hinkes
Acampamento 6 da Face Norte
Matt Dickinson subindo o Segundo Escalão (*Alan Hinkes*)
Matt Dickinson no cume
Alan Hinkes no cume (*coleção Matt Dickinson/Alan Hinkes*)
Matt Dickinson no cume, fotografia feita com a câmera amadora (*xerpa Lhakpa*)
Queimadura de primeiro grau causada pelo frio nos dedos de Matt Dickinson (*Sundeep Dhillon*)
Matt Dickinson e Alan Hinkes em Katmandu (*coleção Simon Lowe/Alan Hinkes*)

Segunda parte

Matt Dickinson e Brian Blessed no Acampamento-base (*Roger Portch*)
Sundeep Dhillon cuida dos dentes de Kees't Hooft
A Face Norte do Everest vista do Platô Tibetano
Vista do Everest a partir do Monastério Rongbuk
Ned Johnston filmando no Glaciar Rongbuk

A equipe xerpa no *puja*
Acampamento-base Avançado
Membros da equipe da Himalayan Kingdoms no Colo Norte
A Equipe B no Acampamento-base
A tempestade sobre a Face Norte
As Cristas Norte e Nordeste
Rob Hall durante o *puja* no flanco sul da montanha (*Caroline Mackenzie*)
Beck Weathers (*Caroline Mackenzie*)
O resgate por helicóptero de Makalu Gau (*Caroline Mackenzie*)
Equipe de Rob Hall (*Caroline Mackenzie*)
Brian Blessed na Crista Norte
A crista final do cume
Mingma, Gyaltsen e Matt Dickinson no cume (*xerpa Lhakpa*)

Mapas

A rota de Katmandu até o Acampamento-base no Everest passando pelo Tibete
Vista norte do Monte Everest
Vista sul do Monte Everest

Introdução

Pouco antes das quatro horas do dia 10 de maio de 1996, Audrey Salkeld, historiadora e pesquisadora do Everest, estava digitando um de seus dois relatórios diários na internet em um notebook Apple Mac dentro de uma barraca no Acampamento-base do Everest quando sentiu um calafrio. Era sua segunda expedição ao Everest e ela fora contratada pela expedição norte-americana de filmagem Imax para produzir boletins e manter o mundo informado sobre seu progresso.

A 5.360 metros de altitude, nas melhores horas do dia, o Acampamento-base é um lugar melancólico, mas depois que o sol se esconde atrás das cristas você se sente em um congelador. Tremendo de frio, Salkeld saiu da barraca-refeitório e caminhou pela morena de gelo do Glaciar do Khumbu até sua barraca para pegar outra roupa.

Ao olhar para o céu ao sul, ela foi uma das primeiras, senão *a primeira*, pessoas a ver o que emanavam os vales mais baixos do Himalaia, vindo na direção do Everest. Tal visão prendeu sua atenção, fazendo com que todos os pensamentos de buscar algumas camadas a mais de roupa fossem totalmente esquecidos.

Tempestades repentinas são comuns nas tardes do Everest, mas Salkeld nunca tinha visto algo com tamanha amplitude. Sua descrição: "Um bombardeio, grandes massas de nuvens escuras vindas do sul". Ela chamou outros membros da equipe para fora de suas barracas e todos ficaram estarrecidos com a visão apocalíptica que se arrastava silenciosa e rapidamente em sua direção.

Com velocidade entre 80 e 100 km/h, a tempestade atingiu o acampamento minutos depois, provocando uma queda na temperatura de 10 a 15 graus em questão de segundos, a neve arrancada do chão a açoitar as barracas com uma fúria cega. A tempestade castigou o flanco sul do Everest, encobrindo sem esforço as encostas geladas com um manto retorcido formado por ventos com a força de um furacão. Em minutos, atingiu o lado norte e então subiu até o cume. A maior montanha do mundo desapareceu de vista quando a tempestade tomou conta da situação.

Nem uma união entre Shiva (o deus hindu da destruição) e Nêmesis (a deusa grega da reconstrução) teria produzido um trabalho de devastação melhor que a natureza naquele dia. Uma cadência sinistra, pior impossível. Se a tempestade tivesse ocorrido durante o inverno, não haveria feridos. Mas o acaso quis que ela viesse no dia mais cheio do calendário do Everest, bem no meio da temporada de escalada.

Nossa expedição, uma tentativa inglesa pela Face Norte via Crista Norte, estava no Acampamento 3 (6.450 metros), pronta para fazer a investida ao cume quando a tempestade chegou.

Imediatamente soubemos que se tratava de algo bem mais perigoso que qualquer outra tempestade que nos atingira durante as oito semanas em que estávamos lá. A temperatura caiu para dez graus abaixo de zero, depois para 20 e então para 30 graus negativos. O vento transformou-se em uma força incansável e cruel, arrancando cordas do gelo do glaciar, arrastando malotes cheios de equipamentos para o fundo das gretas e destruindo a lona de nossa barraca-refeitório com uma facilidade assustadora. As barracas, construídas para resistir mesmo às rajadas de ventos de um furacão, rangiam e arqueavam, distorcidas até tomarem formas para as quais não foram projetadas, forçando a estrutura ao extremo.

Para tentar registrar o fato para o filme, saímos cambaleando em meio ao turbilhão, vestindo todas as roupas de que dispúnhamos.

A visibilidade a nossa volta era tão ínfima por causa da nevasca que podíamos estar na Antártida, na calota polar na Groenlândia ou no pólo norte. Nenhum marco, nem a grande Crista Norte, era visível através do branco da nevasca, e as barracas vizinhas da expedição indiana também desapareceram.

Através da parede branca de neve, acima do ronco tempestuoso do vento que varria o glaciar, um outro som: um uivo sinistro que indicava a existência de forças ainda mais poderosas nos lugares mais altos – era o grito da tempestade que rodopiava sobre a Face Norte acima dos 8 mil metros.

Lá, na "Zona da Morte", mais de 30 montanhistas estavam lutando para sobreviver. No lado norte, três montanhistas indianos enfrentavam dificuldades, exaustos e com seu suprimento de oxigênio chegando ao fim, no alto da Crista Nordeste. No lado sul, duas expedições comerciais tentavam sobreviver entre o Colo Sul e o cume – a equipe da Mountain Madness, liderada por Scott Fischer, e a da Adventure Consultants, de Rob Hall.

A noite que caiu sobre eles foi uma noite infernal. No final do dia seguinte, os três montanhistas indianos que estavam no lado norte e cinco dos montanhistas do sul estavam mortos. Ninguém podia acreditar, mas a conta incluía Hall e Fischer. O total de oito mortes fez dessa a maior perda de vidas em um período de 24 horas na montanha.

Mas o drama ainda não havia acabado.

O dia da tempestade foi o pior de todos de uma temporada de horror, na qual um desastre sucedia outro. Duas outras mortes ocorreram antes da tempestade. Outras duas ainda aconteceriam. Isso mudou o destino de todas as equipes que estavam na montanha, inclusive da nossa, além de dar início a um debate sensacional no mundo todo, enquanto os jornais e os telejornais tentavam entender o que dera errado.

A tempestade deixou para trás muitas dúvidas. Como era possível que montanhistas de renome internacional como Rob Hall e Scott Fischer tivessem perdido a vida em uma montanha que conheciam tão bem? Por que havia tantos montanhistas inexperientes no alto da montanha quando a tempestade chegou? Por que uma equipe de montanhistas japoneses e seus xerpas passara pelos montanhistas indianos à beira da morte e não tentara resgatá-los?

A tempestade durou menos de 20 horas, mas, para aqueles de nós que decidiram prosseguir e tentar reacender a esperança de ataque ao cume, nunca acabou de verdade. As mortes causadas, as dúvidas que surgiram e as forças da natureza que demonstrou estavam presentes a cada passo. Alterou o processo físico de escalar a montanha e virou nossos planos de cabeça para baixo, contudo, o mais notável, deixou nossa mente num completo caos, pilhando as incertezas que todos compartilhávamos no lugar mais perigoso do planeta e finalmente cortando a trilha de todos os membros de nossa expedição, exceto dois.

Para mim, um completo novato naquele jogo mortal de roleta-russa em alta montanha, essas perguntas foram, naquele momento, tão incompreensíveis como para qualquer pessoa que nunca esteve na Zona da Morte – aquele mundo convidativo e assustador, onde existe apenas um terço do oxigênio existente no nível do mar.

Eu estava no Everest para fazer um filme, não para escalá-lo. Contratara outras pessoas, mais qualificadas, para fazer esse trabalho por mim. Nunca escalei o Ben Nevis ou o Snowdon, nunca estive no cume de nenhuma montanha dos Alpes e, mesmo assim, à medida que os eventos da temporada se desenrolavam, eu sucumbia a meu desejo de conhecer a Zona da Morte.

Foi uma obsessão que me levou à margem da autodestruição. Mas também me levou ao cume do Everest.

1

Sentindo-me mais morto que vivo, dei os últimos passos cambaleantes no Acampamento-base Avançado bem quando a escuridão cruzava o platô tibetano, perseguindo os últimos raios de luz do Himalaia. Eram 18h35 do dia 20 de maio de 1996.

Parei sozinho, em pé, meio sem firmeza, tentando pensar no que eu devia fazer na seqüência. Por alguns instantes, consegui distinguir vagamente as barracas cobertas de neve à minha volta. Um grito rasgou a escuridão. Uma lanterna frontal brilhou, oscilando para cima e para baixo, enquanto uma sombra emergia de algum lugar e vinha em minha direção pelas pedras do glaciar.

Em seguida, meus joelhos vacilaram de uma só vez. Fiquei ali caído de costas, olhando o céu estrelado, com Roger, o piloto de Jumbo, beijando minhas bochechas e me xingando. Abraçamo-nos fortemente, um abraço que pareceu durar uma eternidade, enquanto as palavras de congratulações de Roger atravessavam lentamente a bruma que se formou em minha mente.

Pela primeira vez em semanas, uma sensação meio esquecida me levou à beira das lágrimas. O sentimento de estar a salvo. Acabara. Agora o cume do Everest era passado.

Abri a boca para dizer alguma coisa para Roger, mas tudo que saiu foi um monte de palavras sem sentido. Atordoado numa mistura de euforia e choque, meu cérebro estava confuso por causa do efeito da combinação de altitude extrema e desidratação. Eu não era capaz de concatenar duas palavras sequer.

Não me passou pela cabeça nem perguntar onde meu colega de escalada, Al Hinkes, havia desaparecido, embora tenhamos descido do Colo Norte juntos. Até onde me lembrava, ele havia simplesmente sumido. (Na verdade, como Roger me contou depois, ele foi para sua barraca para descansar antes de procurar comida e bebida.)

Roger me levantou, ajudou-me a tirar a mochila e soltou minha cadeirinha. Em seguida, apoiou-me até chegarmos à barraca-refeitório, que estava incrivelmente quente, onde os xerpas estavam sentados em torno de duas panelas fumegantes de comida, em meio aos vapores de querosene e fumaça de cigarro. Rostos felizes surgiram à minha volta falando coisas que eu não compreendia. Deram-me um lugar para sentar enquanto Dhorze, o cozinheiro, preparava um chá adocicado.

Minhas mãos nervosas removeram as três camadas de luvas, revelando dedos congelados. Ouvi um assobio quando minha mão direita surgiu revelando dois dedos queimados pelo frio. Na ponta de cada um deles, uma bolha com cerca de dois centímetros inchava cada vez mais, num tom vermelho escuro, a pele parecia um mármore, mas com a textura de um queijo macio.

O xerpa Kippa imitou o movimento de uma serra cortando os dedos.

– Assim! – falou rindo.

– Não, não – disse Ang Chuldin, bastante experiente em avaliar a gravidade de uma queimadura causada pelo frio. Ele segurou minha mão e reafirmou: – Primeiro grau, mas os dedos vão ficar ok. Nada de corte!

Quando bebi o chá, seu sabor doce misturado ao gosto amargo do sangue que minava das bolhas que estouraram nos meus lábios fez a barraca girar. Enquanto a fumaça de querosene parecia me envolver, uma já conhecida náusea subia pela minha garganta, indicando que eu estava prestes a vomitar. Cambaleante, tentei achar um lugar onde o ar estivesse menos poluído sem sair da barraca-refeitório, colocando a cabeça entre os joelhos e tentando superar a fraqueza que ameaçava me derrubar.

O ar frio e o chá serviram para me reanimar e de repente percebi estranhamente que Roger era o único ali.

– Cadê todo mundo?

– Desceram para o Acampamento-base.

– Ah.

A generosidade de Roger por ter ficado agora se mostrara mais aparente. O Acampamento-base Avançado não é o melhor lugar para uma estadia e ele esperou ali por vários dias, embora o restante da equipe tivesse descido para o clima mais quente e confortável da base do Glaciar Rongbuk, distante 16 quilômetros. Seu gesto me comoveu muito.

– Obrigado por ficar.

– Achei que devia ter alguém aqui para te receber quando você voltasse para a terra dos vivos.

Terminei o chá e fui como um bêbado de volta para as barracas com Roger. Eu sabia que uma delas era a minha, mas no meu estado de confusão mental não conseguia distinguir qual. Roger me mostrou a barraca certa, abri o zíper e entrei enquanto ele puxava o isolante térmico e o saco de dormir da minha mochila. Ele apontou para meus pés.

– Você não pode dormir de botas.

Ele desamarrou e tirou as minhas botas. Pude sentir o tecido congelado das meias arrancando o sangue seco onde as bolhas comeram minha pele. Eu temia esse momento. Eu não via meus pés desde o dia anterior ao ataque ao cume e eles estavam muito esquisitos – inchados e adormecidos, como os dedos das mãos.

Roger foi buscar mais bebida para mim enquanto eu criava coragem para iluminar os dedos dos pés.

Havia uma crosta de sangue neles. À primeira vista, fiquei horrorizado, depois, olhando com atenção, percebi que o ferimento era superficial: o sangue era resultado do atrito constante das botas plásticas e o inchaço era decorrente do impacto da força feita para fincar os pés no gelo. Havia duas pequenas áreas de congelamento, nada mais. Nos meus pesadelos, eu imaginara meus dedos totalmente negros e gangrenados.

Roger voltou. Deu uma olhada nos meus pés.

– Parece que você não teve dó deles.

– É, parece mesmo.

Roger abriu um sorriso e disse:

– Venho te ver amanhã cedo.

Ele fechou a barraca e ouvi seus passos se afastando.

Sem forças para tirar o macacão de plumas de ganso, puxei os pés para dentro do saco de dormir e o fechei até em cima, agasalhando o corpo. Bebi um litro inteiro de chá, deleitando-me com a sensação acalentadora do fluido quente que percorria meu corpo.

Eu estava desesperado para dormir, mas meu cérebro saiu do estado congelado em que estava até então e tentava confusamente entender tudo que acontecera. Muito do que eu havia visto e vivido estava vivo em meio ao atordoamento causado pela altitude e agora minhas memórias esforçavam-se para se ordenar. Os eventos estavam lá, claramente definidos, mas a ordem em que ocorreram não estava clara e, no caso de certas imagens assustadoras, alguns foram colocados em um estado de paralisia do qual não seriam facilmente resgatados.

Em breve eles fluiriam bem, mas, por enquanto, estavam trancados a sete chaves.

A emoção mais intensa foi a de um imenso alívio ao final da provação. Pateticamente grato por sair da montanha vivo, um fato não me saía da cabeça e prevalecia sobre qualquer outro: eu tinha sido um dos sortudos.

Com Al Hinkes e a equipe de três xerpas, tínhamos sobrevivido à Zona da Morte e voltado intactos do cume do Everest. Agora, eu fazia um levantamento do estado do meu corpo, anotando os danos.

Segundo meus cálculos, eu perdera 11 quilos de massa corporal. Minhas pernas estavam tão finas que dava para segurar a coxa com as duas mãos. Tive queimadura de primeiro grau em dois dedos e vários ferimentos superficiais comuns em altitudes extremas; queimaduras nas orelhas e nos lábios e fissuras infeccionadas nos dedos das mãos e dos pés. Minhas retinas apresentavam hemorragia porque alguns capilares estouraram durante a ascensão. Os rins latejavam de dor por causa dos vários dias em que consumi pouco líquido. O intestino liberava quantidades alarmantes de sangue cada vez que eu tinha coragem de defecar.

A tosse persistente e torturante, os músculos dilacerados sob minhas costelas e a forte dor de garganta já estavam comigo há tantas semanas que eu nem ligava mais para eles.

Mas essa lista de pequenos problemas físicos não era nada. A montanha fora extremamente generosa comigo e eu sabia disso. Em termos físicos, o custo de minha subida ao cume do Everest era desprezível. Se Ang Chuldin estivesse certo sobre meus dedos, então eu não tinha perdido nada. Em dois meses, estaria recuperado e não haveria sinal algum – pelo menos corporal – de que eu estivera ali.

Para outros 12 montanhistas da mesma temporada, a tentativa de escalar o cume do Everest fora fatal. Os corpos de dez deles ainda estavam na crista da montanha. Apenas dois foram resgatados. As ondas de choque causadas pelo desastre ainda reverberavam pelo mundo. O custo em sofrimento humano, para parentes e amigos dos que morreram, é incalculável.

Outros escaparam da Zona da Morte vivos, mas o preço de sua sobrevivência foi dolorosamente alto. Um montanhista norte-americano e um taiwanês sofreram amputações decorrentes do congelamento, perdendo um braço, dedos das mãos e dos pés e tendo o rosto desfigurado.

Resumindo, foi uma temporada desastrosa no Everest, que chamou a atenção da imprensa mundial de uma forma jamais vista desde a primeira ascensão, em 1953.

Antes de apagar completamente, minha mão deslizou por instinto até o pequeno objeto retangular que eu sentia junto à minha pele, dentro do bolso do macacão térmico: a pequena fita digital com imagens do topo do mundo. Minha mão estava na mesma posição, envolvendo o precioso objeto, quando acordei quinze horas depois.

Nas 48 horas seguintes, fiquei deitado na minha barraca, sem me mover nem falar. De vez em quando, os xerpas, Al ou Roger vinham ver se eu estava bem e traziam chá ou comida, mas basicamente eu ficava ali, olhando para a lona interna da barraca.

Meu cérebro estava em choque, respondendo lentamente aos eventos dos últimos dez dias desde a tempestade. Pensando no lugar onde estávamos. Pensando na Zona da Morte.

O termo "Zona da Morte" foi cunhado pela primeira vez em 1952 por Edouard Wyss-Dunant, um físico suíço, no livro *The mountain world* [O mundo da montanha]. Com base em experiências da expedição suíça ao Everest daquele ano (que quase chegou ao cume), ele descreveu com uma precisão notável os efeitos da altitude sobre o corpo humano.

Wyss-Dunant criou uma série de zonas para facilitar a compreensão dos leitores. Na zona a seis mil metros, Wyss-Dunant concluiu ser possível a aclimatação do corpo humano em pouco tempo. Na zona a sete mil metros, a aclimatização é impossível.

Para a zona acima de 7 mil metros, ele deu um nome especial. Chamou, em alemão, de *Todeszone*, ou Zona da Morte. A partir dessa altitude, não só é impossível manter a vida humana como também ela se deteriora com extrema rapidez. Mesmo com o uso de oxigênio suplementar, ninguém consegue permanecer na Zona da Morte por muito tempo.

O termo que ele criou é incomparavelmente desencorajador, vindo a se somar ao horror puro de um lugar onde cada respiração significa a morte gradual do corpo humano, onde as células de órgãos vitais são eliminadas aos milhões por hora e onde nenhuma criatura vive.

Como "Campos da Morte", a "Zona da Morte", três palavras simples, carrega um sentimento de horror inexplicável. Ela conjura imagens de um lugar que só pode fazer parte do imaginário de um autor como Tolkien; um lugar de busca no sentido medieval – uma zona de batalha, onde guerreiros e sonhadores lutam contra as forças negras da natureza, e de onde os homens saem tão abalados pelo que viveram que nunca terão forças para falar dele novamente.

A Zona da Morte é um lugar onde a mente vaga por cantos escuros e estranhos, onde a insanidade e as ilusões são armadilhas constantes, e onde corpos, de guerreiros mais fortes do que você será um dia, jazem sob o vento uivante com seus crânios dilacerados com as roupas esfarrapadas de batalha. Fantasmas existem aos montes, e seus gritos de alerta ecoam pela noite.

Os vistos para a Zona da Morte são emitidos pelos deuses do vento. Eles são válidos apenas por alguns dias, no máximo, e expiram sem aviso. Se você for pego no lado errado da fronteira quando a cancela descer, nunca mais voltará.

Em 10 de maio de 1996, a cancela abaixou no Everest.

***

Naquele dia, havia dois tipos diferentes de expedição no alto da montanha fazendo seus ataques ao cume: a expedição nacional tradicional, que levanta fundos por meio de patrocínios, e o novo estilo comercial de expedição, cujos fundos vêm dos clientes pagantes.

No primeiro tipo, normalmente os membros são escolhidos por mérito, não pagam pelo privilégio de participar da expedição e são responsáveis pela própria segurança na montanha. No segundo, embora os clientes tenham que comprovar que possuem *alguma* experiência em escalada, a principal qualificação para ser aceito na expedição ao Everest é a capacidade de pagar. Guias especialistas em alta montanha são contratados por empresas para garantir a segurança de seus clientes. A nossa era uma expedição comercial desse tipo.

As duas expedições tradicionais envolvidas nos eventos de 10 de maio eram a equipe indiana que estava no lado norte – organizada e composta por membros da polícia de fronteira indo-tibetana, liderada por Mohindor Singh – e a equipe nacional taiwanesa pelo sul, liderada por "Makalu" Gau.

As duas expedições comerciais com clientes pagantes eram a Adventure Consultants, liderada por Rob Hall, e a Mountain Madness, liderada por Scott Fischer.

Comparadas às equipes indiana e taiwanesa, as expedições comerciais trabalharam para ter um número muito maior de pessoas e, respectivamente, uma quantidade muito maior de suprimento do oxigênio vital, prontos para o ataque ao cume naquele dia. A equipe indiana tinha seis pessoas, sem xerpas. A equipe taiwanesa resumia-se a seu líder, Makalu Gau, e dois xerpas.

O grupo da Adventure Consultants que se preparou em torno da meia-noite no Colo Sul não tinha menos de 15 pessoas: três guias, oito clientes e quatro xerpas. A equipe da Mountain Madness também tinha 15 pessoas na Crista Sudeste, sendo seis clientes.

Para Rob Hall, líder da equipe Adventure Consultants, a saída à meia-noite do Colo Sul para o cume era um negócio como outro qualquer. Hall, mais que qualquer outra pessoa, estava na vanguarda da guiada comercial no Everest desde o início e, enquanto liderava sua equipe durante a noite, tinha certeza do sucesso. E tinha razão para isso: ele mesmo já estivera no cume do Everest quatro vezes e liderara um total de 39 clientes até o topo do mundo nos últimos cinco anos.

Como guia de alta montanha responsável pelas vidas de seus clientes, as credenciais de Hall eram impecáveis. Como pessoa, era um líder inspirador, como lembra Caroline Mackenzie, médica do Acampamento-base de 1996:

> *Rob era uma pessoa muito entusiástica e com uma cabeça aberta. Ele era muito encorajador para todo mundo, uma pessoa que pensava adiante, uma pessoa estimulante. Ele estava sempre pensando no ânimo do grupo e observando o estado de espírito de cada indivíduo.*

Rob Hall começou sua carreira de escalada no Himalaia com 19 anos, quando escalou o Ama Dablam, 6.828 metros, no Nepal, pela difícil Crista Norte. Depois disso, passou três temporadas na Antártida como guia e líder da equipe de resgate dos programas antárticos norte-americanos e neozelandês, passando então a fazer parte de uma série de expedições de alta montanha, incluindo Denali, Annapurna, K2, Everest, Lhotse e o Maciço Vinson. Nos anos 1990, escalou os "Sete Cumes" – os pontos mais altos de cada continente – no tempo recorde de sete meses.

Com credenciais de ser o mais experiente líder de expedição da Nova Zelândia, e com um excelente histórico em altitudes extremas, Rob Hall fundou a Adventure Consultants com o colega Kiwi Gary Ball, um guia de montanha certificado, que partilhou muitas das suas ambiciosas ascensões.

Com sede em Christchurch, na Ilha Sul da Nova Zelândia, a dupla se especializou em expedições de escaladas guiadas desafiadoras e caras. A Adventure Consultants foi uma das primeiras empresas a incluir o Everest em seu catálogo. Com um encanto considerável e talento para gerar publicidade, os dois escaladores conquistaram rapidamente uma lista cada vez mais extensa de clientes dispostos a "ganhar" o cume mais alto do mundo, mesmo que isso custasse 40 mil dólares, fora as despesas até Katmandu.

Em 12 de maio de 1992, Hall e Ball executaram uma estratégia incrível. Sob condições climáticas praticamente perfeitas, conseguiram levar ao cume do Everest o número impressionante de 14 montanhistas (sendo seis deles clientes) e os desceram de lá em total segurança. Isso foi uma realização sem precedentes que, mais que qualquer outro evento, carimbou o passaporte do Everest para uma nova era: seu cume, como as montanhas dos Alpes e os vulcões da América do Sul, agora estava à venda.

Na temporada de 1993, a Adventure Consultants já girava milhões de dólares e tinha uma agenda que mal dava aos dois sócios tempo de respirar. Em março, ofereciam o Everest; em setembro, o Mera Peak; novembro era a vez da Pirâmide Carstensz na Nova Guiné; dezembro era o mês do Maciço Vinson, na Antártida. Hall e Ball não só entraram na nova onda de "superaventura", mas praticamente foram seus criadores. Agora estavam colhendo os frutos enquanto viajavam de um lado para o outro do globo, de uma aventura para outra, arrebanhando seus clientes de cacife, muitos dos quais eram totalmente fiéis a seus guias carismáticos.

Mas, não importa quão atraentes fossem os demais destinos de escalada, o Everest era a jóia da coroa da Adventure Consultants. Era o que justificava a grande quantidade de tempo e organização necessária, além do risco. Levar clientes para o cume do Everest era a alma da empresa, desde que eles voltassem inteiros.

Embora Hall e Ball tivessem um algo a mais, e contassem com uma grande publicidade, eles não eram os donos da maior montanha do mundo. Outras empresas, igualmente ambiciosas e dispostas a levar sua fatia do Everest, agora competiam por permissões e clientes.

A britânica Himalayan Kingdoms entrou na briga em 1993, dirigida por Steve Bell, um escalador e ex-oficial do Exército que realizou ascensões invernais notáveis pela Face Norte do Eiger e do Matterhorn. Bell escalara o Everest duas vezes em expedições do Exército em 1988 e 1992 (mas, embora tenha chegado a 8.400 metros, não fizera o cume). Seu preço para a expedição era de 21 mil libras por pessoa e, como referência de qualificação, não aceitava ninguém que já não tivesse estado a sete mil metros. Durante a seleção, Bell descartou a inscrição da jornalista Rebecca Stephens, pois a considerou "muito inexperiente", mas aceitou o ator Brian Blessed, de 56 anos, agora em sua segunda tentativa. O fato de Brian ser uma celebridade na Inglaterra ajudou bastante na publicidade da expedição, mas muitos duvidavam de que ele seria um sério candidato ao cume.

Steve Bell encarava o desafio logístico do Everest com uma perspectiva totalmente militar. Embora não tivesse o carisma de Hall e Ball, sua liderança era bem impressionante. Ele levou sete membros pagantes de sua equipe ao cume pela rota do Colo Sul, incluindo Ramon Blanco, um fabricante de guitarras espanhol que vivia na Venezuela e se tornou, aos 60 anos, o homem mais velho a subir ao cume. Eles também levaram Ginette Harrinson ao cume, a segunda mulher britânica a chegar lá.

Rebecca Stephens, a "rejeitada" pela Himalayan Kingdoms, conseguiu uma vaga em outra expedição e chegou ao cume cinco meses antes de Ginette Harrinson. Bell é honesto o suficiente para admitir que riscar Rebecca da lista fora um erro.

A Himalayan Kingdoms foi muito bem-sucedida em dois aspectos: não só encontrou um período excepcional de bom tempo, como também escapou por pouco de uma catástrofe total quando, por sorte, não havia ninguém do grupo no Acampamento 3 (7.400 metros) na Face Lhotse quando uma imensa avalanche despencou, destruindo o acampamento. A empresa não teve tanta sorte uns meses antes, em 4 de agosto, no Khan Tengri (7.010 metros) nas montanhas Tien Shan, quando uma avalanche similar matou dois guias russos e dois clientes ingleses.

Agora, com jornais do mundo inteiro publicando fotos de aventureiros relativamente inexperientes traçando seu caminho até o cume, o modo como o mundo via o Everest mudara de uma vez por todas. Para a mídia, o mito estava definitivamente derrubado. O Everest era tão acessível quanto um Porshe ou uma Mercedes – e tão glamoroso quanto. Bastava sacar o talão de cheques, trocar os sapatos Gucci por um par de botas plásticas e o cume seria todo seu.

Quase da noite para o dia, surgira uma nova percepção: o Everest estava ao alcance de qualquer pessoa com o mínimo de adequação e com a devida motivação – um "troféu", o ponto de encontro para uma nova geração de montanhistas que, na maior parte, ignorava os perigos que poderia enfrentar e estava comprando sua passagem para o cume. Para a imprensa, inevitavelmente, eles eram "escaladores sociais", pessoas dispostas a pagar praticamente qualquer preço para ter uma fotografia do cume em um porta-retratos.

Agora o Everest estava de volta às manchetes: FILA PARA CHEGAR AO TOPO DO MUNDO era o que berrava a primeira página da edição do *Observer* de 16 de maio de 1993. Compare essa situação com o que se passava no final dos anos 1980, quando a mídia praticamente perdera todo o interesse pela montanha. Com todas as faces principais do Everest já conquistadas e ascensões sem oxigênio pelos lados sul e norte, a imprensa não perdia tempo publicando mais nada. Em setembro de 1988, a morte de um xerpa em uma avalanche no Everest mereceu apenas uma nota de 18 palavras no *Times* de Londres. A escalada veloz de Marc Batard no mesmo mês (ele subiu ao cume e voltou em 22 horas e 30 minutos) também foi noticiada no mesmo jornal, com apenas sete palavras a mais. Em maio de 1989, as mortes de cinco escaladores poloneses em outra avalanche também mereceram menos de uma coluna.

Agora, milhares de colunas eram dedicadas ao Everest por causa da nova era das expedições guiadas.

Fora dos círculos publicitários, um novo debate surgia. A crescente comercialização do Everest atraía a crítica de gente importante, nada menos que Sir Edmund Hillary, que, entrevistado em um artigo da *Newsweek* em 3 de maio de 1993, programado para coincidir com a comemoração dos 40 anos da sua primeira ascensão, foi citado dizendo que "a mudança que mais desagrada é o fato de que [escalar a montanha] se tornou uma questão financeira. O Everest é uma montanha e um desafio muito importante para poder ser comprado".

Não era a primeira vez que Sir Edmund levava o Everest para um debate público. Em 1990, a Associated Free Press publicou sua reivindicação para que o Everest fosse interditado por cinco anos para qualquer atividade de montanhismo a fim de que a natureza pudesse reparar os danos causados pelas centenas de escaladores que subiam suas encostas.

A ascensão de Peter Hillary, filho de Sir Edmund, ilustrou bem o crescente tráfego em maio daquele mesmo ano. No dia em que ele chegou ao cume, outros 16 escaladores também incluíram seus nomes na lista cada vez maior de conquistadores.

Como compatriotas neozelandeses e, inevitavelmente, fãs de Sir Edmund, Hall e Ball foram afetados pela crítica pública de Hillary. E ainda havia outra coisa: os companheiros de Peter Hillary naquele dia de maio de 1990 não eram outros senão Rob Hall e Gary Ball. Talvez tudo isso tenha sido motivo do seu subseqüente rancor, já que as palavras de Sir Edmund colocavam o trabalho deles sob o escrutínio de uma imprensa cada vez mais hostil. Ao levar a montanha ao alcance do homem comum, Hall e Ball haviam cruzado uma linha tênue e perigosa nas relações públicas. Até agora, seu carisma e talento para gerar uma publicidade positiva servira de escudo contra os ataques.

Além disso, a sorte sempre estivera ao lado deles. Mas por quanto tempo isso duraria? No início de 1991, um editorial publicado na imprensa especializada fez surgir o fantasma de uma catástrofe iminente. Bernard Newman, editor da revista *Mountain*, escreveu em abril daquele ano sobre as expedições comerciais no Everest:

> Essa é uma mostra do abuso contra as montanhas. Seria terrível se as montanhas do Himalaia fossem exploradas da mesma forma que o Zermatt ou o Mont Blanc. As pessoas acham que, com a tecnologia moderna, roupas e fácil acesso, é tudo uma questão de menos uma montanha a escalar. Não é assim. É uma montanha como sempre foi, e ela vai dar o troco.

Crescia na comunidade montanhista um sentimento de que as expedições comerciais acima de 8 mil metros estavam brincando com fogo e que, cedo ou tarde, um desastre aconteceria com uma ou mais equipes.

O desastre realmente aconteceu com a Adventure Consultants em 1993, mas não com uma escalada guiada. Em 6 de outubro, seis meses após seu aniversário de 40 anos, Gary Ball morreu de edema pulmonar a 6.500 metros, na Crista Nordeste do Dhaulagiri – a oitava montanha mais alta do mundo. Ele estava com Rob Hall em uma expedição particular encaixada na sua agenda lotada. Era a décima sexta grande expedição dos dois juntos e não era a primeira vez que Ball sofria um ataque agudo do mal da montanha. Uma façanha anterior no K2 exigira uma remoção rápida do acampamento mais alto da "montanha feroz" depois que ele começou a ter dificuldade para respirar.

Ele morreu nos braços de Rob Hall. Dois dias depois, um Hall arrasado levou o corpo de seu parceiro de escalada e amigo até uma greta nas encostas do Dhaulagiri, com sua melhor corda de escalada. Ele escreveu as seguintes palavras no obituário:

> *Em uma carreira de 20 anos como guia, ele criou um histórico de segurança do qual se orgulhava com toda a razão.*
>
> *Ainda que gere contestações, sua maior conquista foi levar clientes ao cume do Monte Everest. Ele acreditava que todo o cenário do Everest havia se elitizado e ficou muito feliz em tornar essa meta acessível para escaladores com habilidades mais moderadas.*

Hall concluiu o obituário com este sentimento tocante: "Algumas pessoas entram na sua vida e deixam pegadas no seu coração – e elas nunca desaparecem".

Embora a morte inoportuna de Gary Ball tenha afetado Rob Hall profundamente no âmbito pessoal, sua determinação em dar continuidade à empresa que fundaram juntos nunca mudou. O catálogo de 1994 da Adventure Consultants era completo e ambicioso como sempre, e a frase 100% DE SUCESSO NO EVEREST! era destaque em um de seus anúncios na imprensa especializada.

Em 9 de maio daquele ano, Rob Hall e Ed Viesturs – um lendário escalador de alta montanha norte-americano – levaram uma equipe de 11 membros da expedição ao cume; eles quebraram vários recordes no processo, tornando-se a primeira expedição do Everest a levar todos os seus membros ao cume e trazê-los de volta em segurança. Ao mesmo tempo, Rob Hall tornou-se o primeiro ocidental a ter feito o cume quatro vezes.

Como a própria literatura da Adventure Consultants concluía: "Com isso, o número de cumes do Everest da Adventure Consultants passa a 39 membros!".

No entanto, em 1995, a seqüência de sucessos dos primeiros anos foi finalmente quebrada. A expedição da Adventure Consultants daquele ano foi interrompida a apenas algumas horas do cume. Sob muita neve e com uma equipe exausta, Rob Hall decidiu voltar. Sua decisão foi sábia, de acordo com seu íntimo conhecimento da montanha e dos perigos de se chegar ao cume muito tarde; mas isso teve que ser computado, afetando especialmente o "100% de sucesso no Everest!" ainda fresco na memória da concorrência.

Na temporada de 1996, a Adventure Consultants estava de volta, bem como a britânica Himalayan Kingdoms, de Sheffield, a rival que roubara boa parte do sucesso de Rob Hall com o êxito de sua expedição em 1993. Nessa investida, a Himalayan Kingdoms escalou o Everest pelo lado norte – uma rota bem mais longa e tecnicamente mais exigente. A Face Norte foi escolhida mesmo depois da tentativa em 1994, quando não conseguiram levar ninguém ao cume.

A Adventure Consultants, prendendo-se ao seu conhecimento, optou mais uma vez por escalar a rota "padrão" verificada e testada do sul. Hall fez a preparação com sua costumeira compleição, como Caroline Mackenzie conta:

– Não havia complacência no planejamento – ela me disse. – Rob estava sempre pensando no que poderia dar errado, até nos mínimos detalhes.

Com eles, no lado sul, havia outra expedição comercial, a equipe da Mountain Madness, liderada pelo afetado escalador norte-americano Scott Fischer, que, aos 40 anos, pretendia entrar no potencialmente lucrativo mercado do Everest.

O temperamento e a beleza de Fischer eram típicos das agências de atores de Hollywood. De várias formas, ele era o herói americano onipresente, um atleta escalador de elite consumido pelo desejo de fazer o melhor – e ser reconhecido por isso. A ambição de Fischer minava de seus dedos desde os tempos em que ele começara a escalar nas rochas do Wyoming, aos 15 anos.

Ele usava os cabelos loiros presos em um rabo-de-cavalo. Barba bem feita, a linha do queixo parecia esculpida em pedra. Era um líder carismático e divertido – uma personagem inesquecível se comparada à figura barbuda e mais minuciosa de Rob Hall.

– Scott conduzia sua equipe de uma forma muito diferente de Rob Hall – contou-me um membro da equipe concorrente. – Ele era capaz de ser muito dissimulado. Não era o preferido de todos, mas sem dúvida conseguia motivar a equipe.

Apesar de ser a primeira tentativa de Fischer de conduzir uma expedição comercial no Everest, não havia dúvida quanto às suas credenciais para tal tarefa. Assim como Rob Hall, era um escalador de elite. Havia escalado o K2 em 1992 e o Everest sem uso de oxigênio suplementar em 1994.

A Mountain Madness fora fundada em 1984, mas levou mais de dez anos até que Fischer liderasse sua primeira expedição comercial bem-sucedida em uma montanha de 8 mil metros. Ele escolheu o Broad Peak, na cordilheira Karakoram, no Paquistão, e usou a publicidade em torno da expedição de 1995 a fim de lançar um prospecto para o Everest no ano seguinte.

O Everest custava 65 mil dólares e Fischer teve dois lances de sorte nos meses que precederam a partida da expedição. O primeiro foi procurar os serviços de guia de Anatoli Boukreev, indiscutivelmente um dos melhores escaladores de alta montanha do mundo. Boukreev saiu de Korkino, uma pequena cidade mineira que faz parte da atual Federação Russa, distante apenas 80 quilômetros da fronteira norte do Casaquistão. Formado em física, ele se esquivou da guerra do Afeganistão e encontrou um lugar para ensinar esqui e escalada no Clube Esportivo do Exército em Almaty. Foi bem-sucedido na alta montanha, escalando os cumes de sete mil metros de sua terra natal, mas só em 1989 conseguiu permissão para viajar ao Nepal, onde existiam metas maiores e mais atraentes.

O segundo lance de sorte de Scott Fischer foi a inscrição, entre oito clientes pagantes, de Sandy Hill Pittman, uma figura tarimbada da sociedade nova-iorquina. Pittman, armada com um conjunto formidável de equipamentos de comunicação do canal de televisão norte-americano NBC, podia enviar relatórios da montanha e postar na internet atualizações sobre o progresso da expedição em um site especial. Fischer sabia que levar Pittman ao cume (o que ela já havia tentado três vezes) seria uma grande jogada publicitária para a Mountain Madness e o colocaria na vanguarda dos guias no Himalaia.

A Himalayan Kingdoms também tinha uma celebridade a bordo, o ator inglês de 59 anos Brian Blessed, outra grande personalidade em todos os sentidos. A fascinação de Blessed pelo Everest – que alguns consideravam obsessão – chamou a atenção da ITN Productions, de Londres. E foi por isso que, na temporada que começava na parte baixa da montanha, lá estava eu admirando o Everest e me perguntando como é que eu faria um filme em uma montanha na qual nunca sequer sonhei colocar os pés.

A oferta para ir ao Tibete veio do nada por meio de um telefonema que recebi no dia 4 de janeiro.

2

– Matt? É a Alison, da ITN Productions. Julian Ware vai falar com você.

Meu coração deu um pulo. Eu precisava muito de trabalho. Havia uma pilha de documentos com o carimbo "último aviso" em vermelho ao lado do telefone e a prestação da casa estava tão atrasada que recentemente a financiadora tentara reaver sua posse.

– Oi, Matt. Como foi de Natal?

Trocamos cumprimentos de fim de ano.

– O negócio é o seguinte: o Canal 4 quer fazer um filme sobre a nova expedição de Brian Blessed ao Everest. Serão dez semanas de filmagem a partir de 31 de março. Por acaso interessa a você?

A pergunta foi feita normalmente, sem muita importância nem urgência, como se fosse um convite para um jantar.

– Qual rota?

Barulho de papel do lado de Julian.

– A Face Norte. No Tibete – ele respondeu.

A *Face Norte*. Essas palavras desencadearam uma reação química espontânea dentro de mim. Viajando à velocidade alucinante de 3.621 km/h, uma série de impulsos elétricos percorreu meu cérebro como cães de corrida hiperativos. A alguns centímetros deles corria um boneco de lebre com a palavra RESPONSABILIDADE pintada nas suas costas em vermelho. Um homem de 35 anos, casado e com três filhos precisa pensar sobre esses assuntos. Com cautela.

Mas eu não tinha tempo; Julian Ware não é um homem para se deixar esperando. Dois milissegundos, três milissegundos, quatro...

Os cães caíram sobre a lebre com uivos enlouquecidos, despedaçando-a com seus caninos sedentos.

– Sim.

– Bom. Marcarei uma reunião com Brian.

Um clique encerrou a ligação. Eu respirava pesadamente.

No chão, entre um monte de papel amassado e pedaços de isopor dos presentes de Natal, minha esposa, Fiona, jogava uma partida de Pro-action Soccer com Gregory, de 5 anos. Na televisão, Alistar, de 7 anos, aniquilava uma epidemia de roedores de 16 bits no Super Nintendo, enquanto Thomas, de 9 anos, estava deitado no sofá, fingindo que estudava quando estava, na verdade, lendo história em quadrinhos.

– Acabei de receber uma proposta de trabalho.

Fiona preparava uma jogada arriscada, do lado oposto da área de pênalti, seu dedo indicador no ar, como um falcão sobre sua pequena presa.

– Ah, tá. – Ela não olhou. Ajustou o dedo uma fração de milímetro.

– É para o Everest. Dez semanas.

O dedo deu seu golpe, rebatendo a minúscula bola, que bateu no topo da rede.

– Crianças, dêem uma boa olhada no papai, talvez ele fique bastante tempo longe de casa.

As crianças ignoraram-na. Gregory alinhou seus jogadores para um chute central.

– Estou falando sério. Era Julian Ware.

– Uau.

– O Canal 4 está interessado na nova tentativa de Brian Blessed.

– Não vai rolar. – Fiona bloqueou rapidamente o contra-ataque de Gregory. – Você está enganado se acha que alguém vai bancar isso. Ele é muito gordo. Já fizeram um filme sobre ele tentando escalar aquela montanha idiota e eu dormi, se você não se lembra. Esqueça.

Neste mundo, não existe criatura mais cínica que a esposa de um diretor de televisão *freelancer*. Faz parte do trabalho. Se eu voltar para casa depois de uma viagem ao Vaticano e contar a Fiona que o papa, em pessoa, me garantiu por escrito, com seu próprio sangue, que ele vai definitivamente patrocinar minha idéia para meu próximo documentário, sua resposta será "ãh-rã".

E por quê? Há 11 anos, ela era uma jovem de 23 anos, cruzando o corredor de uma igreja de Sussex com flores no cabelo. Ela acreditava no mundo e nas pessoas. E em mim. Talvez ela tenha considerado nobre a minha escolha por uma carreira na televisão, uma missão para levar cor, diversão e luz para o lar das pessoas. Ser casada com um diretor de televisão era motivo de orgulho, não é?

Ah, a vida era tão bela!

Agora ela conhece a verdade. E a vida não é mesmo bela. A televisão é um negócio sujo. Para sobreviver nesse meio, você tem que fazer parte da corja, ser meio cobra, meio lobo. Para ter sucesso, tem de ser 99,9% um grande tubarão branco. Ser cara-de-pau também é bastante útil, particularmente se você é um *freelancer*.

A parte manhosa é fazer a proposta de um programa chegar às mãos do relutante editor-chefe. Ele tem uma pilha de propostas iguais à sua e não tem tempo de ler nenhuma delas. Seja por meios clandestinos, por meio de suborno ou rastejando pela tubulação do sistema de ar condicionado, você põe sua proposta na mesa dele e reza. Reza para o telefone tocar.

Ele toca. Você atende com lágrimas de gratidão. A onda de alegria, a euforia, uma sensação confusa de que o mundo é um lugar feliz apesar de tudo.

O editor está "interessado".

A partir daí você é a cobra. O editor está envolvido pelo seu corpo. Se apertar muito, ele escapa. Se relaxar por um instante, ele se interessa pela idéia de outra pessoa.

Os meses passam e as reuniões continuam. Procuram-se co-produtores nos cantos mais remotos do mundo. Operadores de câmera são tirados de suas mansões à beira do Tâmisa para almoços suntuosos no Soho. A expectativa cresce. O telefone fica ocupado. Você começa a usar seu cartão de crédito de novo.

Então o mundo desaba. O editor liga. Ele "desistiu" da idéia.

A partir daí você é o lobo. Você rosna, reagrupa a matilha, mostra os dentes e luta. Você usa de astúcia, boa lábia, você implora, suplica, puxa o saco, apela, amaldiçoa, provoca, xinga, exagera e, no fim, na absoluta recusa de desistir, você força o editor a mudar de opinião.

De repente, a revelação. Ele enxerga que a sua idéia *era* mesmo a melhor proposta que ele já havia visto. Vai ser um documentário interessante. Caramba, as pessoas vão assistir! Ele *quer* bancar a produção.

Fogos. Champanhe. Você se dá um novo notebook de presente.

Deus existe. Você está em algum lugar do mundo, ao lado de uma câmera com metros de celulóide. Você diz: "Ação!". O cinegrafista aperta um botão. Um motor gira e um pequeno retângulo de luz passa pela lente e expõe um quadro de filme, menor que um selo postal, por exatamente 1/5 de segundo. O primeiro de milhões de quadros que farão parte do programa.

Nesse momento, você se pergunta se existe no mundo um ramo mais louco que esse. Você percebe que adora tudo isso.

Fiona terminou bem o Pro-action Soccer: mamãe 3, destemido Gregory 0.

Eu ainda estava em choque, parado ao lado do telefone.

— É isso aí. É a grande oportunidade. Estou sentido. Vou para o Everest.
Fiona me olhou com seus grandes olhos castanhos.
— Vou fazer compras. O que você quer para o jantar?

Dois dias depois, peguei o trem para Chancery Lane e andei pela Gray's Inn Road até o quartel-general da ITN. Definitivamente, "quartel-general" é a palavra certa. Não estamos falando de simples escritórios. Só no impressionante saguão de oito pavimentos caberia facilmente toda a área de qualquer outra produtora para a qual eu já havia trabalhado.

Um elevador de vidro levou-me rapidamente até o segundo andar, onde o refinado Julian Ware serviu café de um elegante bule de porcelana e me apresentou o projeto.

O filme proposto era um documentário de uma hora para o Canal 4, exibido como parte da série *Encontros*. Considerando o orçamento e as dificuldades óbvias que a filmagem envolvia, decidimos que uma equipe de produção enxuta era a única opção. O filme teria que ser filmado por mim mesmo como diretor e, no máximo, dois cinegrafistas, e um deles deveria ter habilidades específicas para filmar no cume caso a expedição tivesse sucesso. O tempo de preparação era curto. A expedição deveria partir de Katmandu em menos de três meses e o filme ainda não havia sido definitivamente aprovado pela emissora.

Estávamos na segunda rodada de doces dinamarqueses quando, 40 minutos atrasado, Brian Blessed irrompe sala adentro com um estrondo, a barba eriçada, os olhos iluminados por uma chama interna, estranha e diabólica.

— A piqueta do General Bruce!

Segurava um antigo cabo de madeira, bastante manchado, com uma lança na ponta. Brian olhou para ele com carinho.

— Eu o ganhei da família dele. Vou levá-lo comigo para a Face Norte! Você não tem idéia do que aquelas pessoas *fizeram* em 1922, e o General Bruce foi um dos grandes homens!

Julian nos apresentou. Brian estava fascinado. Nós nos conhecíamos há apenas dez segundos.

— Então é você. Veja bem, Matt, já estamos ficando famosos.

Brian estava nervoso e eu também. Como o provável diretor do filme, era fundamental uma boa convivência. Durante o tempo em que fui gerente de produção, vi o que acontece quando diretores e suas "estrelas" estão nas locações. A vida é muito curta para se fazer filmes com pessoas de quem você não gosta.

Brian parecia um fazendeiro de folga indo tomar um trago depois do trabalho. Seu suéter tinha manchas deixadas por patos (Brian tinha uma criação impressionante de animais semidomésticos) e, por baixo das calças grossas e amassadas, via-se um par de botas de couro puídas de um estilo que só podia ser descrito como rústico.

– O mais importante, Matt, é ter certeza de ter um chapéu com cordão. Se o seu chapéu não tiver cordão, o vento vai levá-lo pelo Glaciar Rongbuk e você já era.

Houve uma longa pausa enquanto eu anotava "chapéu com cordão" no meu notebook.

A excentricidade de Brian é famosa, bem como sua paixão pelo Everest. Ele sabe de cor o nome de cada membro de todas as expedições ao Everest antes da guerra e se lembra de suas experiências e atribulações com uma clareza impressionante. Ele sabe por quais rotas seguiram, a altitude a que chegaram, as perdas ocorridas quando o Everest deu sua resposta com resultados trágicos (o que sempre acontece).

Em 1990, após anos de trabalho sem pagamento arquivado com promessas desfeitas e desistências que certamente deteriam qualquer outro homem, Brian convenceu a BBC e o produtor John Paul Davidson a acompanhá-los em sua jornada pela Face Norte do Everest. O resultado foi *Galahad of Everest*, um filme de 90 minutos no qual sua paixão pelo Everest e, em particular, sua obsessão pelo escalador George Leigh Mallory tiveram bastante espaço.

Vestido com as roupas de escalada da época, Brian refez a rota usada pela expedição de 1924. Em parte uma reconstituição dramatizada e em parte com imagens de arquivo e diários originais, *Galahad of Everest* tentou evocar o espírito daquela época passada e solucionar o mistério do desaparecimento de Mallory e seu parceiro Andrew Irvine perto do cume, uma tragédia que abalou os escaladores e o público nos anos 1920 e segue até os dias de hoje.

Contudo, fascinante apesar da perspectiva histórica, o verdadeiro sucesso de *Galahad of Everest* veio da oportunidade que deu aos espectadores de testemunhar o progresso de Brian na montanha. Embora o intuito original do filme nunca tenha sido o ataque ao cume, uma incrível janela de bom tempo propiciou uma tentativa pela Crista Norte, e a possibilidade de realmente passar pelo que Mallory e Irvine viveram.

Foi quando Brian surpreendeu a todos e até a si mesmo.

Acima do peso, sem experiência em alta montanha, parecendo não ter nenhuma condição, Brian chegou a 7.600 metros pela Crista Norte antes que a altitude e a exaustão o obrigassem a voltar para o Acampamento 5. Ofegante, suando e xingando, Brian e sua investida foram registrados com tanta intensidade pelo cinegrafista David Breashears que você quase precisa de uma garrafa de oxigênio para assistir ao filme.

Ele tem o que bem poucos filmes de montanhismo no Himalaia tinham até então: dá realismo à altitude – o verdadeiro inimigo. O espectador pode ver, a cada passo trôpego de Brian, a cada arfada, a batalha esmagadora, física e mental, que ele enfrentava. A antítese do montanhista experiente, frio e profissional – Brian era um protagonista com o qual o espectador conseguia se relacionar.

Brian foi longe, muito mais alto do que se imaginava que fosse. Ele abusou da sorte, assim como o filme. Quando ele voltou, estava à beira de um colapso. Felizmente, tinha David Breashears a seu lado, um escalador do Himalaia extremamente forte, com dois cumes do Everest no currículo. A decisão racional de Breashears sem dúvida salvou Brian do mal da montanha, do congelamento ou do pior. Com uma lentidão dolorosa, Brian foi escoltado de volta ao Acampamento-base Avançado, onde um extremamente aliviado John Paul Davidson aguardava por ele com o resto da equipe.

Depois de sobreviver à expedição e ter visto de perto a montanha sagrada onde seu herói, Mallory, desaparecera, Brian podia ter tirado suas botas de escalada e voltado a atuar, satisfeito por ter realizado o sonho de uma vida. Mas o chamado do Everest revelou-se muito forte. Em 1993, Brian voltou à montanha e, dessa vez, ele queria o cume.

Para essa nova tentativa, inscreveu-se em uma expedição comercial da Himalayan Kingdoms. Com outros dez membros, Brian seguiu pelo lado sul da montanha, no Nepal, a mesma rota que Edmund Hillary e o xerpa Tenzing usaram para chegar ao cume em 1953. A expedição contava com xerpas para montar os acampamentos nos pontos mais altos, onde oxigênio, comida e gás de cozinha já estariam à espera. Cada membro da equipe pagou 22 mil libras.

Em março de 1993, a expedição decolou de Londres para Katmandu e seguiu pelo vale do Khumbu até o Acampamento-base, onde começou a escalada de oito semanas.

Se a atuação de Brian na expedição de *Galahad* fora impressionante, seu esforço em 1993 foi realmente assombroso. De longe o membro mais velho da equipe, com 57 anos, Brian chegou à marca dos 8.300 metros acima do Colo Sul, a apenas 500 metros do cume.

Durante a descida do Colo Sul, Brian e vários outros escaladores escaparam da morte por pouco quando uma avalanche varreu o flanco Lhotse, atingindo o Acampamento 5, a 7.500 metros, onde eles estavam apenas algumas horas antes.

De volta a Katmandu, a equipe teve muito a comemorar, principalmente Brian. O líder da expedição, Steve Ball, levara oito membros ao cume, um recorde para uma expedição comercial ao Everest, e Brian provou mais uma vez ter resistência para agüentar firme em altitude extrema. Ao superar os mágicos 8 mil metros sem auxílio de oxigênio suplementar, ele realizou uma grande conquista – aquela, talvez, indicava feitos ainda maiores no futuro.

Três anos depois, aos 60 anos, Brian inscreveu-se para sua terceira expedição ao Everest, novamente com a Himalayan Kingdoms. Dessa vez, ele retornava para o lado norte, tibetano, onde havia seis anos *Galahad* fora filmado.

Naquela época, ele encarara o desafio como um novato, que desconhece completamente os efeitos devastadores da altitude e sem experiência suficiente para desistir quando as coisas ficam mais complicadas. Agora, ele tinha na bagagem duas expedições ao Everest, incluindo o excelente desempenho quando passara dos 8 mil metros pelo lado sul. O currículo de Brian em alta montanha, para um homem de sua idade, indicava um verdadeiro talento para ir alto e não havia dúvida sobre seu entusiasmo ilimitado para cumprir a tarefa a que se propunha.

Mas isso seria o suficiente? Brian conseguiria chegar ao cume? Ou ele atingira seu limite na expedição de 1993 – sua melhor marca, que ele jamais seria capaz de superar?

Para mim, era vital responder a essa pergunta. Eu não queria fazer um filme com o mesmo enredo de *Galahad of Everest*, eu queria fazer um filme que mostrasse todo o trajeto, até o cume, e trazer fotografias de Brian lá em cima.

Brian não tinha dúvidas.

– Desta vez vou fazer o cume, Matt. Por Deus, eu vou fazer!

O café de Brian continuava intocado à sua frente. Nas mãos, ele agitava a venerável piqueta para a frente e para trás, como um bastão de uma líder de torcida, batendo a ponta freqüentemente no joelho com um sonoro *clung* para reforçar a idéia.

– Vou usar o oxigênio bem mais cedo. Eu cometi um erro no lado sul. Fui muito orgulhoso para colocar aquela máscara. Mas, desta vez, vou usar o oxigênio e fazer o cume, e você estará lá comigo para filmar! Será o maior filme sobre o Himalaia de todos os tempos!

A piqueta do General Bruce cortava o ar com um aceno dramático.

– E você, Matt? É homem para encarar as montanhas?

– Sou, sim – e dei meu sorriso mais modesto.

Na verdade, para alguém que pretendia fazer um filme na Face Norte do Everest, minha experiência em montanha decididamente não era das melhores.

Minhas conquistas nas alturas até agora se limitavam a dois cumes: um cume do Pokalde, 5.700 metros, onde se chega apenas com uma caminhada, e um obscuro vulcão do Equador, mais ou menos da mesma altura. Para os montanhistas sérios do Himalaia, eles eram meros nódulos, montes divertidos para se conquistar antes do café-da-manhã.

Fora extremamente difícil escalá-los.

Mais preocupante que esses triunfos duvidosos eram as vergonhosas falhas que manchavam meu currículo de escalada. Meu histórico não era apenas imperfeito, ele era marcado por diversas valas, grandes buracos cheios de sombras de fiascos e incompetência.

Entre as mais surpreendentes – tanto que eu quase me orgulho dela – está uma tentativa de escalar o Ben Nevis sozinho em outubro de 1981, quando eu ainda era um universitário de Durham.

Comecei bem encorajado. Parti na tarde de sexta-feira, caminhei até Edimburgo e depois cruzei para Glasgow. Ao anoitecer, uma chuva forte caiu e meu progresso foi interrompido. Às 2h30, eu estava ao norte de Dumbarton, molhado até os ossos e sentindo pena de mim mesmo. Muitos carros passavam e nenhum deles dava sinal de que ia parar.

Lembrei de um posto pelo qual eu passara alguns quilômetros antes e decidi voltar, batendo em retirada pelo sul, e aguardar lá até o amanhecer. Enquanto caminhava, acenei pedindo carona.

Para minha surpresa, um veículo parou. Era um *motorhome* convertido a partir de uma antiga van que vendia peixe e fritas.[1] Lá dentro, uma família me recebeu comovida com meu estado. Quando o motorista soube que eu estava indo para o Ben Nevis, propôs um plano diferente. Escalar o Snowdon.

A família estava indo para casa, em Flint, no norte da costa do País de Gales. Eles podiam me deixar lá logo ao amanhecer, assim eu só teria que fazer uma caminhada fácil pela A5151 até Bangor e depois passar rapidamente por Snowdonia, de onde a conquista do pico seria rápida e triunfante.

Estava quente dentro da van e, com a condição de que eu tirasse minha roupa encharcada, ofereceram-me uma cama. Estava decidido: ia para o Snowdon. O Ben Nevis podia esperar. (Na verdade, está esperando até hoje. Nunca o escalei.)

Quando acordei em Flint, descobri que a filha do casal – ela devia ter 8 ou 9 anos – havia me agasalhado com um cobertor depois que adormeci.

---

[1] *Fish and chips* – peixe e fritas é considerado o prato nacional no Reino Unido. Por décadas, foi o único prato que podia ser levado para viagem no país. (N. T.)

– Achei que você estava gelado – disse ela e me deu uma barra de Mars para o desjejum.

A caminhada "fácil" até Snowdonia revelou-se mais difícil do que eu previra, e já era quase meio-dia quando cheguei a Betws-y-Coed. Uma camada baixa de nuvens cobriu o parque nacional, reduzindo a visibilidade a menos de algumas centenas de metros. A própria montanha parecia mal-humorada, escondendo-se onde eu não conseguia vê-la, e eu não tinha mapas nem dinheiro para comprar um.

Depois de consultar um mapa do parque nacional fixado em um estacionamento, segui o caminho rumo ao Snowdon cortando a fina névoa da garoa. Por duas horas, abri caminho por uma área pantanosa que insistia em se formar no chão do vale. Dizia a mim mesmo que logo começaria a subida. O caminho piorou quando começou a ficar ainda mais pantanoso. Eu tinha que pular de um tufo de mato para outro. Em volta, formavam-se poças de um material negro e pegajoso.

As nuvens ficaram mais carregadas e eu perdi completamente a trilha. Comecei a tentar achar um caminho para o alto através dos pastos de ovelhas mal-encaradas, atravessando paredes de pedra e rasgando a roupa em cercas de arame farpado. Por fim, com apenas mais uma hora de luz fraca, desmoronei deitado embaixo da carcaça enferrujada de um trator abandonado e aceitei a derrota. O Snowdon pode esperar, eu pensei.

Na minha mochila havia 1/4 de litro de Souther Comfort. Bebi tudo em menos de uma hora e depois comi um pacote de biscoitos e uma salsicha. Com uma sensação nauseante, abandonei a montanha – se é que eu estava mesmo na montanha –, alcançando a segurança do asfalto assim que anoiteceu.

Depois de caminhar pela noite toda, cheguei a Durham exausto e com os olhos vermelhos na manhã de segunda-feira, apenas alguns minutos antes do horário da aula. Estranhamente, apesar da vergonha de não ter conseguido escalar nada, considerei aquele um ótimo fim de semana.

A parte do meu currículo em montanha que me dava alguma esperança, sobre a qual eu lia a respeito para Brian e Julian, foi o tempo em que trabalhei como guia de trilha. No verão de 1984, guiei várias trilhas pelas montanhas High Atlas, no Marrocos, para a empresa de turismo de aventura Explore Worldwide.

A cada duas semanas, um novo grupo partia para Marrakesh via Paris. Eu ficava sentado na cafeteria do aeroporto com Philippe, um guia francês de uma empresa concorrente, observando as chegadas dos aviões. Philippe era capaz de identificar os membros de seu grupo e adorava fazer comentários à medida que eles surgiam.

— Esta é uma das minhas — ele afirmava confiante cada vez que aparecia uma garota bonita.

Mulheres mais velhas, ou aquelas que não se enquadravam nos padrões exigentes de Philippe, recebiam um "É uma das suas".

O mais irritante é que na maioria das vezes ele acertava. *Le trekking* era chique na França naquela época, e seus grupos realmente pareciam ter um percentual alto e incomum de belas garotas. Os meus geralmente tinham um alto percentual de senhoras e bibliotecários barbudos. Na trilha, os grupos de Philippe pareciam um reluzente desfile de bermudas de ciclismo e óculos de sol espelhados. Os meus clientes usavam culotes de molesquim e blusas felpudas da loja de sobras do Exército Millets.

No aeroporto, Philippe soltava sua bomba:

— Como sempre, Mathieu, eu fico com as gazelas, você fica com os bodes! Vejo você em duas semanas.

Em seguida, depois de ajeitar sem esforço todo o grupo em sua Toyota turbo, Philippe podia sumir na noite com suas gazelas, deixando para trás o cheiro de diesel e Chanel.

Tirando essas coisinhas irritantes, o tempo em que trabalhei como guia de trilha no High Atlas foi bem proveitoso. Eu aprendi que coisas estranhas acontecem quando pessoas e montanhas se encontram. As trilhas não eram muito difíceis, raramente passavam de seis horas de caminhada por dia, no entanto, sob o calor do verão marroquino, isso podia ser tempo demais. No High Atlas, testemunhei mudanças de personalidade, exatamente como o clima das montanhas muda de um vale para o outro.

As montanhas desnudam o escalador da mesma forma que se desmantela um carro em um ferro velho. Elas removem qualquer maquiagem e couraça, e o que resta é a pura essência do ser humano, o chassi sobre o qual os painéis do corpo são montados. Membros aparentemente tranqüilos do grupo podem explodir em reações repentinas, violentas e iradas. Fortes escoceses podem cair em prantos. Matronas tímidas podem se transformar em leões da montanha, subindo picos e descendo encostas em velocidades sobrenaturais.

No meio desse corpo dinâmico e mutante está o guia de trilha, incentivando, estimulando, informando e tentando evitar que um membro arranque a cabeça do outro quando ocorrem conflitos de personalidade. É um trabalho psicologicamente exigente e fisicamente exaustivo, temperado com o humor gentil e irônico que parece ser um atributo inevitável dos britânicos assim que eles se vêem em grupo. Eu adorava tudo isso, especialmente quando uma gazela solitária, e especialmente adorável, finalmente saiu do avião em Marrakesh com a identificação EXPLORE em sua mochila.

– Minha – eu disse a Philippe, que ficou babando de raiva.

Mas fazer trilha não é como escalar. E o Toubkal, com seus 4.165 metros – a maior montanha do High Atlas –, seria apenas uma mancha no mapa do Himalaia.

Resumindo, eu estava seriamente desqualificado para participar de qualquer expedição ao Everest, ainda mais uma que iria pela tecnicamente difícil e vasta Face Norte. Como já disse, eu nunca escalara as maiores montanhas inglesas nem havia chegado ao cume de qualquer montanha dos Alpes. Eu nunca havia feito um curso oficial de escalada nem mesmo aprendido os fundamentos do manuseio de cordas.

Pior ainda era a minha tendência a cometer erros. Basta a mais leve brisa para arrancar os mapas das minhas mãos. Mosquetões caem inexplicavelmente da cadeirinha, garrafas de água pulam dos bolsos da mochila e blocos de gelo despencam sem aviso. Eu já pus fogo em barracas, deixei sacos de dormir caírem em rios de águas congelantes e perdi um número de óculos de sol suficiente para prover uma loja de tamanho médio. Tamanha falta de coordenação é inconveniente em altitudes menores, mas, acima de 8 mil metros, ela pode ser fatal.

– Eu vou filmar até o Acampamento-base – disse a Brian – e deixar a filmagem em alta montanha para um cinegrafista especializado.

– Nem pensar. – Brian estava inflexível. – Você vai ficar comigo o tempo todo. Assim que chegar lá e vir aquela grande pirâmide brilhante acima do Glaciar Rongbuk, ela vai te encantar.

Ao dizer isso, Brian despediu-se com um forte aperto de mão e partiu para fazer uma dublagem em um estúdio do Soho.

– Você acha que vai dar certo? – Julian deixou de lado o resto de café.

Eu havia gostado muito de Brian, mas, analisando a situação como alguém que vai fazer um filme, o projeto ainda tinha muitas pendências a serem resolvidas.

– Acho que preciso fazer umas pesquisas. Não há por que prosseguir com a idéia a menos que tenhamos certeza de que Brian é capaz de fazer o ataque ao cume. Se ele o fizer, e pudermos encontrar um meio de filmá-lo, então teremos algo importante. Caso contrário, será uma refilmagem de *Galahad*, e isso eu não quero.

Julian me deu uma semana para pensar.

Eu comecei a ouvir opiniões sobre as chances de Brian. Falei com alguns dos maiores especialistas britânicos em alta montanha e todos disseram a mesma coisa. Dado o histórico impressionante de Brian, ele *poderia* fazer o cume se tudo corresse bem com relação ao clima e em termos de logística.

Como profissional, eu estava inclinado a aceitar a oferta, e ainda havia outros motivos, mais pessoais, para que dez semanas no Tibete parecessem uma idéia atrativa naquele momento.

Meu casamento de 11 anos estava desabando em meio a uma crise que eu precisava desesperadamente resolver. Comecei a perceber que o Everest podia me dar o tempo que eu precisava para pôr a casa em ordem.

3

Conheci Fiona em 1981, meu primeiro ano na Universidade de Durham, cidade ao norte da Inglaterra, mas levou um tempo para eu perceber o quanto me encantara por ela. Eu estudava arqueologia e antropologia, ela fazia artes, portanto, nossos caminhos não se cruzavam muito pelos corredores das salas de aula – na verdade, nenhum de nós ia muito às aulas.

Fiona tinha um sorriso atrevido, uma cascata de cabelos cacheados e uma forte predileção por saias cada vez mais curtas. Fumava cigarros Benson & Hedges, roía as unhas e bebia tanto gim-tônica que certa vez um amigo deu-lhe cinco ações da United Destillers de presente de aniversário. Na quadra de tênis, mesmo depois de meia garrafa de Primms, ela ainda conseguia arrasar os melhores jogadores da universidade. Nunca participou dos times universitários, provavelmente porque não queria nenhuma encheção de saco. Eu achava isso muito legal.

Sempre que eu olhava para Fiona parecia que ela estava no passado distante, em uma chalana conduzida por um velho etoniano com brilhantina nos cabelos, ou bebendo champanhe sob o sol do final do verão, no gramado da universidade, cercada por pessoas usando faixas de belbutina.

De vez em quando, nós nos trombávamos em festas, e nos conhecíamos o suficiente para nos cumprimentar na rua, mas eu estava sempre em alerta por causa de seus amigos engraçadinhos e isso era um problema, não importa o quanto ela me fazia rir. Meu mundo social girava em torno da sociedade de exploração da qual, no segundo ano de Durham, eu era o presidente. Meus amigos eram viajantes, andarilhos e sonhadores que passavam o dia inteiro sobre mapas identificando lugares caros demais para eles conhecerem. O mundo de Fiona girava em torno da cena teatral da faculdade e dos beberrões imaturos do time de rúgbi da universidade – um grupo social que eu queria evitar a qualquer custo. Não tínhamos um único amigo em comum.

Existia um outro obstáculo entre nós quando nos conhecemos. Fiona estava envolvida com outra pessoa e eu com várias pessoas. Minha vida pessoal passava por um de seus envolvimentos periódicos, na qual relacionamentos longos, de média duração e aqueles extremamente breves se revezavam e, simultaneamente, terminavam, recomeçavam, tinham seu clímax, implodiam ou simplesmente se reduziam a um vergonhoso fim.

Considerando os fatos, as chances de um relacionamento com Fiona eram, no mínimo, ínfimas, mas tudo mudou inesperadamente depois de três minutos de conversa quando nos encontramos por acaso na rua. Acho que foi a única vez que a vi carregando um livro. Atravessamos juntos uma das várias pontes da cidade e, num impulso repentino, perguntei se ela gostaria de passar o fim de semana em Lake District, no acampamento com alguns amigos. Para minha surpresa, ela aceitou no mesmo instante.

E foi assim que tudo começou.

Eu estava na dela. Algumas semanas depois, no dia de São João, demos nosso primeiro beijo depois de meia garrafa de cidra, no alto de uma colina, admirando as torres cobertas de fuligem de Durham. O sol estava se pondo e o ar estava repleto de pólen e lanugem de dentes-de-leão. Eu estava tendo uma crise violenta de febre do feno. No meio do beijo, tive um acesso de espirros.

Veio setembro e estávamos juntos outra vez, passando cada vez mais tempo na companhia um do outro. Perto do Natal, fiquei chocado ao me dar conta de que estava completamente apaixonado. Durante as férias de inverno, peguei um trabalho da revista *Traveller* para escrever um artigo sobre a ferrovia Transiberiana. Fiona viajou comigo. Para passar os dias enquanto o trem atravessava lentamente as terras desoladas da antiga União Soviética, bebíamos champanhe russo extremamente barato e fazíamos amor na cabine entre as estações.

Na Sibéria, as estações ficam bem longe umas das outras.

Pelo curso normal dos eventos, considerando meus fracassos anteriores com namoros firmes, meu relacionamento com Fiona estava fadado ao fim. Mas isso não aconteceu. Na verdade, ficou cada vez mais sólido. Quando nos demos conta de que precisávamos fazer algo com relação às provas finais, praticamente vivíamos juntos. No último minuto, faltando apenas alguns dias para o exame, o pânico se instalou e arrumei um jeito de estudar para passar de ano. Fiona também passou raspando depois de duas semanas de noites viradas.

De algum modo, em algum lugar, o Foreign Office – ou, para ser mais preciso, o MI6, o Serviço Secreto de Inteligência, ficou sabendo a meu respeito. Depois de uma série de entrevistas no escritório central em Londres, ofereceram-me a chance de me candidatar a um cargo que me introduziria ao mundo das informações secretas. Depois de pensar seriamente no assunto, recusei a proposta. Eu não queria ser um espião – eu já estava decidido a seguir carreira na televisão.

Eu tinha que começar em algum lugar. Escrevi para a BBC candidatando-me ao programa de estagiários da emissora. A resposta veio na forma de uma carta bem breve informando que 38 milhões de pessoas haviam se inscrito para seis vagas e que, de qualquer forma, eu já havia perdido o prazo de inscrição.

Num ataque de raiva do tipo "eu vou mostrar para essa merda de BBC que eles são uns idiotas", candidatei-me ao primeiro emprego que vi em um jornal local e fui contratado. Limpar penas de galinhas não era exatamente a carreira suntuosa que eu vislumbrava, mas era um começo. Depois de três dias penosos larguei o emprego por outro igualmente deprimente no ramo de construção, montando placas de vidraças duplas e viajando o país todo montando tendas em feiras e festivais.

Fiona trabalhava em uma agência de viagens e economizávamos tudo que ganhávamos. A idéia, quando tivéssemos o suficiente, era fazer uma jornada pelo Saara na velha Land Rover que eu acabara de comprar por 500 libras. No dia de nossa partida, os pais de Fiona, confusos, tinham no olhar a expressão de que nunca mais veriam sua filha novamente.

E quase não viram.

A Land Rover quebrou. Um grande estalido no meio do deserto do Saara no caminho entre Tamanrasset e Djanet, ao sul da Argélia. E quando eu falo que ela quebrou estou sendo literal.

O velho chassi enferrujado partiu em dois logo depois do eixo traseiro. Como resultado, a coitada da Land Rover arrastou sua traseira pelo chão, como um cão sem as patas de trás. Se não fosse por uns italianos que por acaso cruzaram nosso caminho, a coisa ia ficar preta.

Usando uma coleção engenhosa de pedaços de mola quebrada (que a essa altura da viagem já eram várias) e perfurando pontos de fixação no chassi quebrado, demos um jeito de levantar o veículo mais ou menos em sua forma original e parafusamos partes de metal na seção quebrada. Depois de uma soldagem duvidosa no oásis mais próximo, nos arrastamos de volta para a Inglaterra, numa velocidade média de 25 km/h.

Louco para viajar mais, candidatei-me a um emprego como guia de trilha da Explore Worldwide, uma empresa de viagens curtas, e fui aceito.

Durante minha primeira temporada nas montanhas High Atlas, no Marrocos, eu tinha muito tempo para pensar, e era Fiona que ocupava meus pensamentos. A jornada pelo Saara havia nos unido ainda mais e agora eu percebera que não queria perdê-la de jeito algum. Depois do High Atlas eu já fora escalado para uma temporada guiando falucas no Nilo para a mesma empresa; esse trabalho me manteria longe de Fiona por mais um longo período – talvez seis meses – e eu não estava certo de que ela estaria disposta a esperar tanto tempo por mim sem algum tipo de compromisso.

Nos últimos dias do contrato para o Marrocos, depois de algumas cervejas no Hotel Foucauld em Marrakesh, comecei a avaliar as chances de sucesso de um relacionamento realmente duradouro. Eu teria que parar de viajar? Eu conseguiria esquecer a inquietude que corria em minhas veias? Eu conseguiria – e essas palavras me deram um frio na espinha –, eu conseguiria sossegar?

A resposta para todas essas perguntas foi um enfático "não". Uma pacata vida doméstica era o último item da minha lista de prioridades pessoais. Ela ameaçava minha liberdade e para mim era sinônimo de desistir de tudo. Algumas cervejas depois eu ainda debatia a questão. Decidi tirar a sorte com a tampinha de uma garrafa. Rótulo para cima seria sim, para baixo seria não.

Ajeitei a pequena peça metálica na ponta do dedão e joguei para cima.

Ao retornar para a Inglaterra, pedi Fiona em casamento.

Marcamos a data para setembro e então parti para guiar australianos bêbados pelo Nilo, deixando todos os preparativos do casamento a cargo de Fiona e sua mãe.

Os primeiros anos foram totalmente loucos: Fiona administrava uma empresa toscana de casas de campo na edícula de nossa pequena casa em St. Albans e teve Thomas, Alistair e Gregory, um atrás do outro. Meu foco era estabelecer uma carreira na televisão. Num período de boa sorte, a BBC ofereceu-me um trabalho de pesquisador em *Wogan*, um programa de entrevistas que ia ao ar no início da noite. O programa era ao vivo, o que proporcionava uma certa adrenalina. Havia uma grande concorrência entre os oito pesquisadores, que tinham que trazer convidados interessantes se quisessem renovar seus contratos.

O programa era um trabalho empolgante e glamoroso. Com convidados como Arnold Schwarzenegger, Princesa Anne, Mel Gibson e Zsa Zsa Gabor, nossa semana de trabalho era cheia de almoços extremamente interessantes. Também houve momentos de puro drama. Uma noite, antes do *Live Aid*, o produtor do *Wogan*, Jon Plowman, decidiu na última hora que queria Bob Geldof ao vivo naquela noite. Fomos atrás de Geldof até o Wembley, onde ele dava os toques finais ao maior evento de todos os tempos, mas não conseguíamos fazer nossos recados chegar a ele.

– Vá lá e consiga a entrevista – foi o que Plowman me disse.

– Como?

– Eu não sei! Apenas faça-o aparecer no programa.

Eu saí do estúdio mais ou menos às 17h50, na limusine adaptada da BBC. O *Wogan* entrava no ar às 19 horas. Depois de abrir caminho até o Wembley Stadium passando por alguns seguranças bem determinados, descobri que Geldof estava no palco ensaiando com o Boomtown Rats. Entre os números, fui até o meio do palco, apresentei-me e disse que a BBC queria sua participação no *Wogan* daquela noite. Ele disse, do seu jeito direto, que estava ocupado e que não dava. Ressaltei que sua presença no programa poderia persuadir mais oito milhões de pessoas a assistir ao *Live Aid* no dia seguinte. Gedolf me levou para fora do palco e, depois de eu dirigir rapidamente pelo West London, chegamos ao estúdio no exato momento em que entravam as vinhetas de abertura do programa.

O programa era assim.

Em 1988 eu tinha um bom cargo na BBC, com a possibilidade de começar a produzir e dirigir dentro de apenas alguns anos. Mas as restrições impostas pelo trabalho em uma grande instituição acabavam comigo. Eu precisava me mexer. Quando olhei para os produtores que estavam hierarquicamente acima de mim, com seus salários seguros e carreiras estáveis, percebi que eu não queria ser um funcionário cativo da BBC.

Saí da BBC e comecei a fazer trabalhou autônomos, como *freelancer*, uma jogada que a maioria dos meus amigos julgou maluca. Fiona apoiou-me totalmente, mesmo considerando que essa mudança inevitavelmente significaria menor estabilidade financeira.

A oferta para meu primeiro trabalho nesse esquema partiu da Jon Gau Productions, para a série *Voyager* da ITV, que mostrava expedições e aventuras nos cantos mais remotos do planeta. A produção de programas de 30 minutos mudou o rumo da minha carreira e me levou a inúmeros lugares. No primeiro ano, filmei em países como China, Egito e Marrocos. Todo o processo de produção do *Voyager* era fascinante, mas, acima de tudo, eu adorava viajar, filmar as pessoas que eram as melhores nas suas áreas de atuação no mundo da aventura.

Os filmes eram bastante visuais e exibidos no horário nobre da ITV, alcançando bons índices de audiência. Mas, para mim, seu verdadeiro sucesso estava no modo como retratávamos as aventuras. Nós tentávamos, na medida do possível, fazer com que os protagonistas revelassem mais sobre o *motivo* que os levara a arriscar suas vidas por metas que a maioria das pessoas considerava insanas. O segredo era se colocar no lugar de nossos heróis.

Em 1990, eu produzia e dirigia a segunda temporada de *Voyager*, filmando (entre outros projetos) um vôo de asa delta do mais alto vulcão ativo do Equador, que pretendia bater o recorde, e, em seguida, um campeão mundial de *powerboat* que tentava manter o título em um dos esportes mais perigosos do mundo.

As coisas ficaram ainda mais complicadas. Com o editor da série *Voyager*, Colin Luke, criei a série clássica da BBC *Classic Adventure*, que filmamos em locais como Índia, Quênia, Brasil e Groenlândia. Nessa nova série, forçamos um pouco mais e as expedições filmadas às vezes eram bem radicais. Na Índia, filmamos uma descida em águas brancas muito perigosa no rio Brahmaputra; no Quênia, filmamos uma equipe de asa delta e ultraleves sobrevoando a região selvagem do Vale do Rift.

A vida de *freelancer* na televisão é sempre precária, mas, como eu havia me especializado no trabalho em expedições pelo mundo, existiam ainda outras pressões inevitáveis que aumentam constantemente com o passar dos anos. O tempo que eu passava longe de casa definitivamente tornara minha vida com Fiona mais complicada, pois ela tinha que cuidar de nossas contas. Financeiramente, estávamos sempre na corda bamba e a responsabilidade de quitar a dívida da casa e do banco geralmente ficava nas costas dela.

Para mim, viajar era em parte um vício, em parte um elemento vital dos filmes que eu fazia, mas ficar tanto tempo na estrada às vezes também era difícil para mim. Com uma carreira estabelecida, eu não podia recusar um trabalho, e os meses inquietos entre locações significavam a perda de momentos importantes dos quais eu devia fazer parte. O casamento do meu irmão. Vários aniversários de casamento. Festas de Ano-Novo. Metade do tempo eu não estava sequer no país para ver a exibição dos meus próprios filmes.

Mas há um limite para o número de telefonemas que você pode fazer para seu filho para desejar "Feliz Aniversário" de quartos de hotel em Chiang Mai ou Mombasa antes de começar a ficar deprimido. Então, em 1992, enquanto eu estava no Nepal, filmando uma expedição de escaladores deficientes físicos que tentavam chegar a um cume, Stephanie, irmã de Fiona, sofreu um trágico imprevisto. Seu marido, Howard, de 31 anos, teve um enfarte durante uma partida de rúgbi e morreu. Totalmente ignorante sobre o fato e fora de alcance no Himalaia, eu soube da tragédia quando voltei a Katmandu (quatro semanas depois) e Fiona me contou. Eu perdera o funeral; isso já era bem ruim, mas, para mim, o mais importante é que eu perdera a chance de ajudar Fiona e sua família em um momento extremamente difícil. Fiona realmente precisara de mim naqueles dias e semanas, e eu não estava lá para confortá-la. Sempre foi motivo de piada (ainda que com uma pontada de veneno) que eu era o "homem invisível", mas naquela ocasião ser o homem invisível não foi nada engraçado. Senti que havia falhado com minha mulher num momento crítico, e não foi fácil para nenhum de nós dois conviver com isso.

A lista de empresas para as quais trabalhei cresceu no início dos anos 1990 à medida que os projetos se desenrolavam: Mentorn Films, Pioneer Productions, Antelope Films, Mosaic Pictures, Goldhawk Films, Diverse Productions – todas queriam aventura e eu era um dos poucos diretores especializados nessa área.

Em algum canto do meu cérebro, bem como no de Fiona, luzes vermelhas começaram a piscar. Muitos dos projetos que eu dirigia implicavam riscos ou mostravam pessoas que corriam riscos. As emissoras queriam drama e, com o passar dos anos, passaram a esperar expedições "radicais" quase que como uma evolução natural do processo. Como responsável pelo conteúdo do filme, era meu trabalho forçar a barra – às vezes até demais – para conseguir as melhores imagens. Comecei a me questionar quantas vezes eu poderia pedir que as pessoas descessem corredeiras perigosas "só mais uma vez" ou poderia filmar escaladores em paredões gigantes sem cordas até que alguém se ferisse gravemente. Filme algum compensa nem mesmo um pequeno ferimento, muito menos alguma morte, mas eu sabia de muitos casos em que a filmagem acabara desse jeito.

A possibilidade de algo dar errado me atormentava cada vez mais e também havia riscos para a equipe de produção. Se havia um rio para ser descido, nós descíamos também. Se havia um sistema de cavernas a explorar, alguém da equipe tinha que estar lá filmando. Na China, durante a filmagem de um surfista que estava tentando pegar a maior onda do mundo, nosso barco foi atingido no mastro e virou. Por muito pouco, a hélice do barco não acertou a cabeça do cinegrafista. Posso fazer uma lista de várias outras quase perdas, muitas delas eu nunca contei a Fiona.

Então, em janeiro de 1994, eu encarei a morte.

Estávamos filmando no Monte William, uma montanha na Antártida. Suas encostas são repletas de glaciares e *seracs* enormes. Ao descer do cume, no final da escalada, nós sete (cinco escaladores e dois filmando) entramos em uma vala de gelo íngreme. Eram 4 horas da manhã e o cenário estava iluminado pela luz fraca do verão polar.

De repente, várias centenas de metros acima, o céu foi encoberto por uma visão aterradora. A nuvem crescente de avalanche maciça descia sobre nós pelo flanco nordeste da montanha. Ela se movia com uma rapidez incrível e mal houve tempo de gritar para alertar os outros antes que ela nos engolisse.

Alguns segundos antes de sermos atingidos, meu cérebro teve tempo de calcular de onde a avalanche vinha e de concluir que todo o flanco nordeste havia despencado. Durante o dia inteiro, sabíamos que a neve estava em condições de gerar uma avalanche, mas tínhamos esperado seis semanas por uma condição climática para escalar a montanha e essa era nossa última chance. Agora, milhões de toneladas de neve e gelo estavam prestes a nos esmagar.

Eu não tinha dúvida alguma de que morreríamos. Nem os outros seis, eles também não viam como escapar. Colamos o corpo no gelo e esperamos ser amassados ou arrastados da face, lançados nas rochas centenas de metros abaixo. É uma sensação curiosa ter certeza absoluta de que você vai morrer. Minha vida não passou diante dos meus olhos, mas me recordo de uma sensação de extrema calma e admiração pela força que caía sobre nós.

Não morremos. A onda de choque nos engoliu a mais de 100 km/h, mas os detritos da avalanche de gelo pararam bem acima de nossas cabeças. A vala era íngreme o suficiente para desviar a força da avalanche. Alguns blocos menores nos atingiram e um dos escaladores quase perdeu um olho com o impacto, mas, fora os hematomas, ficamos bem. De alguma forma, todos nós demos um jeito de permanecer imóveis. Dez minutos antes, estávamos bem na beira da vala, onde a morte teria sido inevitável.

Levei um tempo para contar a Fiona sobre o acidente.

Depois da avalanche, ficou claro que eu tinha que abandonar os documentários de aventura se quisesse progredir na carreira de produtor de filmes – e ter boas chances de continuar vivo. Fora os riscos, há poucas expedições a se filmar no mundo e os maiores desafios já tinham sido riscados da minha lista. Eu explorava um nicho bem pequeno e, a cada filme, esse nicho diminuía ainda mais.

Mas, dada a necessidade de ganhar dinheiro, não tive opção a não ser continuar me dedicando ao desenvolvimento de novos projetos de aventura para manter meu fluxo de caixa enquanto dobrava meus esforços para entrar em outro campo, o de roteirista. Cada vez mais, eu achava difícil me entusiasmar de verdade com os filmes de aventura que eu fazia e minhas idéias cinematográficas eram uma saída – um modo de sonhar, de deixar minha imaginação fluir livremente.

Depois de todo esse tempo, meu relacionamento com Fiona também estava entrando em uma fase difícil no fim de 1994. A pressão de tentar manter a família unida já que eu estava sempre longe de casa, somada à minha eterna inquietude, deixava Fiona cada vez mais distante. Ela se importava mais com a relação que eu, e recebia menos dela a cada ano. Tentar colocar rédeas em um marido ausente e cada vez mais distante não era nada engraçado e nossa relação parecia superar uma crise para começar outra.

Fiona nunca tentou me prender. Isso era bonito na nossa relação, mas também foi a sua desgraça. Éramos pessoas muito diferentes unidas por um amor forte e verdadeiro, por uma família e pelos laços da lealdade que ambos sentíamos. Mas sempre soubemos que, no fundo, divergíamos muito. Tínhamos vários sonhos em comum, mas existiam muitos outros que não eram compartilhados. Nossas diferenças básicas haviam se revelado e estavam nos distanciando tristemente.

A terrível verdade é que Fiona ficava melhor sem mim e eu achei muito difícil lidar com isso. No entanto, para resolver a situação e me tornar o marido que ela realmente queria, era preciso abrir mão da liberdade que, de forma egoísta, eu havia conquistado ao longo do tempo. Eu sempre fora um viajante, na verdade sempre me vira como um espírito livre (seja lá o que isso significa), mas eu amava muito Fiona para continuar magoando-a como eu achava que estava fazendo. Um relojinho dentro de mim com seu tique-taque me dizia, sussurrando em meus ouvidos, como na primeira vez, aos 17 anos, em que fui seduzido por uma viagem atrás da outra pelo deserto do Saara, que era hora de partir. Mas um conjunto igualmente forte de pressões me dizia para crescer e assumir minhas responsabilidades.

Agora, a expedição ao Everest me dava a oportunidade de refletir e tomar uma decisão sobre que rumo dar à minha vida. Dez semanas no Tibete seriam bastante tempo para pensar e, longe dos problemas, talvez eu encontrasse uma nova perspectiva e pudesse analisar tudo isso.

Liguei para Julian Ware na ITN Productions e disse que aceitaria o trabalho do Everest. Depois coloquei vinte volumes da *Enciclopédia Britânica para crianças* na mochila e saí pelas trilhas e campos de Hertfordshire para uma caminhada de cinco horas.

Eu escolhi minha equipe de cinegrafistas com muito cuidado. Eram poucos os cinegrafistas capazes de filmar acima de 8 mil metros, mas, para nosso projeto ter sucesso, eu tinha praticamente que garantir que um membro da equipe poderia estar lá para registrar o ataque ao cume.

Alan Hinkes foi minha primeira opção e fiz a proposta a ele por telefone apenas seis semanas antes da data de partida. Sendo um dos mais bem-sucedidos escaladores ingleses de alta montanha, Al era renomado no mundo do montanhismo e filmara o cume do K2. Ele era um dos dois únicos escaladores ingleses a subir ao cume da segunda maior montanha do mundo, o K2, com 8.611 metros, e voltar vivo. Além disso, ele já havia feito o cume de outras quatro montanhas de 8 mil metros.

Estivera duas vezes no Everest, mas o cume escapara-lhe das mãos. Eu sabia que ele estava esperando outra oportunidade para voltar e minha oferta de pagá-lo para isso era quase irresistível. Ele não era um cinegrafista profissional, mas eu tinha certeza de que faria um bom trabalho sob condições extremas.

Vindo do norte do país, com uma personalidade franca, Al era famoso por seu jeito rude e cultivou alguns inimigos entre os montanhistas que não gostavam de sua abordagem extremamente comercial e seu talento para a auto-publicidade. Fisicamente, é uma pessoa forte, com muita resistência, e, à primeira vista, pareceu-me ser uma pessoa psicologicamente sólida também.

Com um cabelo quase raspado no estilo militar e olhos de um azul glacial, Hinkes tinha todos os aspectos do herói de alta montanha que ele certamente é. Ele tem um jeito de encrenqueiro que irrita algumas pessoas. Bastante individualista, alertaram-me que ele não fora um bom colega de equipe em outras expedições, mas eu não o estava contratando por seus dotes diplomáticos. Eu precisava de alguém capaz de operar uma câmera na Zona da Morte e existiam poucas pessoas mais qualificadas que Al para isso.

Ele ouviu minha proposta atentamente, negociou para conseguir um pagamento melhor que o que eu ofereci e aceitou o trabalho.

Como cinegrafista principal em altitudes mais baixas, escolhi Kees't Hooft (pronuncia-se "Case"), um cinegrafista holandês que vive em Londres e com que eu já trabalhara em vários filmes. Kees tem o olhar vago de um professor meio maluco, com um cabelo ralo ruivo e os traços refinados de um intelectual. Ele fazia aulas de psicologia junguiana aos fins de semana e tinha uma fascinação inexplicável pela aristocracia inglesa. Para ele não havia felicidade maior do que estar entre duques, duquesas e viúvas da nobreza, e provavelmente estes também gostavam de sua presença já que Kees parecia conhecer todos eles.

Essencialmente uma pessoa educada, Kees era cheio de boas maneiras, do tipo que normalmente se vê apenas em garçons, mas debaixo dessa gentileza estava um escalador poderoso. Ele chegou quase aos 7 mil metros no Makalu (8.481 metros) durante a filmagem de um documentário para o Canal 4 e operou uma câmera para mim no Pokalde, no Nepal. Eu liguei para saber se ele estava interessado.

– Com certeza, mas quando a expedição termina?

– No dia 6 de junho. Por quê?

– Ah, nada, é que vou me casar no dia 8.

Meu coração parou. Essa notícia obviamente excluía Kees da expedição, deixando-me com uma lacuna difícil de preencher. Claro que ele não podia abandonar sua noiva por dez semanas antes do casamento. Ou podia?

Sim, ele podia.

– Acho que é bom eu falar com a minha noiva antes – foi o que me disse, parecendo meio atordoado.

Kees pediu um prazo de 24 horas para conversar com Katie Isbester, sua noiva. Professora de ciências políticas da Universidade de Toronto, Katie não hesitou.

– Eu ficaria chateada se você não fosse por minha causa – disse a ele.

Kees me ligou de volta e disse que estava na expedição.

O terceiro membro da equipe era Ned Johnston, um produtor de filmes norte-americano de grande reputação. Ele se juntou a nós para fazer um filme de 16 mm durante as três primeiras semanas da expedição, ficando conosco até o Acampamento-base Avançado e depois retornando com o material produzido para o Reino Unido. A partir daí continuaríamos a filmagem com câmera digital.

Passei as semanas seguintes preparando o equipamento, treinando para retomar minha forma física e cuidando de milhares de outros detalhes que precedem uma grande filmagem.

Em 31 de março, no Aeroporto Gatwick, os membros da expedição reuniram-se pela primeira vez. Faltavam apenas Roger Portch e Richard Cowper, que tinham ido direto para Katmandu por conta própria. Nós parecíamos – e nos sentíamos – meio deslocados na fila de *check-in* da Royal Air Nepal com nossas pilhas de bagagens e os barris azuis da expedição misturados aos passageiros do feriado que iam para Tenerife e Mahón.

O líder da expedição, Simon Lowe, estava lá, parecendo cansado e quente, vestindo um casaco pesado. Seus cabelos compridos estavam penteados para trás e presos em um rabo-de-cavalo, o que certamente não lhe conferiria pontos extras durante sua antiga vida no Exército. Ele estava na Himalayan Kingdoms desde que saíra do Exército durante o programa de demissão voluntária de 1993. Estivera duas vezes no Everest, em 1988, na Crista Oeste, pelo lado norte, e em 1992, na mesma crista, pelo lado sul. Nas duas ocasiões, ultrapassara os 8 mil metros. Por trás de seus óculos escuros e do jeitão hippie, Simon era um ótimo negociante, o que provou naquele momento ao convencer a Royal Air Nepal a reduzir várias centenas de libras da taxa de bagagem extra.

O segundo em comando de Simon, Martin Barnicott – conhecido como Barney –, também estava lá, usando um par de *mukluk*, sapatos confeccionados com pele de foca. Com uma fala mansa, Barney tinha o ar de quem passara a vida nas montanhas. Evitando contato visual, parecia estar analisando os cantos do saguão de embarque, avaliando a possibilidade de uma avalanche. Naturalmente tímido e sem chamar a atenção, ele era conhecido, eu sabia, como um dos melhores guias de alta montanha do ramo. Ele fora guia (e chegara ao cume) no Everest pela Himalayan Kingdoms em 1993 e agora teria um papel fundamental na tentativa de Brian. Parecia ansioso para se livrar das apresentações e embarcar logo.

Se Barney tivesse sucesso durante nossa expedição, ele seria o primeiro e único escalador inglês a fazer o cume do Everest pelo norte e pelo sul – um possível primeiro cuja importância ele diminuía com um indiferente "veremos".

Sundeep Dhillon, o médico da expedição, estava ocupado guardando algumas coisas de última hora, enfiando mechas de algodão esterilizadas e aparelhos de exame de aparência sinistra em um grande barril. Sundeep, capitão do Esquadrão Pára-quedista de Resgate do posto militar de Aldershot, conseguiu uma licença do Exército para participar da nossa expedição por conta própria. Era a última fase de uma busca pessoal que tomara três anos de sua vida: ser a pessoa mais jovem a escalar os Sete Cumes, os pontos mais altos de cada continente: Kilimanjaro, Monte McKinley, Aconcágua, Elbrus, Pirâmide Carstensz, Maciço Vinson. Escalar essas montanhas fazia parte de um projeto que o levara para os lugares mais distantes do mundo e para o buraco financeiro.

Agora, faltava "só" o Everest na lista de Sundeep – uma montanha com que ele provavelmente não teria como arcar mais de uma vez na vida. Ele fizera um empréstimo no banco de 20 mil libras para participar da expedição e o pagaria nos próximos anos. Isso, mais as grandes expectativas dos oficiais aos quais ele era subordinado, significava uma pressão considerável para que Sundeep tivesse êxito.

Tore Rasmussen, o membro norueguês da expedição, havia chegado de Oslo mais cedo e tinha o olhar cansado de quem passara muitas horas em uma sala de espera. Faixa preta de caratê, possuía o olhar firme, olhos da cor da ardósia sob sobrancelhas espessas. Tore tinha o corpo compacto e os músculos bem definidos de um atleta de ponta. Seu aperto de mão quebrava caroços de abacate. Simon escalara o Aconcágua com ele e o estimava por seu vigor em altas altitudes.

A bela noiva canadense de Kees, Katie, também estava lá, olhando meio confusa por esperar o adeus de seu futuro marido, já que o casamento estava marcado para apenas alguns meses adiante. Percebendo que o planejamento de última hora podia ficar muito em cima da hora quando ele voltasse, o casal acertava alguns detalhes da cerimônia e da viagem dos parentes (vários parentes de Kees iriam da Holanda para Toronto) bem ali no portão de embarque.

Brian chegou com sua família, carregando uma única mala que parecia suspeitamente leve. Todos os outros tinham várias malas tão cheias que os zíperes estavam quase estourando, cada uma com milhares de itens essenciais que haviam sido tristemente comprimidos. Só uma das minhas malas – a que continha comida extra – era maior e mais pesada que toda a bagagem de Brian. Parecia que ele ia passar o fim de semana num hotel fazenda.

– Onde estão suas coisas? – perguntei a ele.

– É só isso – respondeu Brian batendo na mala aparentemente leve.

– Não pode ser.

– Eu posso comprar coisas extras em Katmandu. Lá tem de tudo.

Eu ia continuar o assunto quando Brian se mexeu ao perceber que Kees estava com a câmera e se preparava para filmar. Um ator inveterado, Brian não pôde resistir à oportunidade de se divertir quando Kees apontou a câmera na direção dele.

– O mais importante, Kees, é nunca acampar abaixo dos franceses. Eles vão cagar na sua cabeça lá de cima.

Assim que viu a câmera em ação, Al Hinkes também entrou em cena. Armado com um monte de adesivos coloridos e brilhantes, ele ia de um barril ao outro colando os adesivos de um de seus vários patrocinadores.

– Ei! – Simon gritou para ele, rindo. – Você por acaso pensou que talvez eu não queira esse adesivo nos meus barris?

– Não. – Al continuou colando.

Filmamos a despedida de Brian e sua esposa, Hildegard, e sua filha, Rosalind, e então fomos às nossas despedidas.

Andei com Fiona até o estacionamento e me certifiquei de que ela tinha troco para a máquina de bilhetes. Nos últimos 12 anos, estivéramos várias vezes – muitas mesmo – nesse aeroporto, mas desta vez nosso abraço foi mais apertado.

– Não se preocupe. É apenas um filme, como todos os outros.

– Volte inteiro ou eu vou ficar furiosa.

Falando isso, ela sorriu, enxugou as lágrimas e foi embora, parando apenas para jogar um beijo pela janela traseira.

Quinze horas mais tarde, depois de uma escala em Frankfurt, chegamos a Katmandu, exceto o grande barril de equipamentos médicos e remédios que

Sundeep preparara com tanto afinco. Várias trocas de fax e telex foram feitas entre Londres e Frankfurt para tentar localizá-lo.

Um grupo ávido de carregadores levou nosso equipamento para a carroceria de uma caminhonete, que logo partiu, deixando para trás uma nuvem de fumaça preta. Fomos atrás da caminhonete, dirigindo rapidamente pelas ruas de Katmandu em um velho ônibus nada seguro, desviando de caminhões e evitando uma vaca que sentava impassível no meio da rua.

Com os olhos meio fechados por causa da luz da manhã, sentindo-me meio atordoado depois da noite insone no avião, lembrei da primeira vez que estivera em Katmandu – um viajante solitário de 18 anos na sua primeira jornada solo. Minhas lembranças eram de um lugar mais tranqüilo e gentil, onde as sinetas das bicicletas eram a forma mais alta de poluição sonora. Desde 1978, as coisas haviam mudado bastante. Agora as ruas estavam cheias de fumaça dos motores desregulados dos caminhões que transportavam material de construção e táxis requisitados para corridas.

Uma grande faixa embaraçosa fora fixada na entrada do nosso hotel. Em letras vermelhas garrafais, lia-se: O SUMMIT HOTEL DÁ AS BOAS-VINDAS À EXPEDIÇÃO DE 1996 DA HIMALAYAN KINGDOMS AO MONTE EVEREST (FACE NORTE).

– Nós queríamos discrição – disse Simon.

Guirlandas de flores foram colocadas em nossos pescoços pelos sorridentes funcionários do hotel e uma pequena cerimônia foi conduzida, na qual marcaram nossas testas com uma pasta vermelha e nos deram um ovo e uma tigela de cerâmica de *raki*, um tipo de licor de anis.

– Aguardente! – Brian exclamou e bebeu em um só gole.

Aguardando nossa chegada estavam os outros dois membros, Roger Portch, piloto da British Airways, e Richard Cowper, jornalista do *Financial Times* que acompanharia nosso progresso.

Roger me passou de imediato a impressão de ser alguém calmo e confiante, exatamente o tipo de pessoa que você gostaria de ver no controle de um Jumbo atravessando uma tempestade tropical. Escalador de talento, possuía um histórico impressionante de escalada nos Alpes e era mais um da equipe a ter escalado o Aconcágua, 6.860 metros, o vulcão argentino mais conhecido como um aquecimento para as altitudes mais elevadas do Everest. Para bancar sua vaga na equipe, vendera suas ações da British Airways. Ao falar da expedição, seu total entusiasmo para a tarefa ficou nítido: escalar o Everest seria o maior momento de sua vida.

Richard era mais difícil de ler. Especialista em política e economia asiática, dava a impressão de que ficaria mais à vontade numa reunião política que em uma expedição incerta e arriscada. Sua missão era produzir uma série de artigos, incluindo um perfil de Al Hinkes, e um texto sobre prós e contras da escalada com uso de oxigênio suplementar. Ele trouxera a própria barraca da Inglaterra, um "hotel himalaio" de proporções gigantescas com um sistema intricado de varas duplas capaz de resistir à pior das tempestades. Nós, os demais, com nossas barracas nepalesas, de qualidade inferior, ficamos roxos de inveja.

O Summit (cume, em inglês) é um hotel com um jardim imaculado, instalado em uma pequena colina, de onde se avista Katmandu. Normalmente, o lugar é um paraíso de tranqüilidade, mas a nossa chegada logo mudou esse cenário. Em poucas horas, a varanda do primeiro andar estava lotada com uma bagunça de equipamentos da expedição à medida que os itens novos eram testados. A maioria de nós havia reunido todos os itens da lista na última hora, antes de partir para o Nepal. Essa era a primeira e última chance de conferir se estava tudo certo.

Logo surgiram os problemas. Minhas botas plásticas para alta montanha eram tão grandes que os cobre-botas de neoprene que Al Hinkes comprara no Reino Unido só cabiam nelas com muito esforço. Ficaram tão esticados que o menor desgaste poderia causar um grande estrago. Fiz uma anotação mental para tomar mais cuidado com eles. Meus grampões também estavam esticados até o limite externo e parecia que iam arrebentar devido à fadiga do metal depois de algumas horas de uso. Não havia nada a fazer a não ser levar peças sobressalentes que poderiam ser úteis para um reparo.

Preparar os kits era um trabalho cansativo. Calçar as botas, especialmente vestindo o macacão de plumas, me deixou sem ar, mesmo considerando que Katmandu está a menos de 3 mil metros acima do nível do mar.

Os problemas dos equipamentos de Brian eram piores. Seus grampões não serviam de modo algum, confirmando meus temores de que ele não estava bem preparado ou equipado. Fomos até o mercado de Tamel com Barney em busca de um par melhor, o que proporcionou uma das primeiras tomadas que filmamos.

Tamel é uma das alegrias de Katmandu. Trata-se de uma série de ruas sinuosas rodeadas por centenas de lojas que oferecem de tudo, de túnicas bordadas com cânabis a CDs contrabandeados de Simply Red e U2. Nos interiores decorados com madeira dos cafés de Tamel, bolos de chocolate e banana são servidos até hoje como nos velhos dias de glória da era hippie. Na verdade, junto das centenas de trilheiros, facilmente reconhecíveis por suas botas de Gore-Tex, as sandálias da segunda geração de hippies ainda caminham pelos becos sujos de Tamel.

Passando por uma loja de fotografia, decidi por impulso comprar uma câmera plástica de 8 dólares. Achei que essa câmera amadora descartável Kodak poderia ser útil caso minhas outras duas câmeras não funcionassem. Guardei-a em uma mala e me esqueci completamente dela.

Ao contrário de Brian, Al tinha uma montanha de equipamentos que emergia de uma quantidade impressionante de barris e malotes, muitos deles com os nomes de expedições anteriores a outras montanhas assustadoras. Presença freqüente em Katmandu, Al mantinha um estoque permanente de equipamentos na cidade para evitar gastos com frete no vaivém várias vezes por ano – a marca de um verdadeiro profissional e outra forma pela qual Al se diferencia de nós como um ser da montanha. Seu passaporte também reflete essa história, com uma página após a outra de vistos nepaleses, paquistaneses e chineses.

Nossa equipe xerpa veio para o hotel no dia seguinte para ajudar na saída do equipamento geral da expedição. Eles aparentavam ser jovens, mas extremamente fortes. Liderados pelo experiente *sirdar*[2] Nga Temba, que chegou ao cume do Everest em 1993, os nove xerpas de altitude e os dois cozinheiros seriam parte essencial do ataque ao cume.

Trabalhando com os xerpas no jardim do hotel, acompanhados pelo canto persistente de um cuco, armamos as barracas para duas pessoas para verificar se existia algum dano. A pesada barraca-refeitório revelou-se mais um problema. Suas complicadas estacas metálicas haviam nos vencido, até que Sundeep, que sabia como ela era montada devido a seu treinamento no Exército, teve a paciência de nos mostrar como armá-la. Os equipamentos de cozinha, alimentos e oxigênio foram contados e embalados, prontos para serem levados ao Acampamento-base.

Naquela noite, a última em Katmandu, comemos com os xerpas e a cerveja logo ajudou a quebrar o gelo.

Saímos do Summit Hotel em 3 de abril e começamos nossa viagem de oito horas até a cidade de Tatopani e a fronteira com a China. Al estava em boa forma, distraindo-nos com casos duvidosos e piadas ainda mais duvidosas. Uma delas deixou Richard confuso e ele perguntou:

– Al, o que *é* exatamente um *fudgepacker*?

Nem mesmo Al conseguiu responder a essa pergunta.

Seguimos até a base do Himalaia, passando por vilarejos que se tornavam cada vez mais pitorescos à medida que a altitude e a distância de Katmandu aumentavam. Após séculos de cultivo, as encostas das montanhas

---

[2] Sirdar – título dado ao chefe dos xerpas. (N. T.)

no Nepal estavam delineadas por milhões de plataformas que, nas primeiras semanas da primavera, estavam cobertas por várias manchas verdes.

Após uma pausa para consertar um furo no pneu, chegamos à cidade fronteiriça nepalesa de Kodari duas horas depois do anoitecer. A Ponte da Amizade, uma ligação estreita e frágil entre Nepal e China, já estava fechada, então nos hospedamos em uma pousada simples que se elevava sobre o turbulento rio Sun Kosi. Acima de nós, no lado chinês, as luzes de Zangmu brilhavam chamativas sob a lua cheia.

Naquela noite, ao descarregar os suprimentos do caminhão e levá-los para um armazém, avaliei mal a altura de uma porta e meti a testa no batente. *Errado*, disse a mim mesmo enquanto via estrelas. Eu havia desenvolvido o costume de analisar tolices como essas, numa tentativa inútil de me educar para evitá-las. Eu ainda temia que meu maior inimigo na montanha fosse eu mesmo e minha falta de coordenação. Sentei em um barril, sentindo-me tonto, me xingando e tentando pateticamente entender como é que eu não vira a altura reduzida do batente.

Depois de uma omelete fria e batatas fritas fomos nos deitar em nossos sacos de dormir. Não consegui pegar no sono; a idéia de estar no Tibete no dia seguinte me deu um gostoso arrepio. Eu sempre quisera viajar para aquelas terras misteriosas desde que fiz uma jornada incompleta e desastrosa pelo Nepal em 1978, que terminei sem um tostão no bolso e com uma disenteria amebiana em um monte de lixo em Katmandu.

Logo depois da meia-noite, Kees caiu doente, assim como Sundeep, tendo pegado alguma coisa em Katmandu. Ele passou o resto da noite correndo para um banheiro fétido, com cólicas. Pela manhã, perguntei como ele se sentia.

– Estou bem, fora a noite turbulenta. – Ele foi comer um desjejum bem servido.

Enquanto eram concluídas as formalidades da fronteira, nos afastamos um pouco para fazer umas imagens clandestinas dos caminhões da expedição atravessando a ponte politicamente sensível. Sentimo-nos meio idiotas quando atravessamos; um grupo de turistas italianos ia à nossa frente, filmando descaradamente a cena com suas câmeras, sem reação alguma por parte dos guardas. Na ponte, uma placa informava que estávamos a 1.770 metros acima do nível do mar.

– Faltam só 7.078 metros – disse Al.

4

Entre a Ponte da Amizade e a cidade de Khasha – ou Zangmu, como é mais conhecida – existe um aclive de quase cinco quilômetros, uma terra de ninguém. No meio da subida, um grupo de condenados cumpria sua pena com trabalhos forçados sob o olhar atento de um guarda cheio de acne. Um dos prisioneiros estava quebrando um grande matacão, produzindo brita para pavimentação de estradas. Sua pilha de fragmentos tinha cerca de um metro. Ao passarmos, ele levantou os olhos e acenou. Tinha um rosto inteligente e refinado. Fiquei imaginando quem ele era e que crime cometera para merecer tal castigo.

No final dessa zona neutra, encontramos os sorridentes representantes da Associação Tibetana de Montanhismo, a TMA (Tibetan Mountaineering Association), a organização responsável por nosso transporte e pelos documentos oficiais. Ali mesmo na fronteira, descarregamos o equipamento do caminhão e esperamos quase o dia todo, dormindo sobre a bagagem, enquanto ocorriam os trâmites de alfândega e imigração em um edifício com fachada espelhada que não ficaria nem um pouco deslocado em Milton Keynes, uma "nova cidade" inglesa muito criticada por sua arquitetura.

Brian se distraía dando gritos de incentivo de cima do estribo da traseira do caminhão. Por sorte, os guardas de fronteira não conseguiram descobrir a verdadeira natureza daquelas palavras e o trabalho continuou.

Pouco antes de anoitecer, a cancela da fronteira foi levantada e nosso pequeno comboio entrou no Tibete.

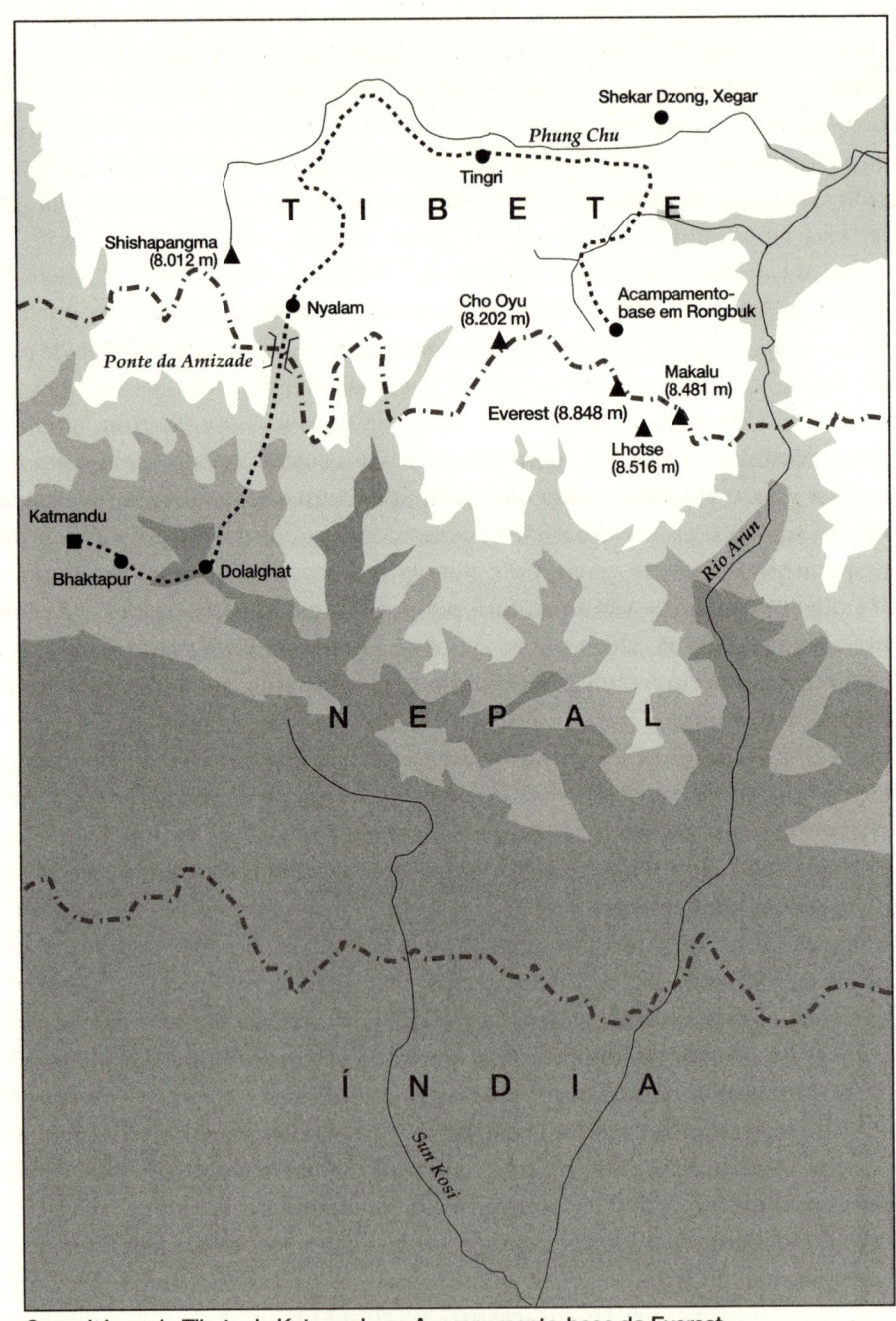

O caminho pelo Tibete de Katmandu ao Acampamento-base do Everest.

Quase do tamanho da Europa ocidental, o Tibete continua ocupado pela China desde a invasão de 1950. Antes de nossa viagem, pesquisei alguns livros da Sociedade Tibetana no Reino Unido e sua publicação feita para uma leitura dolorosa: desde 1950, nas lutas da Sociedade Tibetana, mais de 1,2 milhão de tibetanos morreram em um amplo programa de aprisionamento, tortura e execução. A cultura única do Tibete e a religião budista foram sistematicamente reprimidas, com a destruição de mais de 6 mil monastérios e edifícios públicos. Mais de 120 mil tibetanos fugiram e se tornaram refugiados vivendo na Índia, no Nepal e em outros países.

Com apenas 16 anos na época da invasão, o Dalai Lama, o chefe de Estado e líder religioso do Tibete, busca há 40 anos uma solução pacífica para a situação; porém, embora tenha ganhado a simpatia de milhões de pessoas que ouviram sua campanha, até agora os chineses não deram nenhum sinal de que deixarão o Tibete.

Estávamos entrando em um país que havia sido ocupado por um vizinho hostil e para o qual não havia sinais de libertação. A cidade na qual estávamos agora era o exemplo perfeito de como a vida cotidiana no Tibete tornara-se difícil.

Zangmu resume-se a uma única rua extensa que serpenteia pelo vale com uma série de subidas. Com suas casas e lojas de madeira, tem a cara de uma cidade de fronteira. A chuva transforma o chão de terra em um lamaçal onde os pedestres afundam até os tornozelos e que cobre a cor brilhante dos caminhões e dos jipes do Exército, que vão para cima e para baixo a uma velocidade imprudente. Porcos, galinhas e cães reviram as pilhas de lixo e, quando a noite cai, os ratos também vêm buscar sua parte.

Como em todos os outros lugares do Tibete onde ficamos, a mistura étnica dos habitantes de Zangmu confere à cidade uma personalidade diversificada. A etnia tibetana é a que chama mais a atenção com seus belos rostos de pele queimada e marcada pela exposição constante aos ventos do platô, suas roupas de feltro manchadas de carvão e óleo de iaque. Os homens têm cabelos longos presos em rabos-de-cavalo amarrados com um tecido de um vermelho vivo, as mulheres usam xales bordados e colares de contas de vidro no pescoço. Eles nos observavam com olhos negros brilhantes enquanto andamos lentamente pela lama, cochichando e rindo de nosso progresso moroso e nossas estranhas roupas estufadas de montanha.

Os soldados do Exército Popular não sorriram para nós. Na verdade, mal olharam em nossa direção quando passamos por eles na rua. Vestidos com seus uniformes verdes característicos com uma linha de botões brilhantes e seus quepes comicamente grandes, eles pareciam muito asseados e, na maioria, extremamente jovens. Eles tinham a expressão confusa das pessoas que se vêem de repente longe de casa, como realmente estavam se fossem de Pequim, a milhares de quilômetros de distância.

Para eles, Zangmu era o fim do mundo. Eles paravam na frente das lojas, olhando as mercadorias nas vitrines com um olhar entediado, e assistiam à televisão mal sintonizada nos restaurantes, onde uma cerveja chinesa choca e macarrão compunham a única refeição de todos os dias.

Os mercadores e comerciantes de Zangmu também eram predominantemente da etnia chinesa han, atraídos para a cidade pelo recém-aberto comércio com o Nepal. Também tinham a aparência distante de quem está tentando criar raízes em uma terra desconhecida. Os homens, com brilhantina nos cabelos e camisas de trabalho listradas, pareciam muito inteligentes para a cidade. Podia-se vê-los e ouvi-los nos escritórios nos andares superiores, falando com urgência em telefones ruidosos, fazendo negócios. No térreo, suas esposas e filhas cuidavam de lojas – que não passavam de cubículos – que vendiam utensílios domésticos, pilhas, comida enlatada e produtos ocidentais, como xampu Head & Shoulders e Coca-Cola.

Fiquei observando uma das lojistas fechando seu estabelecimento. Vestindo uma elegante blusa de seda e uma saia de tecido risca de giz, ela caminhou para casa pela rua lamacenta equilibrada em um par de sapatos salto 15 fino, saltando de um lugar seco para outro a fim de evitar enlamear o calçado. Três jovens tibetanos indescritivelmente maltrapilhos também a observavam, fascinados pelo delicado caminho que ela desenhava. Um deles fez uma piada da qual todos riram; para eles, ela parecia um ser de outro planeta.

Em Zangmu, estávamos a apenas alguns quilômetros do Nepal, mas a cidade era inconfundivelmente chinesa; uma das primeiras coisas que fizemos foi acertar nossos relógios para o horário de Pequim, quatro horas a mais que o horário nepalês. Ali, oficiais de ligação escolheram o hotel em que deveríamos ficar e anunciaram a hora da refeição matinal. O hotel era frio, um lugar medonho, com eco nos corredores e janelas quebradas, por onde entravam rajadas de chuva. Escarradeiras transbordando e cinzeiros lotados estavam escondidos no poço da escada. Os quartos eram decorados com móveis em tons verde-limão e laranja e um carpete com espirais psicodélicas – garantia de pesadelos.

O restaurante ficava no porão, junto a um bar deserto fechado a corrente e cadeado. Reunimo-nos deprimidos em volta de uma mesa circular, comendo verduras e arroz com carne de porco, regados a uma cerveja que estava tão choca não tinha sequer uma bolha de gás. De volta ao quarto, tentando dormir, lutei por duas horas para resistir à náusea, mas então sucumbi violentamente, vomitando e com uma diarréia que me fez passar a maior parte da noite no banheiro congelante. Kees, já recuperado de sua própria doença, estava bem o suficiente para não reclamar, mesmo sem conseguir dormir por causa de minhas ânsias.

Sentindo-me muito fraco, dei um jeito de me arrastar até o porão para tomar uma xícara de chá verde no café-da-manhã, tentando não ver os chineses que se deliciavam devorando uma porção generosa de porco ao alho. Consegui sobreviver a isso. Mas, quando o garçom destampou uma frigideira suja perto de mim, o cheiro de carne podre foi tão forte que precisei correr para a rua, onde vomitei mais uma vez sobre um monte de lixo.

A maior parte da manhã foi reservada para finalizar a burocracia da imigração. Como líder da expedição, Simon cuidava disso e, sem mais nada para fazer, fui com ele. No escritório da imigração, os humores se alteravam muito. Frustrado pelo procedimento complicado e acreditando (por engano) que Simon havia furado a fila, o líder de um grupo de clientes franceses exaustos ameaçou dar um soco nele. Foi um bate-boca, um empurra-empurra para chegar à mesa do oficial da imigração. Simon, com uma calma impressionante, ganhou o dia e conseguiu terminar nossa papelada primeiro – uma vitória recompensada com a crítica do líder do grupo:

– Seu inglês! Dá para ver que não são só as vacas que são loucas no seu país!

Partimos de Zangmu às 11h30 em um comboio com três Toyota Land Cruisers e um caminhão. Eram nossos meios de transporte oficiais, fornecidos pela Associação Tibetana de Montanhismo a um custo exorbitante a ser pago em dólares americanos.

Depois de uma parada em um posto militar, atravessamos a perigosa zona de deslizamentos. Na temporada de chuvas fortes, a montanha era conhecida pela avalanche mortal de pedras e lama que atingia os habitantes. Centenas de pessoas haviam morrido até que fora proibida a construção de casas na área de risco. Mesmo sob a fraca garoa daquela manhã, pequenas pedras deslizavam. O motorista olhava com atenção para cima antes de decidir por onde passar pelo caminho estreito cheio de pedras soltas.

Levamos quatro horas na estrada escarpada ao longo do Vale do Bhut Kosi, subindo em marcha lenta, passando por florestas de pinheiros e atravessando o rio caudaloso várias vezes por pontes em estado decadente. Perto de mim, Tore consultava a todo instante seu altímetro de pulso, anotando com satisfação cada ganho de 50 metros.

– Dois mil e trezentos metros – disse-me com os olhos grudados no visor.

Depois de cerca de 30 quilômetros, a menos de uma hora do vilarejo de Nyalam, a estrada transformou-se em uma subida mais íngreme em uma encosta repleta de marcas de antigos deslizamentos e sinais de avalanches. Máquinas de terraplenagem enormes estavam reconstruindo partes que haviam desmoronado. Umas duas vezes, em locais mais "sensíveis", descemos das Land Cruisers e fomos andando para evitar o peso sobre as áreas mais delicadas. Na verdade, toda a encosta estava cheia de água do degelo do último inverno. Praticamente sem vegetação alguma para segurar a massa de terra, a superfície da estrada parecia uma panela de onde um mingau escorria. Toda a montanha estava em movimento e ficamos felizes quando chegamos ao solo mais firme e mais pedregoso de Nyalam.

Localizada estrategicamente bem na borda do platô tibetano, Nyalam fica no alto do Vale do Bhut Kosi e no sopé do Shishapangma, a ampla montanha de 8.012 metros. Assim como Zangmu, a cidade está discretamente organizada em torno de uma rua principal cheia de hospedarias e casas de chá. Algumas tinham placas iluminadas com luzes de Natal que brilhavam mais ou menos de acordo com a potência do gerador da cidade. A maioria dos habitantes é chinesa han, engenheiros e operários que trabalham na construção de estradas cuja tarefa ingrata é a constante reconstrução do vale que faz a ligação com o Nepal.

Nesse ponto, outra confusão: nossos oficiais de ligação queriam que passássemos a noite em uma das hospedarias de Nyalam, mas Simon queria dirigir por mais uma hora e encontrar um lugar para acampar onde pudéssemos passar alguns dias nos aclimatando com a altitude do platô. No final, chegaram a um acordo: a expedição podia se instalar em um local apropriado para acampamento, desde que um dos representantes da TMA ficasse para nos vigiar. O restante da equipe da TMA e os motoristas voltariam para Nyalam, onde teriam um certo conforto.

A 30 quilômetros de Nyalam, com apenas mais meia hora de luz solar, encontramos o lugar perfeito para o acampamento em um vilarejo em frangalhos: uma pequena trilha gramada cercada por salgueiros. Um grupo de crianças maltrapilhas observava boquiaberto enquanto exibíamos nossa falta de coordenação para montar nossas barracas. Nas sombras além de um muro baixo, os adultos do vilarejo também nos olhavam, falando entusiasmados enquanto descarregávamos uma montanha de equipamentos do caminhão. De quando em quando, a curiosidade das crianças aumentava e elas chegavam até onde estávamos travando uma batalha com lonas e estacas. Nesse momento, um dos xerpas agitou uma estaca no ar e correu atrás delas, urrando. Tal ação logo deu margem a uma brincadeira de gato e rato, com as crianças rindo e correndo pela clareira e xerpas enlouquecidos atrás delas. É óbvio que isso acabou em lágrimas quando uma das crianças bateu com força em uma árvore.

Como se a um sinal invisível, os moradores desapareceram silenciosamente na noite quando terminamos de montar o acampamento. Fizemos nossa primeira refeição na barraca-refeitório, empurrando goela abaixo uma porção de arroz, repolho e bolinhos, apesar da falta de apetite causada pela altitude (4.600 metros). Meu estômago ainda não havia se recuperado do desarranjo em Zangmu, então me concentrei em repor líquidos, bebendo várias canecas de chá e chocolate quente. Dormimos com o barulho de cães brigando na rua do vilarejo.

Nos quatro dias seguintes, essa pequena área transformou-se em nosso lar enquanto nossos corpos se adaptavam ao ar rarefeito do platô. O processo de aclimatação precisa ser lento; ele é apenas a primeira parte de um programa definido minuciosamente e que nos permitiria sobreviver dois meses acima dos 5 mil metros para depois ir ainda mais alto. Mesmo nesse ponto, a 4.600 metros, o menor movimento é o suficiente para se perder o fôlego. Abaixar para amarrar as botas podia acabar em um ataque de falta de ar; arrastar um barril de 20 quilos por alguns metros exigia um tempo de recuperação; desfazer uma mochila era uma tarefa desgastante.

Todos nós tivemos dores de cabeça e náuseas nas primeiras 24 horas e duas pessoas também apresentaram outros problemas. Ned sucumbiu a um desarranjo igual ao que afetou vários de nós no Nepal e em Zangmu. Ele temia que fosse uma giardíase – verminose que causa disenteria – e comeu alho cru para tentar matar o parasita. Tore sofria com a volta de um problema recorrente nas costas causado por um ferimento durante uma luta de caratê, quando seu oponente havia chutado um de seus rins com tanta força que o deslocara. Depois de uma cirurgia de emergência, o rim fora reposicionado (mais ou menos) no lugar correto, mas Tore ainda ficava preocupado quando a dor dava as caras. Ela podia ser o sinal do início de uma grave infecção.

No segundo dia, começamos as caminhadas de treinamento até as montanhas cobertas de neve que circundavam o vilarejo. As primeiras caminhadas foram simples e curtas, de uma a duas horas subindo aclives rochosos, mas sem passar dos 5 mil metros. A maioria ia em duplas ou trios, mas Al e Brian preferiam a solidão. A psicologia desse ato me intrigava e eu me perguntava como duas personalidades tão distintas compartilhavam o desejo de treinar em solidão. Talvez eles não fossem tão diferentes assim.

No terceiro e no quarto dias, com corpo mais adaptado à altitude, forçamos um pouco mais, ultrapassando a linha da neve e chegando a um cume menor de 5.600 metros, varrido pelo vento, depois de uma hora de escalada. Desse ponto privilegiado, tínhamos uma visão encorajadora das terras fronteiriças do Nepal, onde sentinelas montavam guarda, em linhas formadas a seis mil e sete mil metros. O vale do qual partimos para a escalada, desse novo ponto de vista, parecia ainda mais estéril, com o grande rio reduzido a um fino fio prateado, do tamanho de uma linha.

Lá no topo, vi um pequeno ponto na metade da subida da montanha vizinha. Primeiro, achei que fosse um urso, mas quando prestei atenção percebi que era Brian em uma de suas sessões de treinamento solo. Um pouco depois, na direção oposta, avistei outro ponto. Al estava subindo pela crista nevada de uma montanha com mais ou menos a mesma altitude daquela em que estávamos.

Ele parou por um instante e eu acenei para ver se ele havia nos visto. Ele acenou de volta e então continuou sua escalada solitária, perdido, provavelmente como Brian, em um mundo só seu.

Naquela noite, Al não voltou ao acampamento ao anoitecer, deixando alguns de nós preocupados com o que podia ter acontecido. Simon era o menos ansioso:

– Não se preocupem com o Al; ele ficará bem.

Meia hora depois, a lanterna de Al cortou a noite escura bem quando o sino do jantar soou.

Acampando tão perto do vilarejo e de seus campos, tivemos a oportunidade perfeita de testemunhar em primeira mão a luta dos moradores para tirar seu sustento da terra árida. Era primavera, tempo de plantio, trabalho feito sob o céu de um azul profundo acompanhado do vento cortante do oeste. Toda manhã, assim que o sol nascia, os moradores deixavam suas casas de pedra rumo aos campos. Mulheres idosas, mães com bebês recém-nascidos presos em suas costas, homens com rostos negros como o ébano, queimados pelo sol e pelo vento – o campo sugava seu trabalho com a mesma facilidade com que o deserto absorve a água.

Usavam enxadas e arados. Com a primeira, atacavam o solo pedregoso golpe após golpe, hora após hora, com as costas curvadas e as pernas abertas. Os arados são bem simples, feitos de ferro maciço com cabos de madeira gastos, parecidos com os mesmos usados há centenas de anos na Europa. Eles são presos em iaques, animais que certamente têm a força certa e o temperamento errado para a tarefa. Os camponeses que dirigem os arados usam varas longas para bater nos animais e atiram pedras na sua massa peluda com absoluta precisão, mas geralmente os iaques reagem mal, lutando, batendo as grandes cabeças e arrastando o arado para campos vizinhos com o arador atrás deles xingando.

Os campos eram pequenos e irregulares, cercados por canais de irrigação que liberam água em certas horas do dia. Todo pedaço de terra cultivável é preparado para semeadura, com montes de esterco de iaque e cabra prontos para encher a vala aberta pelo arado na hora certa.

Pegando um punhado da terra amarela, achei difícil imaginar que qualquer coisa pudesse brotar ali. Era um pouco mais que poeira, como uma areia árida e ressecada. A cada lufada de vento, a superfície se transformava numa nuvem de poeira que enchia os olhos e o nariz dos camponeses e deixava a terra ainda mais infértil.

Só há dois tipos de plantação fortes o suficiente para sobreviver nesse terreno hostil: cevada e painço. Com o leite e a carne de iaque, passaram a ser o principal produto para toda forma de vida do platô tibetano e era impossível viver ali sem eles. Fiquei observando um velho espalhando sementes de cevada tiradas de um saco de couro, seu braço num movimento constante para a frente e para trás, formando um arco, jogando as pequenas sementes brancas no ar como gotas de água saindo de um borrifador. Parecia coisa de um homem otimista – ou de um maluco. Mas ele vira esses mesmos campos darem frutos todos os verões de sua vida; por que desta vez seria diferente?

Ocorreu-me que, quando passássemos de volta pelo vilarejo no caminho do Nepal ao fim da expedição, esses campos secos e empoeirados estariam repletos de vida verde. Isso fez nossa pequena aventura parecer muito longa.

Desmontamos o acampamento no dia 9 de abril e seguimos em comboio pelo leste, cruzando o platô rumo à fase seguinte de nossa jornada pelo Tibete. O caminho empoeirado cortava o vale pelas primeiras duas horas, passando por vilarejos a cada cinco ou dez quilômetros. Naquela manhã, não eram apenas os camponeses que estavam ocupados com seu trabalho. Grupos de operários davam duro na reconstrução da estrada. A cada 100 metros, havia um monte de cascalho no acostamento. Os montes começavam em Zangmu, indicando que uma grande reforma estava em andamento. A tarefa desses grupos era tampar os inúmeros buracos e rachaduras que se espalhavam pelo caminho. O trabalho era feito com as ferramentas mais elementares – uma pá e um ancinho. Eles usavam máscaras para se proteger da poeira e casacos grossos de lã para evitar o frio, mas ainda assim era um trabalho dos mais deprimentes, e nada ajudava ver estrangeiros ricos como nós passando em nossas Toyotas bem quentinhas.

No final da manhã, a estrada deixou o rio para trás e começou uma subida abrupta rumo ao Paço Lalung La, um dos mais altos cruzamentos do Tibete, a 5.300 metros. A direção ficou perigosa nas últimas centenas de metros, com as Toyotas desviando de buracos na estrada flanqueada nos dois lados por um metro de neve endurecida pelo vento. O próprio Colo estava enfeitado com bandeirolas de orações presas ao poste do telégrafo como bandeirinhas festivas. Paramos na passagem para tirar fotos e admirar a vista do Shishapangma e do Cho Oyu – ambos gigantes de 8 mil metros que dominavam facilmente o horizonte. Al já escalara os dois e nos mostrou as rotas enquanto tremíamos no vento congelante. Ele falando soava muito fácil, resumindo meses de luta em alguns destaques parafraseados, de modo que escalar as duas montanhas parecia um pouco mais que uma aventura de fim de semana.

Logo depois do Colo, passamos por um andarilho, um homem santo indiano ou nepalês enrolado em um cobertor marrom, com as pernas nuas e nada para proteger a cabeça.

– Peregrino – disse nosso oficial de ligação. – Provavelmente a caminho de Lhasa. Talvez esteja morto amanhã. Muitos deles morrem.

O peregrino não levava comida nem água, mas também não fez nenhum sinal para tentar nos parar. Nosso motorista passou rápido, deixando-o numa nuvem de poeira. Fiquei impressionado com o fato de alguém poder sobreviver àquele frio com uma proteção tão ínfima, e não consegui imaginar como ele sobreviveria à noite. Talvez, como disse o oficial de ligação, ele morresse antes de completar sua peregrinação.

Descendo mais uma vez para o platô, a estrada começou a seguir um outro rio, desta vez para o leste. O vale se abriu em uma planície mais larga, marcada por ruínas de antigos fortes e caravançarás. A terra era mais verde que o vale onde ficáramos e rebanhos de cabras – às vezes, centenas delas – devoravam as novas pastagens.

De repente, ao fazer uma curva, a primeira visão do Everest. Nosso comboio parou e por vários minutos o único som ouvido era o dos cliques das máquinas fotográficas e do onipresente sopro do vento.

Embora estivesse a mais de 80 quilômetros de distância, o Everest parecia estar perto o suficiente para ser tocado. Os ricos detalhes da Face Norte, um triângulo mais perfeito do que eu imaginara, eram completamente visíveis a olho nu, mesmo considerando a tamanha distância. Agora eu entendia por que, para os tibetanos, o Everest era *"Chomolungma"*, a deusa-mãe da terra, bem antes de os pesquisadores ocidentais determinarem cientificamente que se tratava da montanha mais alta do mundo.

Visto do platô tibetano, a grandeza do Everest não precisava da confirmação de um teodolito. Indiscutivelmente, ele é maior que qualquer outra coisa do planeta, com uma grandeza que supera de longe os outros gigantes do Himalaia.

Eu já tinha visto o cume do Everest de Namche Bazar, no Nepal, mas aquilo não era nada comparado à visão que agora se revelava diante de nós. Visto do sul, o Everest é tímido e indistinto. Eu tinha visto apenas uma amostra da montanha, os últimos 10% da Face Sudoeste. Meio oculta pelo Nuptse e pelo Lhotse, é preciso subir até o Circo Oeste, além do Acampamento-base, para se ver a Face Sudoeste inteira. Mesmo de Kala Pattar, o famoso mirante do Everest para os adeptos do *trekking*, apenas uma parte frustrante da montanha pode ser avistada.

Pelo norte, nada oculta o Everest. Ele se mostra em sua plenitude, sem disfarces. Ele simplesmente está ali, orgulhoso e majestoso, uma pirâmide de pedra esculpida pelas mais poderosas forças da natureza durante milhões de anos. Nenhuma outra montanha ousa invadir seus limites. Ele ocupa com facilidade cerca de metade do horizonte. A vista do ponto em que estávamos não deixava a menor dúvida: essa é *a montanha*.

Naquele dia, como em quase todos, o famoso "penacho" pendia majestoso a partir da Crista Nordeste. Simon estimou seu tamanho em cerca de 48 quilômetros. Essa juba branca do Everest indica a violência dos ventos que açoitam os pontos mais altos da montanha, uma manifestação visível da corrente que cruza de oeste a leste o sul do Tibete. Quando esses ventos atingem o Everest a nada menos que 150 km/h, cristais de gelo são arrancados da rocha e espalhados no ar, onde flutuam horizontalmente, mantidos pela corrente de ar, até caírem nas terras distantes do leste.

O penacho é atraente, hipnótico, como a aurora boreal ou as ondas do mar quebrando na praia. Se você começa a observá-lo, é difícil tirar os olhos dele, de tão sedutora que é sua mudança de forma com o passar do tempo. Visto do platô, o penacho é silencioso, mas a sensação é igual à de observar uma pessoa gritando atrás de um vidro à prova de som, o cérebro consegue imaginar perfeitamente o som que o acompanha.

Impressionados, voltamos para as Toyotas, cada um envolvido em seus próprios pensamentos. Brian, Al, Barney e Simon já tinham usufruído essa vista do Everest. Sem dúvida, já estavam sob seu encanto – que era o que lhes impelia a voltar. Os demais experimentavam novas sensações. A montanha, que nas semanas que precederam a expedição existia apenas em nossos sonhos, agora era algo real e assustador. A Face Norte parecia totalmente ameaçadora e difícil, mesmo a essa grande distância. Pela primeira vez, percebi que um ou mais do grupo poderia morrer naquelas encostas nos meses seguintes. O silêncio tomou conta do veículo enquanto seguíamos pelo caminho esburacado.

No meio da tarde, chegamos à cidade de Tingri, onde existia um acampamento militar de tamanho considerável e lugares simples para comer que atendia militares e turistas. Comemos um cozido de carneiro em um salão esfumaçado, tomando um chá amargo tibetano para ajudar a comida a descer. Nas paredes, cartazes baratos anunciavam relógios italianos Sektor e marcas de roupas de alpinismo de Gore-Tex, mercadorias que, para um tibetano comum, eram o equivalente a roupas de astronauta ou à prova de balas para um ocidental comum.

Tingri localiza-se à margem de um pântano, com vários espelhos d'água à sua volta. Al estivera ali muitas vezes e mostrou como em certos lugares o chão parecia geléia quando se pulava nele. Divertimo-nos por alguns minutos pulando de um lado para outro com as pesadas botas de montanha, sentindo a terra tremer sob os pés, o que fez algumas crianças que nos observavam caírem na gargalhada.

Ao sair de Tingri, passamos por um posto militar e chegamos a Shekar Dzong, nossa parada noturna, às cinco da tarde. A cidade em si não tem nada de mais, mas atrás dela está um dos mais maravilhosos monastérios do Tibete. Construída há séculos, essa maravilha da engenharia pousa sobre uma vertente escarpada, supervisionando com realeza as planícies adjacentes. Em seus dias de glória, o monastério acolheu centenas de monges. Em 1950, durante a ocupação do Tibete pela China, transformou-se em um centro de resistência e cenário de uma batalha sangrenta. Por fim, os chineses enviaram caças MiG e o monastério foi bombardeado até se render. Atualmente, ainda está em ruínas, um monumento comovente à selvageria daquele momento e a centenas de outros atos de destruição que caracterizaram a invasão chinesa.

Nosso "hotel" em Shekar foi escolhido pelos oficiais de ligação e nos fez querer voltar imediatamente para as barracas. O corredor era tão frio que um samovar[3] criou estalagmites no chão de cimento. Os quartos pareciam celas, com camas de metal bambas e um único cobertor de pêlo. Era evidente que os banheiros coletivos nunca haviam sido lavados desde os tempos de Mao. Reunimo-nos no restaurante para comer com os xerpas. Nem as piadas de Brian animavam aquela refeição.

A maior piada – de alguma maneira, os chineses sempre parecem rir por último – é que essa versão travestida de hotel custava 60 dólares por pessoa, a diária oficial definida por Pequim para estrangeiros. Ser roubado é irritante, mas quando o roubo é oficial ele é mais irritante ainda.

Montamos a filmadora 16 mm na manhã seguinte e gravamos o comboio partindo de Shekar, na fase final da jornada até o Acampamento-base.

---

[3] Samovar – recipiente metálico para ferver água para chá, muito usado na Rússia e nos países vizinhos. (N. T.)

Os motoristas chineses, o que não foi nenhuma novidade, ficaram muito irritados com meus vários pedidos para que parassem e prosseguissem mais um pouco enquanto fazíamos uma seleção de tomadas da viagem, mas afinal conseguimos as imagens que eu queria e terminamos quando os veículos cruzaram o Paço de Pang La, a 5.750 metros, nossa visão mais nítida do Everest.

No lado sul de Pang La, a estrada descia e piorava drasticamente, com grandes buracos que proporcionaram uma viagem bem agitada. Ao chegar ao vale, viramos a oeste pela primeira vez desde que saímos de Katmandu, pegando a trilha pedregosa que leva ao Monastério Rongbuk e ao Acampamento-base. Nesse ponto, os vilarejos eram mais ricos e mais bem construídos em comparação com os outros avistados até então, com casas bem pintadas e cavalos bem alimentados nos campos. Diferentemente, as laterais do vale eram rochosas e praticamente destituídas de vegetação, exceto por um ou outro ponto verde que abrigava uma pequena aldeia com uns poucos campos preciosos e uma ou duas árvores robustas.

Embora o Everest agora estivesse meio oculto por outras montanhas, o rio de águas brancas que seguíamos era formado por sua neve. Conhecido como Rongbuk, é o dreno das encostas norte do Everest e do Makalu, dando uma grande volta no platô tibetano antes de cair em uma série de gargantas profundas do Himalaia em Tsanga para entrar no Nepal como Arun. No sul do Nepal, junta-se ao Sun Khosi e corre pelas planícies indianas até encontrar o Ganges em Katihr.

O mistério de como o Arun faz sua milagrosa travessia pela bacia hidrográfica do Himalaia deixava os geógrafos perplexos. O problema foi resolvido em 1937 por L. R. Wager, um geógrafo e explorador que montou uma expedição pelos então desconhecidos desfiladeiros do Arun. Ele concluiu que o rio foi formado muito antes do surgimento da cordilheira, de modo que manteve seu curso, formando progressivamente os desfiladeiros profundos enquanto ocorria a elevação das montanhas. Wager publicou sua teoria sobre a drenagem antecedente no *Geographical Journal* de junho de 1937, determinando definitivamente que o rio Arun existia antes das montanhas mais altas do mundo.

Com o fim recente do inverno, o rio Rongbuk ainda era pouco mais que um riacho, alimentado pelos sedimentos gotejantes da água que derretia das geleiras do Everest. Em alguns meses, com o aumento da temperatura no verão, o rio mudaria completamente, tornando-se caudaloso, uma torrente de água de degelo. Passamos pelos escombros de várias pontes destruídas, testemunho da força desse fluxo sazonal.

Cruzamos o rio em uma ponte evidentemente nova e continuamos rumo oeste pelo banco sul, passando por grupos de iaques fortes a caminho do

Acampamento-base. Carregados com alimentos e outros suprimentos de seus pastores, os iaques são levados para cima toda primavera, coincidindo com a chegada das expedições pré-monção. Há séculos, esses animais percorriam o mesmo caminho difícil para levar suprimentos para o monastério que existiu no sopé do Glaciar Rongbuk por pelo menos 400 anos.

Aos poucos, o caminho vira para o sul, contornando o contraforte do vale até vermos Glaciar Rongbuk lá embaixo, com a Face Norte do Everest bem a nossa frente. Havia nevado na Face Norte desde que a avistáramos pela última vez quando estávamos em Pang La e várias áreas escuras de rocha agora tinham uma coloração de um branco encardido. Mais uma vez, paramos o veículo e montamos a filmadora, gravando metade de um rolo antes de as nuvens atrapalharem a visão.

Para desespero dos nossos motoristas, que agora se remexiam impacientes, filmamos mais uma vez no Monastério Rongbuk, entrevistando Brian na frente de uma das cúpulas revestidas de ouro. Ele estava melancólico e falou abertamente de seus temores com relação aos meses seguintes:

> Às vezes, sinto-se confiante e depois fico morrendo de medo. É uma montanha impressionante. Tenho que dar um passo por vez, um dia por vez. Se ela permitir, vamos chegar ao cume. Mas eu sei que não vai ser fácil.

Finalmente, fugindo de um vento congelante, enfrentamos de carro os últimos 20 minutos de balanço pela morena do glaciar e chegamos ao Acampamento-base a 5.500 metros, com luz suficiente apenas para limpar as plataformas e montar nossas barracas. Enquanto travávamos uma batalha com a lona, as nuvens limparam momentaneamente o Everest, revelando o cume banhado em uma luz vermelho-fogo. Era 11 de abril, nove dias depois de sairmos de Katmandu, 20 depois de deixar o Reino Unido. A viagem chegara ao fim; agora a expedição podia começar.

Quando eu era criança, ficava imaginando o que era realmente um "Acampamento-base"; como "buraco na neve" e "bivaque", o termo parecia interessante – mas o que era exatamente? A melhor imagem mental que eu consegui formar era um monte de belas barracas de estilo alpino, cheias de escaladores felizes, todos bebendo canecas fumegantes de chocolate quente. Iluminado por lanternas à prova de vento e aquecido por uma fogueira, seria um lugar aconchegante, um mundo à parte das ameaças existentes fora dele.

Uma visita rápida ao Acampamento-base do lado norte do Everest teria me dado a dimensão certa e destruído as fantasias de infância. É difícil imaginar um lugar mais hostil e menos acolhedor fora das regiões polares. As expedições que chegam se espalham pelo glaciar, procurando reentrâncias e cavidades que elas acham que vão oferecer uma proteção contra vento. Estão enganadas. Não há como fugir do vento do Tibete – ele faz parte do lugar, bem como as pedras e a poeira. E o cheiro de bosta fresca de iaque.

Mas não se tratava de uma visita rápida. Nosso acampamento ali seria nossa casa nas dez semanas seguintes, um lugar de retorno cada vez que voltássemos dos acampamentos mais altos da montanha. O processo de aclimatação é lento e é normal que até mesmo as equipes experientes passem entre seis e oito semanas deixando o corpo se adaptar à escassez de oxigênio antes de tentar subir ao cume.

Todos os detalhes do Glaciar Rongbuk conspiram para dificultar sua vida. O chão está congelado e nem a estaca mais resistente consegue penetrá-lo. Os rios também estão congelados e quando fluem estão repletos de sedimentos; portanto, nada de beber sua água. Os sacos de dormir, se ficarem soltos, são levados pelo vento. Roupas lavadas congelam e ficam duras como tábuas. O ar é seco, reforçando os efeitos avassaladores da altitude. A garganta começa a arranhar. Os lábios racham. Os dedos ficam cortados e infeccionados. A cabeça começa a divagar, pensando na sua casa – ou em qualquer coisa que não seja a terrível montanha que emerge do vale.

Eu estava empolgado com a idéia de estar no Acampamento-base, mas não posso dizer que gostava de lá.

Os veteranos, Barney e Al, construíram paredes de pedra em volta de suas barracas para evitar que o vento as destruísse. Outros mais preguiçosos, como Kees e eu, levantamos uma proteção "meia-boca" e fomos obrigados a remontar nossas barracas várias vezes depois das tempestades mais fortes.

É muito fácil ficar deprimido no Acampamento-base, como vários membros de nossa equipe descobririam nos meses seguintes. A "lassidão glacial" – doença apresentada de forma brilhante ao mundo no livro *The ascent of Rum Doodle* [A escalada de Rum Doodle] – é penetrante e consumidora a partir do momento em que toma conta de você.

Um dos membros da equipe que eu achava ter pouca probabilidade de ser vítima de depressão era Brian. Ele já estivera ali antes e sabia como lidar com isso.

– Tenha cuidado, Matt – ele aconselhava –, ou você vai ficar louco. Deixe sua barraca bem confortável e leia muitos livros.

Aceitei seu conselho. Nos primeiros cinco dias no Acampamento-base, li as 800 páginas de *Scramble for Africa* [Passeio pela África]; a biografia do xerpa Tenzing; uma biografia de Paul Getty; *Trainspotting*; dois romances de Patrick

O'Brian; *Nosso homem em Havana*; e *Jungle lovers* [Amantes da selva], de Paul Theroux. Kees era um leitor menos produtivo, ou talvez mais aplicado. No mesmo período, ele leu menos de 100 páginas do épico de guerra alemão *The house of Krupp* [A casa de Krupp], demorando-se em cada página, como um especialista saboreando um charuto.

Um novo medo tomou conta de mim, quase tão forte quanto o medo que eu tinha do que podia nos acontecer na montanha: o medo de ficar sem ter o que ler.

Simon escolheu um lugar de destaque para nosso acampamento, não muito longe do lugar escolhido pela expedição de 1922. Perto dali, ficava a pequena morena montada pelos chineses como localização da base da TMA, uma construção feia, com um banheiro transbordando ao lado. Nesse lugar nada convidativo, os oficiais de ligação de cara fechada passavam o dia, ressentidos por essa situação de "penúria" e distraídos apenas por uma televisão mal sintonizada alimentada por um receptor de satélite que mais parecia um objeto da Nasa.

Fomos uns dos primeiros a chegar, perdendo apenas para os noruegueses e japoneses. Durante os quatro dias que levamos para montar nosso acampamento, o som de caminhões anunciava a chegada de novas equipes. Logo havia expedições alemã, catalã, eslovena e indiana espalhadas pelo glaciar. Algumas expedições, como a catalã, eram compostas por apenas cinco ou seis membros, com pouca ajuda de xerpas. Outras, como a indiana, tinham mais de 40 membros e grandes equipes de xerpas.

No total, mais de 180 escaladores (dos quais apenas uma pequena porcentagem era de mulheres) tentariam escalar a Face Norte do Everest nessa temporada pré-monção, um sinal da crescente popularidade do lado norte e um aumento considerável desde o início dos anos 1980, quando conseguir a permissão da China era extremamente difícil.

Al, membro da elite de alta montanha, estava em seu habitat, revendo velhos amigos. Ele conhecia escaladores de várias outras expedições e passava horas trocando notícias sobre quem havia escalado o que, por qual rota e quem havia morrido desde o último encontro. Ocasionalmente, eu ouvia essas conversas e elas sempre me fascinavam. Montanhistas sérios de alta altitude discutem avalanches, quedas e a ferocidade das tempestades da mesma forma que os simples mortais discutem futebol. Uma morte aqui, um acampamento destruído ali; as fatalidades são reportadas com o mesmo sentimento de inevitabilidade das mortes reportadas em uma frente de batalha. A reação às notícias é um aceno de cabeça ou uma sobrancelha erguida.

Por dentro, eles devem ficar se perguntando quando seu dia vai chegar.

Os demais do grupo foram fazendo contato no seu próprio ritmo, atraídos para os acampamentos vizinhos pelo cheiro magnético do café fresco e o aroma de pão recém-assado ou, no caso de Sundeep, talvez pela descoberta de que duas belas garotas faziam parte da expedição indiana. Cada acampamento possuía suas próprias idiossincrasias, como logo percebemos. No acampamento norueguês, um engenhoso aquecedor movido a diesel aquecia os membros da equipe enquanto eles tentavam incessantemente consertar o fax do satélite, mastigando peixe seco e tiras de carne de rena.

No acampamento da expedição indiana, as barracas eram como as tendas dos nômades mongóis, seus membros sentavam de pernas cruzadas em tapetes exóticos trazidos de Delhi. Ao visitá-los, você se sentia como se tivesse entrado nos domínios de um rei mongol nômade. O líder indiano era Mohindor Singh, um alto oficial da polícia de fronteira indo-tibetana, da qual havia selecionado os membros de sua equipe. Com 39 membros, Singh era responsável por uma grande expedição e sua logística (e, portanto, por seus problemas logísticos) em uma escala muito maior que a nossa. Não obstante, ele a encarava com uma eficiência militar e em poucos dias seus membros estavam subindo o glaciar para montar o Acampamento-base Avançado.

Meu "outro lar" favorito era o dos catalães, com seis membros vindos de Girona, cidade no norte da Espanha. O que faltava de estrutura à sua barraca-refeitório (que era construída basicamente com cobertura plástica) era mais que compensado pela sua receptividade e seu excelente café. Eles haviam pensando minuciosamente na comida: uma grande peça de presunto pendia do teto e um queijo deliciosamente forte ocupava lugar de destaque na mesa.

Os catalães, bem como os russos, tentariam fazer uma rota mais difícil e propensa a avalanches que a nossa. Em vez de virar à esquerda no Glaciar Rongbuk Oriental, planejavam seguir pelo lado leste do Colo Norte, onde montariam o Acampamento-base Avançado. Com auxílio de apenas três xerpas, esperavam ascender pela difícil face congelada dali até o Colo e então prosseguir até a Crista Norte. Com tão pouco apoio, era uma proposta ambiciosa, mesmo considerando que a maior parte da equipe tinha bastante experiência em montanhas de oito mil metros.

– Acho que precisamos de mais xerpas – um dos escaladores catalães me confessou. A mim só restava concordar. Eles deixaram o Acampamento-base antes de nós levando tudo, pois não tinham recursos nem mão-de-obra para manter um acampamento permanente aos pés do Rongbuk.

Os problemas de nossa barraca-refeitório ficavam evidentes a cada dia. Sem aquecimento e com uma única camada fina de lona, era extremamente fria, principalmente à noite. Vestir-se para jantar significava calçar luvas térmicas e as luvas externas, além de, no mínimo, uma jaqueta ou o macacão de plumas de ganso.

Roger logo passou a ser o centro de nossas conversas na barraca-refeitório. Nossa fascinação pelo seu trabalho não tinha fim.

– Esses Jumbos são seguros?
– Como foi o mais perto que você chegou de cair?
– Já nasceu algum bebê durante um vôo?
– Você consegue dar um *loop* com um 747?

Pacientemente, Roger passava horas respondendo a essas e muitas outras perguntas, enquanto seu jantar ficava intocado e por fim congelava. A partir desse momento, Brian parodiava sem dó nossa obsessão pela aviação. Sempre que a conversa esfriava, ele fazia uma pergunta para nosso piloto representante:

– O Messerschmitt 109, Roger, é verdade o que dizem sobre o índice de pane? – ou – Já acertou um Junkers, Roger?

Ao final de cada refeição, eu me retirava para nossa barraca relativamente quente de dois lugares e massageava meus dedos congelados para que voltassem ao normal.

A vizinha da nossa barraca-refeitório era a cantina dos xerpas. Se a nossa era o "refeitório dos oficiais", a deles parecia mais um "clube dos trabalhadores", montada perto da barraca usada como cozinha, a fim de reter o máximo de calor. Muito se escreveu sobre os "nós" e os "eles" na organização da comida, mas os xerpas são muito sábios para serem passados para trás em termos de conforto. Sua barraca-refeitório era mais quente e muito mais sociável que a nossa, com um barril ocasional de *chang* para espantar o frio.

Nossos dois cozinheiros no Acampamento-base eram Dhorze e Dawa, sempre sorridentes, sempre ocupados, sempre picando cebola com as lâminas afiadas de suas facas no confinamento escuro e esfumaçado de sua cozinha. Como todos os cozinheiros, tinham seus dias bons e os ruins, mas de alguma forma o número de dias ruins parecia superar os bons. Eles eram melhores como amigos que como chefes de cozinha, mas ninguém tinha coragem de lhes dizer isso – todos nós gostávamos muito deles.

– Saibam que Dhorze trabalhou por uma semana em um dos maiores hotéis de Katmandu – contou Simon uma noite, alarmado pela grande quantidade de reclamações em apenas alguns dias no Acampamento-base.

– Recolhendo o lixo? – foi a resposta cruel de alguém.

Pelos menos nas sopas eles eram consistentes, preparando caldeirões de caldo fumegante, reforçado com gengibre e muito alho. O objetivo era fornecer grandes quantidades de carboidratos, com grandes porções de arroz, macarrão e bolinhos, servidos com repolho refogado e lentilhas com um odor estranho. Os pratos sempre tinham boa aparência, só o sabor é que deixava a desejar.

Às vezes, a aparência enganava o paladar. Tiras de repolho tinham gosto de sabão derretido, lentilhas inofensivas explodiam na boca com o ardor de pimenta-malagueta e até mesmo um simples grão torrado podia deixar a vítima com um gosto de pós-barba barato, como se tivesse feito um bochecho com Brut 33. Inevitavelmente, era difícil resistir ao desejo de uma refeição mais familiar, portanto, tubos de molho de carne e ketchup acabavam rapidamente.

– Tem batatas Spam? – Al perguntava todos os dias.

– Ovos! Eu quero ovos! – bradava Brian.

Ainda assim, recebíamos bem a comida trazida para a barraca-refeitório, sem coragem de decepcionar nossos cozinheiros. Depois, de volta às nossas barracas e nos sentindo traidores, Kees e eu comíamos queijo e bolo de aveia, acompanhados de balas de menta e um gole de Courvoisier da minha reserva particular de comida. Os outros, como Tore e Brian, que não tinham seus próprios suprimentos, achavam que não conseguiriam agüentar a comida e então mal comiam. Não diziam nada, mas as reclamações vieram à tona depois que a expedição acabou.

Ocasionalmente, quando as queixas chegavam a um ponto alarmante, Simon brincava, anunciando a refeição seguinte como uma refeição "de viagem", e deixava que nos deliciássemos com a comida ocidental pré-cozida empacotada. Ele cronometrava esses anúncios perfeitamente, aproveitando a maré de gratidão como um diretor que acaba de anunciar um feriado inesperado para os alunos, distraindo com sagacidade a atenção do grupo de agravos menores que surgem em todas as expedições. Todos aguardavam ansiosamente o dia da refeição "de viagem" e essas foram as únicas vezes em que vi Brian comer algo parecido com uma refeição substancial.

Enquanto reclamávamos da comida na "barraca dos oficiais", os xerpas consultavam os lamas do Monastério de Rongbuk para saber qual era a melhor data para o puja.[4] A cerimônia foi marcada para a manhã de 14 de abril; nós partiríamos para o Acampamento-base Avançado no dia seguinte.

As preparações do puja começaram em Katmandu, com a compra das *lung-tas*, as bandeirolas com orações inscritas, pagas com a doação de 200 rupias de cada membro da equipe. No Acampamento-base, os xerpas ergueram um chorten[5] de dois metros de altura junto à área do acampamento e coletaram a comida e a bebida que seriam consumidas durante a cerimônia.

---

[4] Puja – cerimônia budista, cujo objetivo é pedir proteção aos deuses e bênção para as expedições. A cerimônia é presidida por um lama. (N. T.)

[5] Chorten – uma espécie de altar erigido com pedras onde se oferecem alimentos e bebidas aos deuses. (N. T.)

Kees, Ned e eu não poderíamos participar da parte principal do evento, pois pretendíamos filmá-la, então doei meu precioso litro de uísque irlandês na esperança de que os deuses perdoassem nossa ausência.

Depois do café-da-manhã, toda a expedição juntou-se em torno do monumento, todos com a vestimenta completa de alta montanha mais os pesados macacões de plumas e corta-vento. Grampões, piquetas e cadeirinhas também foram trazidos e colocados na base do monumento para serem abençoados, com a comida enlatada, biscoitos e vasilhas de arroz. Formavam uma cena colorida sob um céu perfeitamente azul, um dos dias mais claros que presenciamos, com apenas um vento fraco.

Eu esperava que o lama fosse um senhor venerável envolto em um manto laranja, mas, na verdade, a cerimônia foi realizada por um jovem nepalês que usava um *fleece* colorido e caros óculos de sol. Ele se sentou, lendo um livro de orações enquanto o incenso queimava, levando as orações aos deuses.

Quando nos preparávamos para filmar, nosso gravador DAT começou a dar problema, talvez resultado da temperatura abaixo de zero à qual ele fora submetido. Kees levou vários minutos frustrantes tentando fazê-lo voltar a funcionar, mas ele se recusava terminantemente a rodar a fita. Kees trocou a bateria e tentou de novo. Nada. Eu comecei a suar dentro do meu macacão de plumas: o puja era uma das seqüências do filme que não podia faltar.

Ned começou a filmar sem áudio com a Aaton de 16 mm e eu corri para a barraca para pegar a câmera digital, esquecendo que a pequena corrida me deixaria sem ar devido à altitude.

Quando voltei, gravei o áudio usando a câmera reserva, torcendo para conseguir sincronizar o material depois. Era o primeiro defeito grave de um equipamento e isso não me deixava nem um pouco tranqüilo. O medo de a câmera parar no alto da montanha já me perseguia, mas eu nunca havia pensado na possibilidade de o equipamento dar pau no Acampamento-base. Tolice minha.

Apesar dos problemas, Ned conseguiu filmar o puja até o clímax, quando é erguido um mastro e as bandeirolas são desenroladas e presas ao chorten. O grupo se reuniu para os últimos mantras, jogando punhados de arroz e tsampa[6] no mastro com gritos de encorajamento. Depois, foram abertas as garrafas de cerveja e uísque e foram feitos brindes ao sucesso da expedição.

Era um começo propício para a expedição, diferente do puja da investida anterior de Simon no Everest, quando o mastro se quebrara com o vento logo depois de ter sido erguido (um mau agouro, recebido com horror pelos xerpas e outros membros).

---

[6] Tsampa – farinha de cevada tibetana. (N. T.)

– Ao Everest! – disse Brian levantando seu copo. – Não viemos para conquistar, mas para sermos seus amigos, Chomolungma!

Em seguida, fomos para nossas barracas. A cinco mil metros, uma única dose de uísque foi o suficiente para nos derrubar pelo resto do dia. Tirei um cochilo atormentado por pesadelos em que aconteciam coisas horríveis com nossas câmeras: elas caíam sozinhas das mochilas, indo parar no fundo das gretas, rolavam por *seracs* e se espatifavam sob as patas de um estouro de iaques.

Quando acordei, dei de cara com um verdadeiro pesadelo em ação: Kees parecia um professor maluco, com um voltímetro e uma chave de fenda na mão e com uma das câmeras reserva e o gravador DAT em pedaços, todos eles espalhados pela barraca. Parafusos excedentes, molas e outros componentes vitais estavam esparramados em volta dele de modo assustador.

– Kees! O que você está fazendo?

– Só estou fazendo uns testes.

– Testes? Kees, se você estragar um destes equipamentos, não terá porra de filme nenhum! O que é isto, por exemplo?

Apontei para uma placa de circuito impresso do DAT que parecia ter caído dentro de uma das botas de escalada de Kees. Ele olhou pensativo.

– Não tenho certeza. Mas acho que ela está com defeito.

Kees sempre foi o mestre das respostas vagas e, sob pressão, ele às vezes emudecia completamente. Ele me deu um dos seus olhares "confie em mim" e continuou fuçando, empurrando pontas metálicas para dentro do DAT, como um cirurgião de fundo de quintal realizando um transplante de risco.

– E qual é o problema da câmera?

– O microfone está falhando. Eu vou remover o plástico e remontá-lo.

– Acho melhor eu dar uma volta.

Eu não conseguia ficar olhando, então deixei Kees trabalhando com seu voltímetro e fui para o acampamento catalão para ver se o pessoal ainda tinha presunto. Quando voltei, os dois equipamentos estavam funcionando perfeitamente.

– É tudo uma questão de fé – foram suas últimas palavras sobre o assunto antes de atravessar a morena para comemorar com um banho no rio de águas congelantes.

Essa era a última oportunidade para tomar banho; nossa caminhada até o Acampamento-base Avançado começaria na manhã seguinte.

5

Ao amanhecer de 15 de abril, os relutantes iaques foram arrebanhados enquanto desmontávamos as barracas e fazíamos as mochilas, prontos para partir. Considerando seu ar deprimente e o mau humor coletivo, ficou óbvio que os iaques sabiam o que estava por vir: a caminhada até o Acampamento-base Avançado era uma "tarefa árdua" segundo Simon, particularmente se você for um iaque com uma carga de 50 quilos nas costas.

Teoricamente, os pastores de iaques e seus animais trabalham em uma estrutura definida pela Associação Tibetana de Montanhismo. Lendo seu material, a contratação e a organização de iaques pareciam tão simples quanto requisitar um carregador no Heathrow. Na prática, o cenário no Acampamento-base na manhã de nossa partida era de completo caos, com o chefe *sirdar* Nga Temba importunado o tempo todo por pastores de iaques reclamando do tamanho das cargas e exigindo pagamento extra.

Os pastores de iaques tibetanos não são tímidos. Eles não vêem nada de mais em expressar sua insatisfação como fazem os ocidentais. As negociações são acompanhadas por caretas, expressões de insatisfação e olhares ameaçadores. Nga Temba continuava calmo, o que parecia enfurecê-los ainda mais. Logo, ele estava em meio ao empurra-empurra e à algazarra, sem sinal de que algo seria carregado.

Quando a violência parecia inevitável, um negociador tibetano com um chapéu de seda colorido saiu do edifício da TMA e tentou acalmar os pastores. Nenhum de nós tinha idéia do que ele estava falando, mas suas palavras produziram um alvoroço ainda maior. Cargas individuais começaram a ser discutidas e a multidão passava de um monte de equipamentos a outro. Levantavam as caixas e as rejeitavam por estarem muito pesadas, pacotes eram avaliados e insolentemente descartados.

Então, de uma forma desconcertante, o clima mudou. As discussões terminaram e os pastores se dividiram em grupos para carregar os animais. Chegou-se a um acordo e todos ficaram contentes, sem o menor sinal de que houvera uma confusão minutos antes.

Almoçamos mais cedo e partimos antes do restante da expedição para filmar os membros da equipe e os iaques juntos enquanto eles seguiam para o Glaciar Rongbuk. Fizemos três ou quatro tomadas de partidas simuladas com a câmera 16 mm, mas Ned sacou sua teleobjetiva na hora certa e conseguimos uma série maravilhosa de tomadas através da luz difusa da bruma provocada pela radiação. Fiquei com o gravador DAT, gravando o som estranho dos pastores de iaques ecoando pelas paredes do vale.

Depois de deixar o amplo platô da morena, a trilha vira à esquerda, pelo lado oeste do vale, afunilando-se em uma vala estreita entre o glaciar e as encostas quebradiças, com uma crosta constante de pedras e matacões soltos, cujos sons que provocam ao se deslocar arrepiam quem está por perto. A vala está repleta das marcas dos deslizamentos de grandes rochas – áreas do tamanho de campos de futebol – que sumiram das encostas do vale e se amontoam no gelo do glaciar.

Como fomos uma das primeiras equipes a sair do Acampamento-base, a trilha pela neve estava praticamente fechada. Os iaques tiveram muito trabalho para trilhá-la, freqüentemente caindo de joelhos ou ficando presos em um caminho mais estreito do gelo. Os pastores precisavam continuar quase ininterruptamente gritando com os animais para encorajá-los a seguir adiante.

"*Huioy!*" era um dos gritos ameaçadores, mas o que mais assustava era um "*Irriaaargh!*", um urro que quase movia o bloqueio. Quando as palavras não funcionavam, uma pedra de tamanho considerável era arremessada na anca do iaque. Isso era infalível.

O Glaciar Rongbuk é uma imensa massa de gelo, mas com uma quantidade tão grande de detritos sobre ele que mal se vê o próprio gelo em algumas partes. Somente depois de caminhar por pelo menos uma hora o glaciar começa a revelar suas gretas e pináculos distantes de gelo, mas até eles são de um cinza-escuro devido à poeira glacial.

Três horas depois de sair do Acampamento-base, começamos a subir o contraforte que marca o início do Glaciar Rongbuk Oriental. Brian mostrou-me como foi fácil para Shipton ignorar a importância do vale estreito na expedição de 1922.

À primeira vista, o vale não dava indicação de que havia um gigantesco sistema de geleiras além dele, escondendo astuciosamente sua real importância. A boca não passa de uma rachadura inocente na encosta do vale se comparada à dimensão da paisagem ao seu redor. Um fio de água patético (que está mais para um córrego que para um rio) corre pelo desfiladeiro rumo ao Glaciar Rongbuk. Não há sinal de gelo e qualquer pessoa que olhar o Vale do Rongbuk não vê nada além de uma ravina pedregosa sem futuro.

Fica claro por que Shipton enganou-se. Ele deixou de explorar o vale para continuar descendo o Rongbuk pela rota "direta" que leva diretamente ao Everest. Estando agora na mesma posição, não fiquei surpreso com sua decisão – a rota direta não parecia apenas a opção óbvia, mas a única.

A orientação do Glaciar Rongbuk Oriental causa outra confusão. Ele parece se afastar do Everest. Ao seguir essa trilha, você tem duas surpresas: primeiro, o sistema de geleiras existente é tão importante quanto o próprio Rongbuk. Segundo, o Glaciar Rongbuk Oriental e a curva da geleira, que formam inesperadamente um arco para o sul, vão direto para a base do Colo Norte. Conclui-se que a quantidade tão reduzida de água que sai pela boca do vale seja sinal da existência de um imenso rio submerso correndo por baixo da rocha.

Shipton não sabia disso. É uma pena que ele não tivesse apoio aéreo, pois uma visão do alto teria desvendado os segredos do Rongbuk Oriental em questão de minutos. Mas o Rongbuk Oriental foi a chave que por fim abriu as portas da Face Norte do Everest. Foram necessárias outras expedições e mais dois anos antes que essa reviravolta geográfica vital fosse pesquisada, depois que a rota "óbvia" mostrou ser tecnicamente muito desencorajadora e repelia todas as investidas.

Por mais duas horas, seguimos nossa caminha lenta pelo contraforte e entramos no vale, onde um caminho cheio de pedras serpenteava a margem norte do rio leitoso. Os iaques ganharam velocidade quando começamos a subida e logo nos alcançaram. Os pastores os seguiam com uma facilidade impressionante, numa passada firme e rápida com seus sapatos de plástico e velhos coturnos, mesmo ao cruzar trincheiras de gelo. Eles não paravam de cantar e assoviar, encontrando ar nos pulmões enquanto nós estávamos sem fôlego.

Com apenas mais uma hora de luz solar, montamos acampamento junto a um pequeno paredão sobre o rio, debaixo de uma encosta que dava sinais de massiva instabilidade. Foi nossa primeira tentativa de montar as barracas Mountain Quasar, e Kees e eu tivemos que pedir ajuda para Al para saber qual estaca ia onde.

Comemos em uma barraca-refeitório improvisada e caímos exaustos às 20 horas. Enquanto eu tentava pegar no sono, matacões caíam do paredão próximo e se chocavam com o rio, produzindo sons assustadores. Um pensamento terrível me ocorreu: Kees e eu estávamos no lugar mais vulnerável das barracas – a dois metros da beira do abismo, que obviamente estava em processo de degradação. Se, de repente, nosso pedaço de terreno despencasse, cairíamos 20 metros abaixo no rio, em meio a centenas de toneladas de rochas.

A cada pedra que caía, meu coração dava um pulo e eu ficava ofegante. Por mais ou menos uma hora, fiquei deitado em estado de horror e então caí num sono inquieto, sonhando com quedas e deslizamentos.

Tenho certeza de que, se estivesse ao nível do mar, é pouco provável que eu pensasse no risco, ou eu o reduziria a um estudo lógico com base na informação do tempo, de quantos milhões de anos aquela parte da parede estava naquele lugar. Mas ali, a 5.800 metros, meu cérebro parecia mais propenso ao medo e à paranóia – outro dos efeitos maléficos da altitude.

Kees tinha seus próprios problemas. Nos últimos três ou quatro dias, ele desenvolvera uma dor de garganta que evoluíra para uma tosse seca. A coisa piorava à noite.

– Você devia pedir para o Sundeep dar uma olhada nessa garganta, Kees.

– Eu não vou incomodá-lo com isso por enquanto – foi sua resposta antes de ter outra crise de tosse.

Típico do Kees. Ele tinha que estar nas últimas, afligido pelo mal da montanha, antes de procurar ajuda médica por conta própria. No final, eu o perturbei até que ele procurou o médico, mas a maior parte dos medicamentos de Sundeep havia se perdido com o barril que desaparecera entre Londres e Katmandu. Ele só tinha pastilhas para tosse ou antibióticos. Kees decidiu esperar para ver como ia ficar e continuou tossindo à noite.

O tempo piorou na manhã seguinte, com a aproximação de nuvens escuras ameaçadoras vindas do oeste. O vento estava frio e nos forçou a vestir a roupa térmica por baixo do corta-vento de Gore-Tex. Eu protegi o rosto com um cachecol e uma balaclava de seda, conservando o precioso calor ao respirar pela lã do cachecol. Caiu um pouco de neve no vale enquanto contornamos um paço rochoso, atravessamos um pequeno rio glacial e começamos a trilha até o Glaciar Rongbuk Oriental.

A conversa foi diminuindo à medida que começamos a subir as elevações de gelo. Era uma luta para todos nós conseguir colocar mais ar nos pulmões para seguir a trilha irregular. O caminho era inconstante, às vezes subindo, outras descendo, minando qualquer tentativa de se manter um ritmo. Marcas de sangue manchavam a neve a espaços regulares, resultado dos cortes nas patas dos iaques feitos no terreno gelado.

Eu estava irritado e cansado depois da noite maldormida e percebi que os músculos das minhas pernas perdiam as forças. Sempre que o caminho começa a subir, meu ritmo caía e eu praticamente me arrastava, com os iaques e seus pastores, ambos impacientes, gritando atrás de mim pedindo passagem. A mochila, que parecia leve no Acampamento-base, agora pesava sobre meus ombros como se estivesse cheia de balastros.

Eu queria filmar uma seqüência da equipe escalando o Glaciar Rongbuk Oriental, e o ideal era que fosse com tempo ruim. Por motivos óbvios, a tendência dos filmes de montanhismo é filmar em condições predominantemente boas, quando a luz é forte o suficiente e o risco de danificar o equipamento é mínimo. Neve derretida e maresia conseguem penetrar até nas câmeras mais bem protegidas com filme plástico e causar grandes desastres. Mas uma grande parte da escalada do Himalaia é feita sob condições que podem ser consideradas qualquer coisa, menos boas. Eu queria registrar isso para não voltar com um filme que fazia tudo parecer muito "fácil".

Mas a manhã passava e minha energia se esvaía gradualmente. Para filmar, era preciso abrir as mochilas e montar o equipamento, o que significava ficar parado de 15 a 20 minutos sob condições congelantes, com os dedos das mãos e dos pés adormecidos, enquanto o resto da equipe esperava por nós. O esforço físico necessário para fazer sete ou oito tomadas era deprimente. Com meu cérebro e o corpo funcionando bem abaixo dos níveis normais, era difícil me entusiasmar com alguma coisa.

Quanto mais pensava nisso, mais atraente ficava a idéia de esquecer essa história de filmagem e apenas me concentrar em dar um passo após o outro e concluir a etapa do dia. Era tudo que os demais membros da equipe precisavam fazer, não era? Pela primeira vez, em dez anos de expedições de filmagem, senti uma raiva irracional da grandeza de nossa tarefa. Como é que alguém queria que fizéssemos um filme no Everest? A realidade do dia-a-dia da escalada já era muito dura, e ainda tínhamos que filmar e carregar todo o equipamento?

Eu estava suando e amaldiçoando enquanto respirava, julgando-me injustiçado e sentindo pena de mim mesmo. O que eu estou fazendo aqui? Todo esse sofrimento para fazer umas imagens para a televisão? Merda. Talvez eu filme esta seqüência e ela nem sequer seja usada na edição final. Tanto trabalho para nada. O que podia ser mais sem-noção?

Meu dia não estava bom e minha resistência minava rapidamente. A idéia de que teríamos de fazer essa caminhada pelo Rongbuk Oriental pelo menos mais duas vezes antes do final da expedição só aumentava minha mazela. Eu duvidava seriamente de que teria forças.

Duas horas depois, paramos junto a um lago de água de degelo para encher nossas garrafas. Eu havia abastecido a minha no acampamento com um chá preto doce e, como ela havia ficado dentro do saco de dormir na mochila, o líquido ainda estava quente. O efeito do chá foi imediato, espalhando uma onda de calor pelo meu corpo. Eu parecia uma personagem de desenho animado, que de azul fica rosado em questão de segundos.

Com a bebida, veio a quase instantânea mudança de humor. A raiva desapareceu e foi substituída pela vergonha de ter adotado uma postura tão negativa.

O que estava acontecendo? Então, chocado, entendi tudo. Eu havia me desidratado durante as primeiras horas do dia e perdera o equilíbrio de fluidos fundamental do meu corpo. O resultado foi a raiva e a depressão. Era a primeira vez que eu passava por uma alteração de humor causada pela desidratação, mas não tinha dúvida de que a perda de líquidos era a causa. O que mais faria meu estado de espírito mudar tão bruscamente depois de meio litro de chá?

Era um momento excitante de descoberta. Cada conhecimento adquirido era um passo a mais na curva de aprendizado – e um passo a mais na montanha. Bebi o resto do chá e segui em frente, determinado a não deixar a raiva tomar conta de mim de novo.

Mais uma hora de trabalho árduo levou-nos a uma pequena plataforma plana onde a expedição indiana montara um acampamento intermediário. Nossos pastores de iaques estavam descansando, agachados na neve, escaldando chá. Eles nos cumprimentaram com sorrisos nos quais faltavam alguns dentes enquanto terminávamos a subida esbaforidos, fazendo piadas entre eles e rindo alto no meio da fumaça. O cheiro de madeira queimada e cigarros chineses baratos enchia o ar.

Pilhas sistemáticas de caixas plásticas da expedição foram organizadas junto à barraca militar verde indiana, e em cada uma lia-se POLÍCIA DE FRONTEIRA INDO-TIBETANA. Grandes sacos de ração de iaque estavam amontoados perto, guardados por um cão com cara de poucos amigos. Seria bom poder comer e descansar, mas não tínhamos como cozinhar, então continuamos pelo aclive, atravessamos um rio congelado e subimos o ponto seguinte do Rongbuk Oriental, a crista reta de três quilômetros da morena que levaria até nosso próximo acampamento.

Os deprimentes outeiros que se espalhavam pela parte mais baixa do glaciar foram substituídos por uma visão de beleza extraordinária. À nossa esquerda, estavam os pináculos descritos por Hillary como "reino das fadas", as torres de gelo em forma de velas de navios que despontavam miraculosamente da geleira como as escamas pontudas das costas de um dragão. Esculpidas pelo vento, as cores dos pináculos variam do mais puro branco ao azul mais escuro.

Este lugar eu *tinha* que filmar.

Ned carregava a Aaton, eu o DAT e o microfone e o xerpa Kippa carregava o tripé, o item mais pesado e difícil de transportar. Na crista da vertente, descarregamos o equipamento com todo cuidado para proteger a câmera da neve levada pelo vento. Durante toda a hora seguinte, fizemos uma série de tomadas com os escaladores e a caravana de iaques enquadrados no fundo formado pelas torres de gelo. Os escaladores não se incomodaram de acatar nossas solicitações para parar enquanto nos posicionávamos antes deles, afinal era um descanso extra. Contudo, era impossível parar uma fila de iaques depois que eles estavam em movimento, mas filmamos o que deu enquanto animais dispersos vinham atrás do grupo.

A neve que caía ficou mais densa e o vento começou a soprar com mais força, então guardamos rapidamente o equipamento de filmagem e continuamos pela "estrada" da morena. Os pináculos de gelo ficaram esmaecidos pela neblina, transformando-se em uma série de formas fantasmagóricas. Filmamos no momento certo, com o tempo ruim o suficiente para ser "entendido" no filme, mas com os pináculos ainda visíveis. Ned estava satisfeito. Eu também.

Eram quase 16 horas quando chegamos ao acampamento seguinte, depois de sete horas de viagem. Calculei que nosso progresso fora em média de 1 km/h a essa altitude, comparado com os usuais 2 ou 3 km/h que se previa para um grupo em forma em um terreno misto ao nível do mar. Limpamos as plataformas e montamos as barracas quando a neve começou a cair levemente, levada por um constante vento norte que soprava direto do gelo. Nossos dedos congelaram em segundos quando tiramos os espessos *mittens*[7] para encaixar as estacas da barraca nas luvas.

Este segundo acampamento intermediário ocupava um lugar espetacular na junção dos Glaciares Rongbuk Oriental e Beifeng. O Everest estava oculto atrás do extenso flanco do Changtse, 6.977 metros, e do Lixin, 7.113 metros.

Nosso suprimento de água vinha de um lago glacial congelado, retido entre dois pináculos de gelo fragmentados. Enquanto Kees acendeu o fogareiro, subi a pequena encosta para encher as garrafas de água e a maior das nossas panelas. Não era prático montar a barraca-refeitório naquele lugar, então cada barraca era responsável por sua própria comida e bebida.

Um buraco feito no gelo de 15 centímetros de espessura dava acesso à água por baixo dele que não estava congelada. Bastavam dois minutos depois de alguém encher sua panela para que uma camada de gelo se formasse, grossa o suficiente para precisar de um golpe com a piqueta. Molhei minhas luvas

---

[7] *Mitten* – luvas mais grossas, com apenas uma separação entre o dedão e os demais dedos, semelhante aos pegadores de cozinha. (N. T.)

ao pegar água e, quando voltei para a barraca, o tecido estava congelado, duro como ferro. Tive que usar a outra mão para separar meus dedos para tirá-los da alça da panela.

Colocamos água para fazer chá e conversamos preguiçosamente durante meia hora sobre a filmagem do dia enquanto esperávamos a água ferver. Simon alertou que devíamos ferver bem a água, pois a fonte provavelmente era poluída. Comprovamos essa teoria ao limpar a plataforma para montar a barraca, quando encontramos papel higiênico e detritos humanos de expedições anteriores.

A tosse de Kess piorara nas últimas 24 horas e minha garganta não estava nada bem. Havia sinais de infecção e engolir a comida estava ficando cada vez mais difícil. Nenhum de nós tinha apetite, mas empurramos uma refeição pré-cozida de bacon e feijão e caímos no sono. Como nos dias anteriores, acordei várias vezes para usar a garrafa de urina, perdendo mais de um litro de fluido. Kees, talvez com mais modos em termos de etiqueta social, preferiu sair no frio cortante para responder ao chamado da natureza.

Os gritos dos pastores acordando seus iaques despertaram-nos à primeira luz do dia.

Deixamos o acampamento intermediário e entramos na "garganta" – a última etapa da trilha pelo Rongbuk Oriental que nos levaria ao Acampamento-base Avançado. A garganta, que recebeu esse nome das primeiras expedições dos anos 1920, é uma depressão natural situada entre duas linhas paralelas de pináculos de gelo. Repleta de detritos da morena, se comparada à dificuldade de abrir caminho pelo gelo do glaciar, a garganta é um caminho relativamente simples que leva diretamente a uma bacia plana aos pés do Colo Norte. Escalamos em silêncio cortando uma camada de nuvens acinzentadas que ocultavam a visão da Crista Norte do Everest que agora estava acima de nós.

Nesse momento, a altitude realmente se fazia sentir. Desde que sofrera uma crise de asma na infância eu não precisara fazer tanta força para respirar como naquele último dia de viagem para o Acampamento-base Avançado. O ardor em minha garganta durante a noite evoluíra para uma infecção que agora não dava para ignorar. A cada respiração, o ar extremamente seco atacava o tecido inflamado e uma dor aguda começava a pulsar como se espetassem alfinetes na parte posterior das minhas amídalas. Parando para cuspir um catarro com sangue que saía da minha garganta, imaginei que provavelmente esse seria um dos dias de trilha menos prazerosos da minha vida.

Decidi consultar o médico assim que chegasse ao acampamento, sabendo que esse era apenas o início de algo que poderia ser muito mais grave e até mesmo impedir meu progresso. Eu lera um relato da expedição britânica de 1924, na qual Howard Somervell (que ultrapassara os 8.500 metros em seu ataque ao cume) quase morreu sufocado quando um pedaço de carne infeccionada se desprendeu e bloqueou sua traquéia. Somervell escreveu:

> *Tentei uma ou duas vezes respirar, mas não conseguia. Finalmente, pressionei meu peito com as duas mãos, fiz a última pressão vigorosa e o bloqueio foi liberado. Que alívio! Cuspindo um pouco de sangue, respirei realmente livre – mais que nos dias anteriores.*

A "obstrução" a que Somervell se referia era todo o muco grudado em sua laringe.

Estávamos mil metros acima do Acampamento-base – numa altura que ultrapassa a de algumas montanhas fora do continente asiático, incluindo gigantes como o Kilimanjaro e o Monte McKinley –, embora ainda não tivéssemos chegado ao sopé da montanha.

Enxergamos as barracas do Acampamento-base Avançado logo após as 14 horas.

– Quase lá – disse a Kees. Mas a distância era decepcionante. Os pequenos pontos vermelhos e verdes das lonas estavam bem mais longe do que parecia. Eu fora enganado pelo efeito escorçante do ar rarefeito. Arrastamo-nos ainda por mais duas horas antes de chegar lá, ligados para ficar à frente de Brian a fim de filmá-lo quando ele chegasse ao acampamento que seria nossa casa pelos dois dias seguintes.

A 6.450 metros, o Acampamento 3, ou Acampamento-base Avançado, faz o Acampamento-base parecer um resort no Caribe. Espremido em uma faixa rochosa estreita de fragmentos entre o gelo sujo do glaciar e a parede rochosa dilapidada da Face Sudeste do Changtse, não é um lugar onde se relaxa facilmente. O terreno é implacavelmente brutal. Caminhar de uma barraca a outra era uma prova de obstáculos impostos por gretas ocultas e pedras propícias a uma torção no tornozelo.

Comer, dormir, cada função humana tinha que competir com a maré de exaustão e apatia que caminha de mãos dadas com a altitude. Qualquer ação, seja amarrar as botas ou juntar energia para atender ao chamado da natureza, é realizada com muita morosidade, em parte porque o cérebro não consegue raciocinar sobre o que fazer e em parte porque o corpo está trabalhando com níveis de oxigênio que simplesmente não são suficientes para fazer o motor funcionar a toda força.

Durante o jantar da primeira noite, passei quase 30 minutos olhando miseravelmente para uma porção de macarrão instantâneo oleoso antes de criar ânimo para dar uma garfada. Do jeito que eu estava, não conseguia engolir. Sem dizer uma palavra, saí da barraca e cuspi tudo no gelo. Depois vomitei os restos semidigeridos do almoço por cima e fui me deitar, tremendo violentamente com o frio.

Na manhã seguinte, depois de uma noite marcada por pesadelos e claustrofobia, sentia-me como se tivesse tomado uma anestesia geral. Parecia que alguém tentava abrir meu cérebro no meio usando uma serra de arco, e levou quase uma hora para eu conseguir sair do saco de dormir e ir até a barraca-refeitório para tomar um chá.

À tarde, Simon nos reuniu para fazer um comunicado.

– Tenho algumas más notícias do Acampamento-base – disse-nos, fazendo uma pausa para respirar. – Recebi uma mensagem informando que dois ladrões invadiram a barraca de equipamentos na noite passada e levaram uma das malas.

– De quem?

– Não há como saber até voltarmos para lá amanhã.

A notícia ocupou nossa cabeça durante as longas horas de tédio. Quem era o azarado da expedição que perdera a mala? O que havia nela? Numa expedição desse tipo, todo equipamento tinha uma finalidade; não importa qual era a mala, certamente continha itens que, uma vez perdidos, reduziriam a chance de sucesso de alguém. Todas as nossas roupas de alta montanha estavam lá, esperando para serem trazidas na caminhada seguinte até o ABC (Acampamento-base Avançado, do inglês Advanced Base Camp). Se botas plásticas ou macacões de plumas tivessem sido roubados, a chance de reposição era ínfima.

– Quem você acha que fez isso? – perguntei.

– Pastores de iaque – respondeu Al.

Era triste admitir, mas ele provavelmente tinha razão. Era difícil imaginar que a culpa seria de qualquer outra pessoa. O Acampamento-base estava repleto de acampamentos temporários de pastores de iaque, e saber que nossa barraca de equipamento estava praticamente desprotegida devia tê-la tornado um alvo tentador. Depois de roubar o conteúdo, o contêiner poderia ser facilmente abandonado em uma das centenas de gretas e pequenas cavernas que cercavam a base do Rongbuk.

Preocupado com essa falha na segurança, Simon desceu para o Acampamento-base um dia antes. O restante do grupo ficou ainda por mais 48 horas no Acampamento-base Avançado, sem energia, deixando o corpo se aclimatar com a escassez de oxigênio e sentindo-se muito mal. Apenas Sundeep, o médico, conseguia ficar admirado com o processo de aclimatação que ocorria silenciosamente conosco.

– Imagine só todas essas células vermelhas mudando e se aclimatando. Incrível, não é? – disse ele com um entusiasmo enorme enquanto sentávamos na penumbra da barraca-refeitório.

A única resposta foi um sinistro som de sopa sendo sugada. Para o restante da equipe, a aclimatação era um tema medonho a ser superado em vez de desfrutado.

Em 19 de abril, quando chegou a hora de partir, arrumamos as mochilas e descemos o glaciar rumo ao Acampamento-base o mais rápido que pudemos. Foram pouco mais de oito horas para descer a trilha de 16 quilômetros, que leváramos três dias para subir.

Mas para dois membros da equipe a descida para o Rongbuk Oriental não foi tão direta. Brian e Richard, o jornalista do *Financial Times*, talvez debilitados depois da exigência física da primeira viagem para o Acampamento-base Avançado (ou Acampamento 3), sentiram as forças se esvaírem no decorrer do dia.

A maioria de nós chegou ao Acampamento-base pouco antes do anoitecer e, assim que escureceu, escrutinávamos ansiosamente o glaciar tentando ver as luzes das lanternas frontais. Não se via nenhum facho de luz se aproximando, embora fosse possível enxergar por quilômetros. Às 19 horas, percebemos que Brian e Richard deviam estar com problemas e, carregando uma garrafa térmica com chá, um saco de dormir e algumas roupas de sobrevivência extras, Roger, Sundeep e eu voltamos para tentar localizá-los.

Tivemos que refazer nossos passos por várias horas, quase até o ponto onde o Rongbuk Oriental encontra o Rongbuk, antes de encontrarmos Brian e Richard sendo escoltados noite afora pelos sempre pacientes Barney, Simon e Al. Ambos estavam exaustos e quase desmaiando. Simon ficou extremamente aliviado ao nos ver.

Brian estava encostado em uma rocha murmurando desculpas:

– É essa maldita geleira. Perdemos a trilha. Não dá para ver para onde estamos indo.

Richard estava em um estado estranho, quase eufórico, em seu estado avançado de fadiga. Talvez devido à desidratação, metade do que ele dizia não fazia sentido. Ele perguntou se tinha cerveja e depois caiu numa gargalhada histérica.

– Com certeza Richard está com os primeiros sintomas do mal da montanha – explicou Sundeep depois – e, por enquanto, pode ser o início de um edema cerebral. Quando o examinamos no acampamento norueguês, percebemos que ele estava muito desidratado.

Depois de beber um pouco de chá, ambos se recuperaram o suficiente para prosseguir até o Acampamento-base, embora num ritmo sofrível e dependendo basicamente do equilíbrio e do apoio dos xerpas.

No Acampamento-base, ao qual chegamos às 3 horas, Richard continuou se comportando de maneira irracional, relutante em ingerir mais líquido. No final, Sundeep teve que insistir para ele beber os líquidos oferecidos, para seu próprio bem.

O episódio reforçou os riscos da altitude e abalou minha confiança na condição física de Brian. Ele estivera muito bem na subida para o Acampamento-base Avançado e eu não havia sequer cogitado a possibilidade de qualquer dificuldade na descida.

– Não se preocupe, Matt – ele reafirmou no dia seguinte –, foi apenas um lapso momentâneo. Eu já estive lá e é sempre igual na primeira viagem até o ABC. Ficarei melhor na segunda vez.

Era típico da personalidade bondosa de Brian que ele tentasse recuperar minha confiança depois do problema ao descer a geleira. Seu dia fora muito doloroso, mas ele não demonstrou nem um pouco de autopiedade. Depois de dois dias de descanso, ele realmente teve uma excelente recuperação e não "morreu na praia" de forma tão dramática.

Para Richard, o episódio teve um fim menos feliz. Ao chegar ao Acampamento-base, recebeu a má notícia de que a mala roubada da barraca de equipamento durante nossa ausência era sua. Nela, estavam seu computador portátil e uma quantia em dinheiro. Perder o dinheiro era ruim, mas perder o computador era bem pior. Richard precisava dele para redigir seus boletins para o *Financial Times*.

Compreensivelmente deprimido por isso, e talvez ainda em choque pela repentina deterioração enfrentada no glaciar, Richard tomou uma decisão inesperada no dia seguinte. Ao saber que um jipe estava partindo para Katmandu com Ned Johnston, decidiu abandonar a expedição.

Fez as malas com o que restava de suas coisas, despediu-se da equipe atônita e partiu, informando que passaria alguns dias em Katmandu e depois voaria de volta para a Europa.

Num gesto de despedida, Richard concordou em deixar sua luxuosa barraca. Brian e Barney, com extrema rapidez, venceram os outros pretendentes à barraca ao jogar seu pertences dentro dela 30 segundos depois que a Toyota em que Richard estava desapareceu pelo caminho do glaciar.

A "leitura da lista". Simon estava em pé a nossa frente, com o bloco de anotações nas mãos, na manhã de 27 de abril, quatro semanas de expedição. Estávamos no Acampamento 3 – o Acampamento-base Avançado – pela segunda vez e, como parte da programação de aclimatação, toda a equipe estava pronta para o primeiro avanço até o Acampamento 4, no Colo Norte.

– Caneca, colher, jumar, cadeirinha, saco de dormir, garrafa de água, garrafa de urina...

O dia estava perfeitamente claro e todos os detalhes das Cristas Norte e Nordeste estavam bem delineados sob a luz radiante. O triângulo do cume do Everest, visto através da névoa ondulante de calor que o gelo emanava, parecia sedutor e ilusoriamente próximo.

Dos estágios de aclimatação, a subida ao Acampamento 4 no Colo Norte foi o mais importante e o teste mais comprometedor até então. Pela primeira vez, íamos trafegar em gelo inclinado, usando grampões nas botas e usando as cordas fixas instaladas pelos noruegueses algumas semanas antes. Sabíamos que seria fisicamente puxado e que a pressão psicológica também era enorme; a rota tinha risco de avalanche e a altitude era suficiente para reduzir o progresso a um engatinhar.

O Colo foi cenário de uma das maiores tragédias já ocorridas nos altos do Everest. Em 1922, uma avalanche levou sete xerpas à morte durante a expedição britânica liderada por Charles Granville Bruce. Mallory escreveu sobre o horror do evento e o resgate que se seguiu, no qual dois xerpas foram retirados milagrosamente com vida da greta para onde foram arrastados.

Mais recentemente, o Colo Norte continuou reforçando sua fama de mortal. Em 1990, três escaladores morreram na encosta gelada quando um desastre atingiu a equipe espanhola liderada por C. P. de Tudela.

Saber disso, mais a presença intimidante do paredão de gelo, teve um efeito previsível sobre nossas emoções. Poucas coisas são capazes de afetar tão diretamente a mente de um escalador quanto a idéia de que uma avalanche de milhões de toneladas de gelo pode despencar a qualquer momento.

Al Hinkes estava se preparando para seu primeiro dia de filmagem para valer usando a câmera de vídeo digital. A escalada do Colo era uma seqüência fundamental do filme e a primeira oportunidade para colocar em prática as habilidades de cinegrafista escalador de Al. Eu tinha muita esperança de que as câmeras mais leves teriam sua vez e passamos muitas horas com Al para ele se acostumar com a Sony.

Kees e eu tínhamos muito com o que nos ocupar simplesmente para superar o desafio físico da escalada e eu não achava que poderíamos ajudar muito o Al. Eu tinha certeza absoluta de que a escalada do dia me levaria bem mais além – na verdade, milhares de metros acima – que minhas melhores marcas em altitude. Sem uma experiência de escalada similar para comparação, eu sentia um frio no estômago, um medo que podia me fazer "morrer na praia" e me impedir de chegar ao Acampamento 4. Isso seria, no mínimo, vergonhoso, além de deixar nas costas de Al e Kees uma grande responsabilidade com relação às filmagens nas etapas mais críticas de alta montanha.

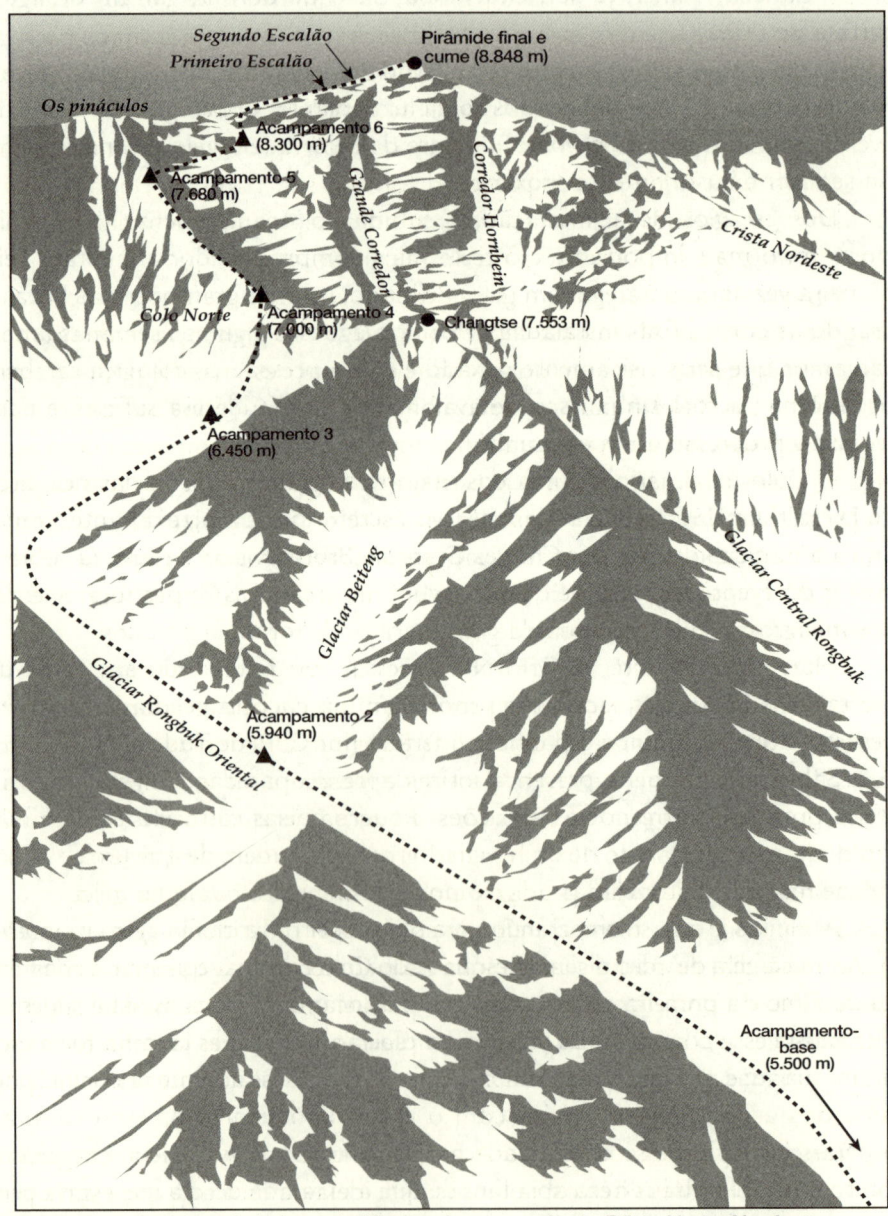

Monte Everest visto pelo lado norte (tibetano), com a rota da Crista Norte–Nordeste e os acampamentos.

Apliquei protetor solar em um dedo e espalhei a solução gordurosa por todo o rosto e pelas mãos, tendo o cuidado de não esquecer de passar na parte de baixo do nariz e nas orelhas, áreas vulneráveis à intensa radiação refletida no gelo.

Filmamos a equipe montando as últimas peças do equipamento e saindo do Acampamento-base Avançado em uma fila meio desordenada. Os xerpas já haviam partido e já dava para vê-los – uma série de pontos negros – na base do Colo enquanto saíamos da morena rochosa e entrávamos no gelo permanente do glaciar. Ficamos à esquerda, sob a Crista Nordeste do Changtse, na linha definida pelas primeiras expedições britânicas.

Como era de costume, Al não partiu com o grupo, ficou para trás, zanzando com uma pilha de equipamento fora de sua barraca. Quando olhei para o Acampamento-base, mais de uma hora depois, vi sua figura solitária partindo num passo acelerado para nos alcançar.

Por que Al fazia isso era um tema que eu e Kees sempre discutíamos. Não havia dúvida de que Al era mais rápido que o resto do grupo, na verdade, consideravelmente mais veloz em quase todas as situações; mas ele podia mudar seu ritmo e desacelerar para nos acompanhar, não é? Todos sabiam que Al era um solitário, mas às vezes era difícil interpretar seu comportamento sem julgá-lo anti-social. Eu achava que existia alguma psicologia por trás disso – talvez uma confirmação subconsciente para reforçar sua reputação de montanhista de elite. Se, como acreditavam alguns membros da equipe, fosse verdade que Al estava se exibindo, isso não era necessário. Todos sabiam que ele estava em outro nível, diferente de nós.

Antes do Colo, o terreno fica mais regular, mudando para um platô de gelo com uma leve inclinação que preenche o fim do vale arredondado, marcando a extensão mais ao sul do Glaciar Rongbuk Oriental. Nesse anfiteatro natural, o som reverbera entre as paredes e mesmo a um quilômetro de distância do Colo eu ouvia os chamados do xerpas enquanto eles subiam. O estalo de rochas caindo do Changtse era outro acompanhamento, cada impacto cortante de pedra produzia um estrondo que ecoava no gelo.

Sem nuvens para filtrar o efeito do sol, o calor refletido no gelo era intenso. Ao meio-dia, eu podia sentir minha pele começando a queimar à medida que o efeito do protetor solar acabava. Apliquei uma nova camada e sugeri a Kees que fizesse o mesmo. Dada sua compleição clara, Kees já tinha formado várias camadas de pele queimada e seu nariz era naturalmente vermelho por causa de queimaduras de sol.

Três horas depois de sair do Acampamento-base Avançado, chegamos ao sopé do Colo. Meus nervos, já tensos pela idéia da escalada que estava por vir, não se tranqüilizaram com o que vi acima de nós. De uma dada distância, a parede de gelo é impressionante; vista de sua base, é quase aterradora. A parede rasga o céu em uma série de *seracs* (torres de gelo maciças soltas) que desafiam a gravidade e gelo glacial suspenso, uma massa de energia estática, presa pela simples adesão de um fino cristal de gelo congelado a outro.

Metade da parede de gelo é lisa e arredondada, como um picolé chupado, esculpida pelo vento tibetano e pelo efeito do derretimento causado pelo sol e do congelamento. A outra metade consiste em ruínas de pináculos e cicatrizes abertas onde avalanches arrastaram partes irregulares da face e despejaram os destroços no vale logo abaixo. Havia restos de uma avalanche recente pouco mais à frente de onde Roger e eu estávamos parados agora.

– Está com medo? – perguntei.

– Definitivamente. Quanto antes subirmos essa coisa, melhor.

Gastamos mais meia hora colocando os grampões e as cadeirinhas, e me surpreendeu como essa simples tarefa era cansativa. Depois, quando levantei, enrosquei o grampo de um pé no náilon da polaina do outro pé. Desequilibrado por um centésimo de segundo, caí no gelo. Meu joelho absorveu todo o impacto. Desenrosquei o grampo da polaina rasgada e fiquei deitado por alguns instantes enquanto a dor diminuía. Olhando ao redor, notei que Simon e Barney estavam ocupados com o próprio equipamento e não tinham visto meu erro. Alguns minutos depois a dor sumiu, mas minha raiva de mim mesmo pelo erro cometido durou bem mais.

Al alcançara-nos um pouco antes e nós dois começamos a subir antes do grupo para filmar Brian e os outros quando iniciassem a ascensão. A primeira parte era a mais inclinada, uma subida fisicamente mais exigente numa seção de gelo degradado na qual degraus profundos haviam sido escavados. Era a primeira vez que eu escalava usando cordas fixas e, para começar, errei ao me elevar usando a força dos braços. Em poucos minutos eu estava exausto e completamente sem fôlego.

Por tentativa e erro, peguei o jeito, usando mais as pernas no movimento de subida e menos os braços.

Comparado à minha incompetência e meu progresso vagaroso, Al era consistente e rápido, parecendo completamente à vontade no gelo. Ele era o único membro da equipe que ignorava as cordas fixas, escalando livremente ao lado delas, totalmente confiante em que suas habilidades na neve e no gelo poderiam evitar uma queda. Mas eu estava feliz com a segurança extra que as cordas davam. Progredimos de forma constante, abrindo rapidamente uma distância de 100 metros de ascensão vertical entre nós e o grupo principal de escaladores.

– Como você quer mostrar isso? – Al me chamou de cima. Ele já estava preparando a câmera para filmar.

– Veja se você consegue ir para o lado e fazer uma tomada aberta enquanto chegamos. – Tive que fazer várias interrupções durante essa resposta para recuperar o fôlego.

– Ok! – Al prendeu sua mochila em uma das ancoragens das cordas fixas e se movimentou facilmente pela encosta angular, sem deixar marcas de seus grampões no gelo, que parecia polido. Ele encontrou uma posição a cerca de 50 metros da Face e com destreza cavou uma plataforma com sua piqueta.

Al filmou os membros da equipe subindo penosamente a primeira seção inclinada até um gelo oblíquo mais fácil, chamando de tempos em tempos para pedir conselhos sobre as cenas filmadas e me informando do que estava gravando. Brian progredia lentamente, parando com freqüência para respirar, e, num determinando ponto, caiu dramaticamente de joelhos. Atrás dele, os outros aguardavam pacientemente, talvez contentes pela chance de descansar.

– Feche no Brian – gritei para Al.

– Está no máximo de *zoom* da lente. Vai ficar meio tremido. – Al estava segurando a câmera e não tinha um tripé para estabilizar a imagem quando estivesse no máximo de *zoom*.

– Tente mesmo assim.

– Ok.

Vinte minutos depois, Brian e o restante do grupo chegaram à minha ancoragem. Brian pediu desculpas pelo lento progresso.

– Desculpe, queridos – disse sem fôlego –, estou meio quebrado, só isso. Mas eu vou chegar lá, filho-da-mãe!

Sua aparência era horrível. Um pouco de saliva havia congelado em sua barba e seu rosto tinha um branco fantasmagórico do protetor solar. Dei espaço enquanto Barney o prendia no ponto de ancoragem para que ele descansasse. Sem sombra de dúvida, Brian estava com mais dificuldades que os demais. Só a sua idade já lhe dava uma desvantagem e, embora ele tivesse perdido bastante peso desde o início da expedição, ainda assim carregava mais peso que todos os outros.

Al e eu pegamos nossas mochilas e subimos um pouco mais para achar outro ponto privilegiado para filmar. O ritmo de escalada logo se estabeleceu: dar um passo, deslizar o jumar pela corda, parar, respirar, dar um passo, e assim por diante. Com determinação, consegui subir uns 10 ou 15 passos antes de precisar parar para descansar, porém mais que isso era impensável. Eu estava assustado com a lentidão com que me movia, mas não havia força de vontade capaz de acelerar meu progresso. Escalar em tal altitude (um pouco mais de 7 mil metros) era como tentar dirigir com os freios totalmente acionados.

Al, com a máquina, movia-se com uma rapidez sem igual e só parou para que eu conseguisse alcançá-lo.

As cordas fixas seguiam interminavelmente, serpenteando entre os dois flancos protuberantes de gelo e depois desaparecendo à esquerda sob uma parede inclinada cerca de 300 metros acima de onde estávamos. Do Acampamento-base Avançado, éramos freqüentemente observados pelos binóculos das outras equipes que seguiam rumo a essa parte da rota. Ficávamos imaginando por que eles pareciam mover-se tão lentamente. Um grupo que eu observava levou quase uma hora para fazer uma enfiada de corda de 50 metros. Agora que estava sentindo pela primeira vez o impacto da altitude, eu também me movia em câmera lenta, com minha meta de passos caindo continuamente de 15 para 10 e para 5.

Depois de três horas de escalada na parede de gelo, eu já tinha chegado a um passo por vez, com um intervalo de dois a três minutos entre eles. Eu me apoiava cada vez mais na piqueta para descansar mais tempo. Mordidas freqüentes na barra de chocolate mantinham meu nível de açúcar alto, mas com o calor eu já havia bebido os dois litros de suco de laranja quase inteiros.

Mais ou menos no meio da Face, a rota cruzava uma greta cheia de neve e depois se nivelava em uma área plana larga o suficiente para 10 a 15 pessoas descansarem. Alcancei a plataforma de um salto e bebi os últimos goles do suco. Desse ponto privilegiado, pode-se admirar todo o esplendor do Glaciar Rongbuk Oriental, o gelo espalhado como um rio, como se brotasse do Everest e fosse para o norte. À esquerda, sob a Crista Nordeste do Changtse, eu via os pontos coloridos das lonas no Acampamento-base Avançado.

Quando Brian chegou à plataforma, estava mal. Ele caiu de lado, tossindo e com ânsias em uma série de espasmos violentos. Barney pegou sua mochila e ofereceu uma garrafa de água a ele.

– Preciso que alguém leve minha mochila. – A voz de Brian era um pouco mais que um resmungo queixoso.

Barney e Simon discutiram as opções e concordaram que Brian só conseguiria chegar ao topo do Colo se alguém levasse sua mochila. Mas quem? Decidiram chamar um dos xerpas do Acampamento 4 para ajudá-lo. Pouco tempo depois, o xerpa Kippa veio e assumiu a tarefa. Como ele já havia subido para o Colo naquele dia, fiquei bobo com o fato de ele aceitar essa decisão, já que isso representava um trabalho extra imprevisto. Ele colocou a mochila nas costas e subiu pelas cordas com uma velocidade impressionante.

Brian descansou um pouco para recuperar o fôlego e então continuou a subida, nitidamente mais depressa e feliz sem o peso da mochila.

Antes de chegar ao Acampamento 4, tínhamos outra tomada a filmar, uma parede de gelo de 15 metros de altura que, sem dúvida, era a parte mais difícil da escalada. Eu sabia que teríamos um material excelente se conseguíssemos nos posicionar no topo da seção gelada, vendo os escaladores de cima, com o vale se espalhando por baixo deles. Eu também suspeitava que alguns membros da equipe achariam aquela parte muito dura. Eu esperava que, concentrados na escalada, eles esqueceriam a câmera e assim teríamos umas imagens muito boas.

Depois de quatro horas de escalada, chegamos ao topo da parede. Já estávamos no meio da tarde e o calor agia sobre o gelo compactado, convertendo a neve da rota em um tipo fofo e granulado, que dificulta muito o progresso. Atravessamos a Face por baixo de um *serac* ameaçador. Passei o mais rápido que pude, desconfiado das condições da neve, que, pelo meu julgamento, estava pronta para uma avalanche. Cada pé que afundava na neve produzia um minideslizamento, sendo que alguns deles continuavam descendo pela Face por 10 ou 15 metros antes de parar.

A neve tinha a consistência de um sorvete de massa meio derretido, e os "degraus" que usáramos antes agora estavam erodidos e derretidos. Por dois ou três vezes meu pé escorregou no que eu achava que era um gelo sólido, para depois rolar Face abaixo. Eu fixava bem a piqueta para ganhar mais estabilidade, andando sem parar, tentando passar logo por essa parte o mais rápido possível.

Abaixo da seção escarpada, tive que descansar por cinco minutos para recuperar o fôlego. Os músculos em torno de minhas costelas começavam a doer por causa da força constante que precisavam fazer para aspirar uma quantidade suficiente de oxigênio.

Al já estava no meio do aclive e eu o segui, atrelando meu jumar nas cordas fixas. Sem outra opção a não ser usar toda a força dos meus braços e ombros, foi a tarefa mais cansativa até então. Nesse ponto, os degraus também haviam sido consumidos pelo calor do dia, forçando-nos a chutar com força na massa congelada subjacente.

– Estamos um pouco atrasados. Na verdade, deveríamos ter chegado aqui bem mais cedo – lembrou Al. Eu não tinha fôlego para responder.

Sentindo-me meio tonto, cheguei ao topo e me prendi na ancoragem. Al já estava preparando uma plataforma de onde ele ia filmar. Sua capacidade de trabalhar em extrema altitude era muito impressionante e, enquanto o resto da equipe se aproximava da parte inferior da parede, Al já estava preparado, com a câmera pronta para filmar.

Curiosamente, uma das melhores performances de Brian aconteceu nesse trecho difícil, saindo-se melhor que Roger, Sundeep e Tore, que progrediam com a mesma dificuldade que eu. Seu físico era perfeito para esse tipo de trabalho, que exigia muito dos músculos superiores. Ele subia com puxões potentes, inalando grandes quantidades de ar entre os dentes cerrados.

— Trilheiros! Vocês parecem um bando de trilheiros de merda! — Al gritou para baixo. Era verdade. De onde estávamos, o grupo parecia completamente desajeitado, um monte de figuras gemendo, arfando, os rostos contorcidos pelo brilho da radiação, os ombros curvados pela exaustão.

— Estamos indo para o Khumbu Lodge. — Simon gritou em resposta — É por aqui?

Roger chegou ao topo da parede arfando muito e apoiado quase totalmente na piqueta.

— O pior — disse ele assim que recuperou o fôlego — é que estou pagando por isso. — Ele sorriu e depois continuou pela encosta, a última subida antes da travessia mais suave que nos levaria para o Colo e ao santuário, o esperado Acampamento 4.

Sundeep e Tore chegaram sem dar uma palavra, reservando a energia de cada aspiração para colocar ar nos pulmões.

Eu estava muito contente com a filmagem do dia até aquele momento, mas, para completar a seqüência, ainda era preciso registrar a chegada da equipe ao Acampamento 4. Subi os metros finais da corda para fazer um reconhecimento da área e encontrar um bom lugar de onde filmar.

Ao chegar ao Colo, fiquei surpreso com o tamanho reduzido disponível em comparação com o lado sul. Fotografias do Colo Sul mostravam uma grande área plana com muito espaço. Os lugares adequados para acampamento eram bem mais restritos no Colo Norte, e as equipes tinham que se apertar em um espaço existente numa faixa estreita no lado protegido da própria crista, conseguindo um pouco mais de proteção contra os ventos predominantemente do norte.

A situação espasmódica piorava ainda mais devido à existência de uma grande boca que passa por baixo da crista. Essa boca cada vez mais aberta é um lembrete que ninguém queria de que todo o Colo Norte, na verdade, está sobre um enorme bloco de gelo que um dia vai cair. Reafirmei para mim mesmo que o peso de todas as expedições não apressaria nem um pouquinho esse processo em comparação com os milhões de toneladas de gelo da formação.

Caminhei pelas barracas que pertenciam a outras expedições, cumprimentando rostos já conhecidos do Acampamento-base Avançado. À medida que a tarde avançava, muitas delas foram sendo ocupadas por escaladores exaustos e xerpas que retornavam depois de transportar cargas até o Acampamento 5.

Obviamente, os primeiros ocuparam os melhores lugares do Colo, restando para nós a área mais distante e menos protegida da aresta. Redemoinhos de neve subiam da crista e atingiam nossas barracas quando cheguei.

Da nossa localização, eu pude ver pela primeira vez a rota que subia pela Crista Norte e cruzava a Face Norte até a pirâmide do cume. A aresta recebia os últimos raios de sol, que sumiram enquanto eu observava, dando ao gelo uma aparência de aço nada acolhedora. A rota parecia absolutamente enorme, e o tremendo esforço despendido durante todo o dia para chegar ao Colo de repente parecia insignificante. Eu nem conseguia enxergar os Acampamentos 5 e 6, pois estavam muito distantes para serem vistos a olho nu.

É irresistível a tentação de valorizar a importância da escalada até o Colo, e os membros inexperientes da nossa expedição (incluo-me na lista) caíram nessa armadilha. Diz a sabedoria popular: se você chegar ao Colo, vai ficar tão feliz quanto se tivesse chegado ao próprio cume.

Besteira.

Assim que pus os olhos sobre a imensidão da Face Norte, percebi a falácia. Escalar o Colo não qualifica o escalador a fazer o cume num passe de mágica. Muito longe disso. Escalar até o Colo é apenas um aquecimento, uma etapa classificatória, um passe para a arena onde os desafios maiores acontecem.

Eu me sentia pequeno e amedrontado pelo que vi, percebendo agora que a dificuldade enfrentada no Colo era um aperitivo do que estava por vir. Eu não conseguia desviar o olhar do cume e o observei em transe até que uma nuvem o encobriu.

Quando Al se juntou a mim, preparamos a câmera para a última hora do dia e filmamos a chegada dos escaladores. O Colo estava na sombra e a temperatura caía rapidamente à medida que o vento aumentava.

Fiz uma entrevista rápida com Brian, que, embora estivesse extremamente cansado, ainda tinha energia para algumas palavras.

– Eu odeio o Colo! – Ele tossiu. – Mas chegamos aqui. – Em seguida ele caiu na neve, acabado. Fiquei admirado com a força interna de Brian. Todos estavam cientes de que ele tivera um dia difícil, embora não estivesse nem um pouco irritado ou deprimido, sintomas normais em um escalador que vai além de seus limites. Ele parecia agüentar a dor do percurso sem deixar que ela o afetasse psicologicamente. Eu estava começando a entender por que Brian se dava tão bem em grandes altitudes.

Os xerpas já haviam montado nossas barracas e só nos restava cortar blocos de gelo para a ancoragem. Esse tipo de apoio dos xerpas era de grande ajuda e parte fundamental da estratégia das operadoras comerciais, como a Himalayan Kingdoms, que tentavam poupar as energias dos clientes sempre que possível. Nossa chegada ao Colo teria sido muito mais fria e exaustiva se nós ainda tivéssemos que montar as barracas. Quando vi Nga Temba, agradeci a ele pelo ótimo trabalho. Ele olhou admirado, como se a idéia do elogio fosse algo muito estranho.

Kees e eu terminamos de fazer a fundação da barraca com os blocos de gelo e depois cortamos vários outros para derreter para beber. Escolher a fonte desse gelo era uma tarefa delicada, pois na maior parte do gelo mais fácil de cortar havia sinais de urina e outras coisas desagradáveis. Terminamos todas as tarefas de rotina quando os últimos raios de sol desapareciam.

Dentro da barraca, iluminada por nossas lanternas frontais, a cena era de completo caos. O espaço em uma barraca Mountain Quasar já é difícil de dividir e as laterais das nossas estavam tombando para dentro por causa do peso da neve que acabáramos de escavar.

Era a primeira vez que usávamos os sacos de dormir para alta montanha – os bem grossos – e, retirados do pacote, eles pareciam gigantescos. Some-se a isso a profusão de outras roupas, os colchões infláveis Therm-A-Rest e as jaquetas de plumas que certamente precisaríamos para nos aquecer, quase não sobrava espaço para nos mexer.

Kees, com seu preciso senso de lógica, organizou rapidamente seu lado da barraca de modo que ela parecia em ordem, colocando sua mochila por trás e, num passe de mágica, ajeitando a área de cozinha na frente para poder acender o fogareiro. Eu estava todo atrapalhado, amaldiçoando a falta de espaço, até que forcei meu sempre caro equipamento numa pilha mais ou menos ajeitada.

Uma voz cortou a escuridão, acima do som do vento. Era Simon verificando como estávamos:

– Matt e Kees. Vocês já estão fazendo chá?
– Sim!

Ele tinha motivos para fazer isso. Consumir líquidos era uma necessidade essencial depois do nosso dia de trabalho e ainda ter que preparar a bebida era a última coisa que queríamos fazer. Deitado na maciez do saco de dormir, eu sabia que dormiria em segundos se fechasse os olhos. Cada fibra cansada, cada músculo alongado implorava por descanso, embora sucumbir pudesse ser um caminho direto para o mal da montanha e levar a um possível coma. Muitas das mortes mais tristes e rápidas causadas pelo mal da montanha ocorreram quando os escaladores dormiram sem repor os fluidos vitais do corpo.

O som sibilante do gás tinha seu próprio efeito sonífero e o gelo parecia levar uma eternidade para derreter. Falamos sobre os principais fatos do dia enquanto observávamos a panela, que começava a fumegar.

Passamos a noite fazendo bebidas quentes, bebendo e comendo o quanto conseguimos, um processo entediante dado o tempo que cada panela de gelo leva para derreter. Fizemos chá, café, chocolate quente e sopa – um suprimento que nos proporcionou cerca de dois litros de líquido para cada um. Estávamos fazendo tudo certo, mas eu não conseguia me livrar da náusea que me acompanhava desde o meio da tarde. Deitar completamente imóvel, focar minha mente em outras coisas – tentei de tudo para me livrar do mal-estar. Mas, às 9 horas, fui vencido. Em um espasmo violento que mal me deu tempo de abrir a frente da barraca, vomitei tudo que ingeri à noite com uma violência que me fez ficar sem fôlego. Por vários minutos, fiquei deitado meio fora e meio dentro da barraca, enquanto o ataque continuava.

– Droga! – Voltei para a barraca, a cabeça pulsando de dor.

O enjôo era suportável, mas suas implicações eram realmente deprimentes. Tendo perdido todos os fluidos que havíamos derretido e bebido com tanta diligência, agora eu tinha que tomar uma decisão simples: ir dormir e apostar que havia ingerido líquido suficiente para ficar seguro à noite ou sair para cortar mais gelo e começar a derretê-lo, tudo de novo.

A tentação de esquecer tudo e ir dormir era quase dominante. Mas eu sabia que não podia fazer isso. Passei 15 minutos colocando as botas e a jaqueta e saí pela noite congelante para cortar gelo, xingando minha falta de sorte, sem me lembrar de alguma outra vez em que sentira tanta raiva. De volta à barraca, montei o fogareiro novamente e fiquei observando a primeira panela de gelo lentamente – de uma forma inacreditavelmente lenta – começar a derreter. Kees caíra no sono, o que não era de admirar.

Para reduzir o peso, não colocara nenhum livro na bagagem. Arrependia-me disso enquanto estava no escuro da barraca e tentava não cair no sono iminente.

Duas intermináveis horas depois, consegui repor os dois litros de fluidos. Guardei os utensílios de cozinha e fechei a frente da barraca da melhor forma possível. Nem sei como deitei no saco de dormir e, em uma fração de segundo, estava dormindo.

Na manhã seguinte, começamos sem pressa. O plano original de Simon era subir mais um pouco a Crista Norte para melhorar nossa aclimatação, mas a idéia fora abandonada. Agora, preparávamo-nos para descer o Colo e começar a trilha de volta para o Acampamento-base.

A descida era rápida e relativamente direta, bastava se prender nas cordas fixas para segurança nas seções fáceis e fazer um rapel nas áreas mais íngremes.

No meio do caminho, cometi um erro idiota. Em pé em um degrau de neve, removi meu oito (o descensor metálico na forma de um número 8 usado para controlar o rapel) da corda para transferi-lo para a seção seguinte. Com os dedos congelados, ele escapou e caiu. No mesmo instante, a neve onde eu estava soltou-se um pouco, fazendo-me perder o equilíbrio. Agarrei a corda com a mão livre para evitar a queda, xingando minha estupidez.

Por sorte, o oito caiu perto da minha bota e consegui recuperá-lo. Se tivesse descido pela encosta, teria caído entre os escaladores que estavam mais abaixo, o que seria, no mínimo, embaraçoso, e potencialmente perigoso se acertasse a cabeça de alguém. Olhei para Simon, que estava descendo logo acima de onde eu estava, para verificar se ele tinha visto minha burrice. Mas ele estava muito ocupado arrumando o equipamento na sua cadeirinha e não viu nada.

Fiquei aliviado. Eu não precisava fazer besteira na frente do líder da expedição. Como ele ia confiar que eu conseguiria fazer o rapel no primeiro e no segundo escalão, as paredes de rocha mais difíceis acima dos oito mil metros, as mais altas paredes de escalada do mundo, se eu tinha perdido um equipamento essencial ali, no terreno relativamente fácil do Colo? Recuperei a compostura e prendi o descensor na corda novamente.

Eu havia superado isso, mas o incidente abriu as portas para uma avalanche de dúvidas e lampejos de raiva contra mim mesmo. Minha capacidade de cometer erros estúpidos tendia a aumentar com a altitude devido aos efeitos atordoantes da escassez de oxigênio. Continuei descendo o Colo de maneira mais branda, concentrando-me mais nas trocas de corda e tomando o cuidado de descongelar os dedos antes de manusear o descensor.

Dois dias depois, voltamos ao Glaciar Rongbuk para uma segunda estada no Acampamento-base, curtindo a temperatura mais agradável e o ar mais denso e recuperando pelo menos um vestígio de apetite. Para um observador alheio, estávamos relaxando, aproveitando os raros momentos em que o vento diminuía para tomar sol fora de nossas barracas. Mas, por dentro, a tensão nos corroía. Esse período de espera no Acampamento-base seria o último. Da próxima vez que colocássemos nossas mochilas nas costas para fazer a trilha do Rongbuk, seria para atacar o cume.

6

Eu estava me barbeando em um balde de água gelada na barraca-refeitório, no Acampamento-base, quando Kees voltou todo pomposo da barraca indiana. Os indianos haviam tido um problema com o telefone via satélite e chamaram o mago da tecnologia Kees, com sua solda mágica, para consertá-lo. Por algum milagre, ele conseguiu ressuscitar o equipamento falecido e os indianos ofereceram a ele uma chamada gratuita como agradecimento.

– Eu liguei para a Katie no Canadá.
– Que bom.
– E tenho novidades.
– Ah, é?
– Vou ser papai.
– Nossa, isso é muito bom!

Naquela noite, brindamos à notícia de Kees com um licor tibetano de qualidade duvidosa, acompanhado por várias piadinhas obscenas previsíveis à custa do futuro pai. Parecendo refinado, ele trouxe uma caixa fechada de charutos cubanos e os ofereceu. Sem encontrar alguém que aceitasse sua oferta, e depois de pensar que não seria uma boa idéia fumar em tamanha altitude, Kees contentou-se em cheirar ocasionalmente os charutos apagados.

– Só o aroma basta – disse ele suntuoso.

Na manhã seguinte, meio de ressaca, eu estava deitado na minha barraca quando ouvi o ronco de um caminhão subindo o Glaciar Rongbuk. Logo depois, ouvi Simon gritar:

– Monty!

Pus a cabeça para fora da barraca e vi Simon cumprimentar alguém perto da barraca-refeitório. Sundeep apareceu.

– Parece que o caminhão do amor chegou! – disse ele.

"Caminhão do amor" era o nome que de alguma forma havia pegado para o caminhão que transportava um grupo de *trekking* que nós sabíamos que nos visitaria qualquer dia. A bordo, um grupo que excursionava pelo Tibete por meio das operações de *trekking* da Himalayan Kingdoms. À medida que as semanas passavam, a imaginação coletiva de nossa expedição (totalmente masculina), estimulada pelo período forçado de abstinência sexual, conjurou uma visão das lindas garotas que certamente fariam parte desse grupo. Na verdade, nos últimos dias, conversávamos pouco sobre outras coisas durante o jantar, comprovando (como se fosse preciso) que os homens se comportam mal, não importa a altitude.

– Digamos que, num grupo de vinte pessoas, pelo menos cinco ou seis têm que ser mulheres – alguém especulou.

– Mais, talvez dez ou quinze, eu calculo.

– Elas vão estar loucas atrás de um homem.

– Com certeza.

– Pode ter algumas garotas escandinavas no grupo.

– Muito provável.

– Historicamente, o Tibete sempre atraiu ninfomaníacas.

Mas, quando o caminhão do amor finalmente revelou seus passageiros, percebemos que não passamos nem perto da trave. Além de Monty, o líder da excursão, havia apenas quatro clientes pagantes: um casal que parecia ansioso, na casa dos 60 anos, e dois barbudos que estavam batendo os joelhos de frio. Era tudo.

Mas a chegada do caminhão tinha um lado bom, ele transportava várias mensagens de amigos e familiares do Reino Unido. Pegamos nossas cartas e fomos para nossas barracas a fim de ler as preciosas correspondências.

A carta de Fiona continha muitas notícias sobre um feriado e as novas plantas do jardim. No ambiente rochoso e austero de Rongbuk, onde raramente brotava alguma planta, isso soou como uma incrível profusão. A carta era animada, mas trazia uma preocupação fácil de decifrar – Fiona sabia o quanto essa expedição podia ser perigosa e a tensão resultante fazia dez semanas parecerem dez anos.

Essa não era uma situação incomum para nós, eu de um lado do mundo e ela do outro, mas desta vez era diferente e não era só porque a filmagem era arriscada. Fiona sabia que o Everest poderia ser um divisor de águas para mim em vários sentidos: eu queria que esse fosse meu último filme de aventura; eu estava tentando encontrar uma forma de interromper o padrão destrutivo que assolava nosso relacionamento.

Não que o relacionamento em si fosse ruim, longe disso. Na verdade, muitas coisas boas de nosso relacionamento permaneciam surpreendentemente intactas. Nós sempre éramos muito felizes quando estávamos juntos; na realidade, em todos esses anos, nunca tínhamos gritado um com o outro em um momento de raiva e ainda conseguíamos rir juntos.

No entanto, isso não mudava um problema fundamental: depois de dois ou três dias com a família, invariavelmente, eu começava a andar de um lado para o outro pensando em como contar a Fiona que já estava com aquela coceirinha no pé. Não que ficasse entediado por estar em casa, era mais uma insatisfação permanente comigo mesmo, um sentimento de que meus filmes sempre podiam ser *melhores*, meus roteiros podiam ser *melhores*; na verdade, eu tinha um conceito mais rígido sobre tudo. Talvez fosse isso que me impulsionava mundo afora.

Fosse lá o que fosse, Fiona estava cheia disso.

Então, o que fazer? Ainda existia muito afeto e amor entre nós e eu não queria jogar isso no lixo. E, certamente, não queria mudar a fórmula que fazia de nós uma família extremamente feliz. Mas eu levara Fiona a um ponto em que viver comigo era muito mais difícil que viver sem mim. A preocupação de nunca saber quando eu ia pegar a mochila e sumir a deixava uma pilha de nervos.

Passei a tarde inteira deitado na barraca, olhando para cima.

À noite, durante o jantar, estava mais quieto que de costume.

– Você parece meio triste – comentou Roger. – O que foi?

– Pensando na minha casa.

– Ah.

Não precisava de mais explicações. Cada um de nós sentia saudade de casa de vez em quando e sabíamos que era inevitável.

– É melhor não receber cartas de casa – disse Brian. – O peso é muito grande.

De certo modo, ele estava certo.

Com tanto tempo de sobra, a discussão sobre como e quando o grupo seria dividido, sem surpresa alguma, foi um tema de debate bem trabalhado. Sendo nove escaladores para tentar fazer o cume, a divisão do grupo era uma necessidade por dois motivos: não havia barracas suficientes nos acampamentos mais altos para todos de uma só vez e uma equipe com nove pessoas seria perigosamente difícil de administrar. Partiríamos em dois grupos, com três ou quatro dias de intervalo entre eles.

Não foi difícil para Simon decidir sobre a divisão. Como Kees, Al e eu estávamos ali para filmar Brian, tínhamos que fazer parte desse grupo, bem como Barney na função de guia. Isso já era um grupo de cinco pessoas.

O grupo de quatro homens era formado por Simon, Tore, Sundeep e Roger.

Mas qual grupo iria primeiro? Essa era a questão que nos corroía durante a longa espera no Acampamento-base. Discutimos interminavelmente os prós e os contras enquanto aguardávamos a decisão de Simon. Ir primeiro representava uma vantagem psicológica, principalmente porque significava menos tempo parados no Acampamento-base. Estávamos no auge da forma física, da aclimatação, e nossos corpos e mentes estavam prontos para o ataque.

Os dias passados no Acampamento-base eram inúteis, deprimentes, dias em que um vírus trazido por um grupo de *trekking* poderia minar qualquer chance de sucesso. Havia também a pressão mental do período de espera. As dúvidas se multiplicavam como bactérias dentro de nós, os medos corrosivos crescendo à medida que analisávamos à nossa maneira os riscos conhecidos e os desconhecidos a enfrentar.

Estávamos todos desesperados para sair da montanha.

Existiam outros fatores que deram ao primeiro grupo uma vantagem óbvia. Os suprimentos de comida e oxigênio estavam nos Acampamentos 5 e 6 e haviam sido calculados em "homem/dia". E se o primeiro grupo tivesse um atraso de um ou dois dias por causa do tempo e fosse obrigado a usar parte dos suprimentos alocada para o segundo grupo? Simon garantiu a todos que ele simplesmente reporia o estoque dos acampamentos se isso acontecesse, mas, considerando o trabalho que daria carregar as pesadas garrafas de oxigênio para os acampamentos altos, sempre existia a dúvida constante – será que o precioso oxigênio estará no lugar certo, na hora certa?

Al destacou outra desvantagem do segundo grupo, caso o primeiro se atrasasse. O espaço para barracas nos Acampamentos 5 e 6 é extremamente limitado – são apenas duas barracas Quasar, espaço para quatro ou cinco no máximo. Podia acontecer de o segundo grupo subir e se deparar com os escaladores em descida ocupando inesperadamente o Acampamento 5, o que geraria um engarrafamento e forçaria o grupo que estivesse subindo a abortar sua tentativa. Al tinha passado por isso durante sua expedição ao Everest. Na verdade, um impasse no Acampamento 5 acabara com suas chances de chegar ao cume.

Uma emergência médica ou um acidente também poderia minar as chances do segundo grupo se ele fosse obrigado a resgatar os membros do primeiro. A sorte parecia ir contra o segundo grupo, mas um fator, acima de qualquer outro, poderia eliminar de vez qualquer vantagem do primeiro grupo: o tempo.

— Não faz a menor diferença qual grupo vai antes ou depois. — Al era, como sempre, a voz da sabedoria sobre o assunto. — Se o tempo ficar ruim, nenhum dos dois chegará ao cume. O segundo grupo tem a mesma chance de conseguir uma janela de bom tempo que o primeiro. É uma questão de sorte.

A janela de bom tempo. Esse momento precioso, frágil e indefinível de oportunidade. Isso, mais que o oxigênio, a comida, o espaço nas barracas, decidiria quem de nós chegaria ao topo do mundo.

Precisávamos dessa janela, mas também a temíamos. Uma janela de bom tempo pode muito bem ser uma armadilha. Ficamos impressionados com a velocidade com que o tempo muda no Everest. Um céu limpo, totalmente azul, pode mudar, o que acontece com freqüência, para uma nevasca em menos de uma hora. Essa janela pode fechar com a mesma rapidez com que se abre, e o Everest vira a chave para garantir que ela fique fechada.

Era um fato simples, a última cartada da montanha, o motivo pelo qual ninguém, não importa quão brilhante fosse o escalador, podia ter certeza absoluta de sucesso. Podemos fazer o possível para prever o tempo no dia do ataque ao cume, mas na verdade estamos nas mãos do destino.

A possibilidade de uma segunda tentativa para qualquer um de nós era algo que raramente discutíramos. Todos sabiam que o período de recuperação depois de uma escalada aos 8 mil metros aumentaria o prazo de dez semanas da expedição. Aceitamos que teríamos uma chance e ponto final.

Finalmente, Simon anunciou sua decisão, andando pelo acampamento e informando cada um, individualmente, em nossas barracas (cinicamente, eu interpretei isso como uma tática para evitar possíveis protestos caso estivéssemos reunidos ao receber a notícia).

Brian, Barney, Al, Kees e eu iríamos primeiro, partindo em dois dias. Simon, Sundeep, Tore e Roger seriam os próximos, partindo três dias depois. Inevitavelmente, os grupos foram denominados "Equipe A" e "Equipe B".

Ninguém reclamou, mas Tore, particularmente, ficou frustrado ao saber que passaria mais tempo no Acampamento-base. Ele, talvez mais que qualquer outro, estava ficando mais deprimido a cada dia sem atividade. Sundeep e Roger aceitaram a decisão da melhor forma possível, mas também achavam difícil ver os dias passar no Acampamento-base enquanto a Equipe A estava na montanha.

Havia uma leve impressão, que sempre foi presente, de que a decisão de Simon era, em parte, política. A Himalayan Kingdoms tinha muito a ganhar em termos de publicidade se Brian chegasse ao cume; seu status como ator garantiria a disseminação da notícia e cobertura da mídia impressa além do nosso filme.

Tinha sido por isso que Brian e nossa equipe de filmagem foram premiados sendo escolhidos para ir primeiro? Para nos dar a primeira chance, a melhor, com o estoque máximo de recursos? Essa pergunta nunca foi cogitada, mas a maioria de nós, principalmente a Equipe B, acreditava nessa possibilidade.

Brian estava mais corado e relaxado que nunca. Como Al, seu temperamento estava perfeitamente ajustado aos longos dias de espera no Acampamento-base. Ao contrário do resto de nós, Brian não se deixava abater, ele aceitava a inatividade como ela é – parte de um processo.

– Estamos escalando a montanha – ele me disse –, mesmo quando estamos sentados aqui. Estamos ficando mais fortes, mais preparados. Um bom dia aqui é tão importante quanto um bom dia lá no alto, tudo ajuda. Não há por que seguir adiante até que tenhamos certeza sobre as condições certas.

Dizendo isso, ele se recolheu no "hotel himalaico", a barraca domo, um exemplo de tranqüilidade, para ouvir música clássica e ler um livro. E não era encenação. Brian realmente era capaz de relaxar nessa situação. Eu admirava muito a força mental e a maturidade que isso revelava. Brian entendia perfeitamente a importância do "jogo de espera". Ele conseguia ignorar a pressão enquanto o restante de nós era esmagado por ela, talvez fosse um truque que ele aprendera após anos de atuação, pois a habilidade de controlar a tensão da estréia é fundamental.

Na metade do período de espera no Acampamento-base, começou a circular um rumor surpreendente de que Richard, o jornalista do *Financial Times*, estava voltando para a expedição. O rumor partiu da equipe indiana, que mantinha contato diariamente com Katmandu. Em uma de suas comunicações, receberam uma mensagem de Richard por meio da embaixada indiana informando que ele pretendia voltar.

Simon mandou de volta uma mensagem bem clara de que em hipótese alguma Richard deveria tentar voltar à expedição. Com um membro a menos, Simon mudara a logística na montanha. Resumindo, não havia comida nem oxigênio nos acampamentos mais altos para Richard e era muito tarde para contornar essa situação. Não houve resposta para sua mensagem.

– Olá, rapazes!

Três dias depois, Richard apareceu no acampamento, depois de atravessar a pé o platô tibetano desde Katmandu.

– Eu mandei uma mensagem por rádio para Katmandu instruindo você a não voltar! – disse Simon, friamente.

– Nós não vamos devolver sua barraca! – interrompeu Brian.

Não foi a mais amigável das recepções.

Eu tinha visto essa síndrome do "membro que sobra" em outras expedições e agora Richard a sentia na pele, da pior forma. A química das equipes se ajusta e muda de forma sutil quando algum membro parte. Quando essa pessoa tenta regressar inesperadamente, ela invariavelmente se vê alienada e é "colocada na geladeira" – não importa se ela foi popular em sua primeira participação.

Richard foi impedido de ir a qualquer lugar além do Acampamento-base Avançado, mas decidiu juntar-se ao grupo para levar a cabo suas obrigações profissionais com o jornal. Essa incrível demonstração de profissionalismo significava que ele era o único jornalista no local para registrar a tempestade que caiu apenas alguns dias depois.

Sabendo que nossa partida era iminente, dei a Sundeep um pequeno pacote de cartas para ele guardar. À medida que as semanas passaram, percebi que nada era certo em nosso ataque ao cume. Algo simples como uma avalanche poderia nos matar. Eu escrevi várias cartas curtas de adeus que agora entregava a Sundeep.

– Você pode postá-las para mim se eu não voltar? – perguntei.

Ele olhou surpreso para a pequena quantidade de cartas.

– Claro.

Parecia uma coisa mórbida, mas eu me sentia mais feliz em partir para o ataque ao cume sabendo que aquelas cartas chegariam às mãos das pessoas que eu amava em caso de algum infortúnio. Eu sentia que não dizer adeus era o pior de tudo.

– Ei, Matt – Sundeep veio atrás de mim quando voltei para fazer a mochila –, sinceramente, espero não precisar postá-las!

– Eu também.

Com um olhar bondoso, ele voltou à sua barraca para guardar as cartas em segurança.

A Equipe B nos acenava do Acampamento-base no dia 8 de maio, depois de uma sessão informal de fotos para a qual as Equipes A e B posaram desconfortáveis, separadas e juntas. Eu não gosto de fotos de equipe e me senti supersticioso com relação a isso, sem saber exatamente o motivo. Também senti que o resto do grupo estava relutante. Talvez uma foto em grupo seja um daqueles momentos, como a tensão que senti quando vi nossos nomes na lista de permissões de escalada pela primeira vez, quando a vulnerabilidade da empreitada de repente fica bem clara.

Os nomes da lista, os sorrisos confiantes registrados nas fotos feitas no Acampamento-base – a montanha pode acabar com tudo isso sem o mínimo esforço. E faz isso com muita assiduidade. As fotos dos grupos acabam virando registros de obituários da literatura sobre escaladas no Himalaia e nenhum daqueles rostos sorridentes tem a menor noção do destino que o espera.

Mais que qualquer um de nós, Barney odiava as fotografias. Ele nem sequer mostrava o rosto, colocando seus óculos de sol na altura da borda do chapéu, que puxava para baixo; assim era impossível ver seus olhos. Naquele momento, achei esse comportamento bobo, mas depois percebi que, provavelmente, ele sentia o mesmo que eu, talvez com mais intensidade.

Al também não estava confortável com as fotos em grupo. Ele tinha uma coleção de fotografias de expedição similares cheias de rostos de pessoas mortas. Mas se postou ao nosso lado enquanto dois membros da equipe norueguesa faziam as fotos do grupo.

Nossa terceira caminhada até o Rongbuk Oriental foi bem diferente das duas primeiras, pois estávamos cheios de adrenalida sabendo que agora era para valer. O prazer de deixar para trás as limitações do Acampamento-base parecia funcionar como um propulsor – eu me sentia praticamente como se estivesse andando no nível do mar e minha mente estava clara e sem confusões.

Depois da escalada para familiarização a 7 mil metros no Colo Norte, nossos corpos estavam prontos para encarar essas altitudes mais baixas. Em comparação com o ar rarefeito do Colo, o Rongbuk Oriental, entre 6 mil e 6.500 metros, parecia oferecer oxigênio suficiente para nossos pulmões. Um mês antes, estávamos arfando depois de completar os 16 quilômetros de caminhada pela primeira vez, levando três dias para chegar ao Acampamento-base Avançado. Dessa vez, fomos bem mais rápidos, chegando ao ABC em dois dias.

Embora não houvesse tráfego de iaques no glaciar, existiam outras distrações. Mais abaixo no Rongbuk, vimos de relance um cervo tibetano pastando nas pequenas áreas onde existia vegetação. Ao nos ouvir, correu para se proteger em locais mais altos, escalando o frágil aclive com pedras soltas com tanta rapidez que nem uma pedrinha saía do lugar sob seus cascos. No Rongbuk Oriental, não avistamos mamíferos, apenas algumas aves audaciosas que chegaram com a estação mais quente, ciscando os restos de ração dos iaques em busca de sementes e farelos.

Vimos também uma perdiz nival do Tibete, uma ave do tamanho de um pato que parece um faisão personalizado. Ela emite um som bizarro. Barney nos contou a história de um escalador alemão que matou e comeu um desses pássaros alguns anos antes. Logo depois, morreu ao atravessar um dos rios de degelo na cheia. Deixamos os pássaros em paz.

À nossa volta, o glaciar mostrava sinais do derretimento da primavera. Cursos de água cheios de sedimentos fluíam com força pela morena, escavando rotas sinuosas pelo cascalho e revelando o gelo branco por baixo dele. Foi preciso muito esforço para manter os pés secos e, em alguns pontos, somente uma série de pedras estrategicamente posicionadas viabilizou a travessia do rápido fluxo de água.

Em alguns lugares, a água desaparecia por buracos e corria submersa, nas entranhas da geleira. Às vezes, era possível ouvir esses cursos subterrâneos como um som retumbante sob nossos pés, como o som do metrô sob as ruas de Londres. Olhei por um desses orifícios de drenagem, por onde a água descia em um tubo circular perfeitamente polido de gelo azulado, largo o suficiente para passar um carro. Vinha uma tentação arrepiante de pular nele. Fiquei imaginando como seria ser sugado por uma corredeira de águas brancas e veloz sob o gelo. Cheguei à conclusão de que deveria ser como uma aranha arrastada pela descarga do banheiro, só que mais gelado.

Os dias mais quentes da primavera provocaram outra mudança. Agora, as encostas do vale sobre o glaciar estavam bem menos estáveis. Pedras que ficaram congeladas durante o inverno estavam derretendo e se soltando – prontas para cair no glaciar. O som ressonante de estalos e de pedras caindo ecoava por todo lado, especialmente nas partes mais baixas do Rongbuk Oriental, onde as encostas eram mais íngremes e mais suscetíveis à fragmentação.

Quase fomos atingidos umas duas ou três vezes pelas pedras que despencavam. Brian foi quem passou mais perto, saindo da linha de tiro o mais rápido possível, enquanto 2 pedras assassinas caíam a uma curta distância.

– Essa foi por pouco – eu disse a ele.
– É como andar em um campo minado.

Duas partes da rota haviam mudado drasticamente, revelando a instabilidade de um terreno mutante. O lado congelado do tamanho de uma quadra de tênis havia desaparecido completamente e o chão havia desmoronado, deixando um buraco de 12 metros de profundidade que não tínhamos visto antes. Concluímos que uma cavidade substancial do subsolo havia desmoronado naquele ponto, engolindo o lago e milhares de toneladas da morena. O caminho marcado que havíamos seguido passava pela área desmoronada e desaparecera; era preciso fazer uma nova trilha por um terreno mais íngreme para chegar ao chão mais firme do outro lado.

Outra mudança na face do glaciar era um grande deslizamento de rochas que havia despencado para dentro do vale desde nossa última jornada até o ABC. Era tão impressionante quanto a gruta desmoronada, com milhares de novos matacões empilhados de forma desordenada, muitos deles partidos e marcados pelo impacto ao cair. Cruzamos essa área com cuidado, pulando de uma rocha a outra e verificando a estabilidade de cada uma antes de colocar todo o peso nelas. Seria muito difícil escapar de um deslizamento de rochas de tamanha proporção se a equipe tivesse o azar de ser surpreendida sob ele.

Depois de uma noite com o acampamento indiano, no meio do Rongbuk Oriental, chegamos ao Acampamento-base Avançado em meio a uma leve tempestade de neve na tarde do dia 9 de maio. Durante todo o dia, o vento ficou mais forte e agora soprava com força 4 ou 5 – o suficiente para eu duvidar se deveríamos partir na manhã seguinte.

– Você acha que o tempo vai melhorar amanhã? – questionei Al.

– Acho que não. Pelo jeito, vamos ter vários dias de condições incertas – ele respondeu.

– Temos que acordar amanhã e ver como o tempo está – completou Barney –, mas tenho que dizer que não me parece nada bom.

Embora nenhum de nós estivesse convencido de que poderíamos partir na manhã seguinte, ainda assim fizemos os preparativos para nosso ataque ao cume. Kees e eu organizamos nossos barris de equipamentos, riscando cada item da lista à medida que eram colocados na mochila, prontos para partir ao amanhecer.

Assim que escureceu, uma chamada pelo rádio vinda do lado sul da montanha anunciava a primeira fatalidade da temporada. Chen Yu-Nan, membro da equipe taiwanesa, deixara sua barraca no Acampamento 3 do Flanco Lhotse para fazer suas necessidades naquela manhã, mas não colocara as botas plásticas e os grampões. Calçando apenas as botas internas de sola lisa, tinha escorregado no gelo inclinado e caído 21 metros em uma fenda. Fora resgatado pelos xerpas, mas morrera mais tarde por causa dos ferimentos.

O líder taiwanês, Makalu Gau, estava no Colo Sul quando recebeu a chamada de rádio emitida pelo líder da equipe da Imax, David Breashears, do Acampamento 2, para comunicar que Chen estava morto.

– Ok, obrigado pela informação – foi a resposta do líder taiwanês, uma resposta curta que Breashears achou difícil de engolir, depois de correr para o sopé do Flanco Lhotse para tentar salvar Chen e ter sido obrigado a realizar a terrível tarefa de descer seu corpo. Gau informou a Breashears e aos outros membros da Adventure Consultants e da Mountain Madness (que também estavam no Colo esperando para fazer o ataque ao cume em apenas algumas horas) que a notícia não mudava sua intenção de prosseguir com a escalada.

Os escaladores prontos – mais de 30 – aninharam-se em seus sacos de dormir para aproveitar algumas horas de sono inquieto antes de partir, à meia-noite.

O som de Kees abrindo o zíper frontal da barraca me despertou às 6h30 da manhã do dia 10 de maio. Era um amanhecer límpido e a montanha já estava tão clara que tive que colocar os óculos de neve para poder admirá-la.

– Parece perfeita – disse Kees.

Amarrei minhas botas e andei pelo glaciar até onde Al e Barney estavam reunidos.

– Qual é o veredicto? – perguntei.

– Não estamos satisfeitos com isso – disse Al.

– O quê? – Eu estava boquiaberto. – Esta é uma das mais belas manhãs que vimos. Vamos embora.

– Você está vendo aquelas nuvens? – Barney apontou para o norte, onde uma névoa branca encobria a troposfera. – O sistema inteiro está instável.

– Vamos ficar aqui hoje e esperar para ver o que acontece – disse Al. – Não há por que continuar se o tempo vai piorar amanhã ou depois, vamos apenas nos desgastar por nada.

Olhei para o Colo, onde uma fila de escaladores já fazia seu caminho gelo acima.

– E eles? Eles acham que o tempo vai ficar bom.

Al e Barney deram de ombros e a conversa acabou aí. Caminhamos com dificuldade até a barraca-refeitório para empurrar um prato com chapatti[8] e geléia, frustrados por passar mais um dia no Acampamento-base Avançado.

À medida que o dia caminhava, aumentava minha frustração. O sol esquentou bastante, tanto que dentro da barraca ficou desconfortavelmente úmido. Pela primeira vez durante a expedição, tivemos que colocar os sacos de dormir sobre as barracas para esfriar o interior. Eu já tinha odiado o Acampamento-base Avançado nas vezes em que estivéramos ali, mas agora tinha o terrível pressentimento de que nossa estada seria mais longa que o previsto. Sem conseguir me concentrar na leitura, saí da barraca e fiquei impacientemente jogando pedras na entrada de uma greta estreita.

– Paciência, Matt. – Brian podia ver minha crescente frustração. – Sempre existe uma janela; teremos quatro ou cinco dias perfeitos. Se não for agora, será depois. Talvez seja preciso esperar até o fim de maio. Mas, se Barney e Al disseram que não é agora, então ficamos aqui. Esse é o jogo.

Em contraste com meu humor deprimido, a equipe indiana nas barracas próximas às nossas estava em polvorosa. Seus principais escaladores tentariam chegar ao cume naquele dia, a primeira tentativa pela Face Norte desde que a temporada começara, há seis semanas. Durante toda a manhã, ficaram

---

[8] Chapatti – massa feita com farinha de trigo, também conhecida como "pão indiano". (N. T.)

do lado de fora das barracas de lona verde do Exército com o rádio nas mãos, tentando localizar os escaladores com binóculos. Mohindor Singh, o líder, era a figura mais chamativa: com óculos de sol espelhados e um turbante magenta, ele se destacava entre os demais membros da equipe.

Antes do almoço, perambulei até encontrar com eles.

– Quais são as novidades? – perguntei a um dos delegados de Singh.

– Temos seis escaladores chegando à Crista. Estamos apreensivos – disse ele. – Cruze os dedos!

Eu estava empolgado com a idéia de os indianos estarem tão alto. Fizemos muitos amigos em sua equipe, mais por conta de Sundeep, que, como falante fluente de hindi e punjabi, havia se aproximado deles. Senti-me envolvido pela excitação do momento e uma das garotas da equipe me trouxe uma xícara de chá para bebericar enquanto tentávamos, sem sucesso, localizar os escaladores usando os pequenos binóculos.

Os indianos partiram do Acampamento 6 às 8h30, horário que até eu sabia ser preocupantemente tardio. Mas não havia qualquer sinal de preocupação por parte da equipe indiana, apenas uma sensação esmagadora de expectativa de que aquele dia seria de grande sucesso apesar das probabilidades.

No meio da tarde, o tempo e a perspectiva de sucesso haviam piorado. Havia uma grande quantidade de neve pulverizada soprando da Crista Norte e o penacho do cume parecia um fino rabo se enrolando ameaçadoramente por trás do topo. Às 16 horas, três dos indianos do grupo do cume decidiram voltar ao Acampamento 6, deixando outros três prosseguirem sob condições cada vez piores.

Brian pôs a cabeça para fora da barraca.

– Eu não queria estar lá em cima agora.

Eu tive que concordar com ele. Agora eu estava extremamente agradecido por ainda estarmos no Acampamento 3.

Em seguida, sem aviso algum, o vento ficou mais forte. Ao mesmo tempo que o cume desaparecia por trás de uma massa tórrida de nuvens, a Crista Norte explodia com a violência da neve. Em menos de 30 segundos corremos para o abrigo de nossas barracas enquanto rajadas de vento furiosas atingiam o glaciar vindas do Colo, arrancando as bandeirolas do puja e arrastando caixas soltas e lixo pelo ar.

Entrei na barraca segundos antes de Kees e passamos os 15 minutos seguintes limpando a neve congelada que entrou conosco.

A temperatura havia caído cerca de 20 graus mais ou menos em 20 minutos.

À medida que o vento aumentava, ficava claro que se tratava de uma tempestade diferente de todas as outras que enfrentáramos nas semanas anteriores da expedição. A ira do Everest, com toda a sua fúria, estava solta à nossa volta, com uma nevasca forte o suficiente para arrancar um escalador do chão e arrastá-lo pelo ar como um pedaço de papel.

Acima do Acampamento 2 o tempo mudava e ficava ruim todas as tardes, com ventos fortes e, freqüentemente, neve, mas desta vez a situação era diferente e muito mais letal. Ventos de mais de 160 km/h não eram novidade no Everest durante as tempestades e, às 17 horas, a neve corria horizontalmente pelo ar com velocidade suficiente para arrancar sangue da pele exposta.

Com a mesma rapidez com que a neve se amontoava junto à barraca, ela também era arrastada pelo vento que açoitava a montanha. O manto de neve fresca que cobriu o Everest nos últimos dias – milhões de toneladas – agora sobrevoava a montanha, levado com uma força muito maior que aquela que o depositara. Enquanto voava, a neve tomava a forma de granizo, tamborilando sem parar no náilon das nossas barracas, um som atordoante como o silvo da estática.

Logo percebemos que devíamos tentar filmar algum material para transmitir a severidade do tempo, mas como fazer isso sem danificar as câmeras? O formato digital é sensível ao congelamento e à neve pulverizada como qualquer sistema de vídeo e só tínhamos duas câmeras para o ataque ao cume.

O cinegrafista Kees, que sempre tinha uma resposta para todos os problemas técnicos que eu jogava em suas mãos, deu uma solução simples: ele ia enrolar um saco plástico em volta da câmera e fechar com várias camadas de fita adesiva.

– Você acha que vai funcionar? – perguntei a ele.

– É isso ou nada – respondeu indiferente.

Vestimos nossas camadas de Gore-Tex e saímos na tempestade para filmar. Usando óculos de proteção para evitar os detritos e a neve enrijecida, o primeiro problema foi imediato: o ar condensado da barraca congelou dentro dos óculos, reduzindo nossa visão a uma névoa gelada. Se os tirássemos, corríamos o risco de ferir os olhos com o impacto da neve.

Não havia muito a ver ou filmar. A neblina estava tão densa que mal se via nossa barraca-refeitório, a apenas 10 metros de nós. Tentei fazer algumas fotografias com minha Nikon, mas depois de um único clique o LED indicador de velocidade apagou. As baterias acabaram com a baixíssima temperatura.

Brian emergiu de sua barraca e gritou:

– Alguma notícia dos indianos?
– Nada.

Na verdade, o acampamento indiano ficara terrivelmente silencioso depois que a tempestade começou. Eles estavam na barraca do líder, monitorando o rádio, na esperança de que seus escaladores tivessem o bom senso de desistir e voltar para o Acampamento 6.

Brian seguiu cambaleando até o acampamento indiano, o azul-claro e o vermelho de sua roupa desaparecendo rapidamente na neblina. Fiquei tentado a segui-lo, mas sabia que talvez eles não aceitassem bem a presença de nossa câmera num momento tão difícil, com três escaladores presos numa luta de vida e morte no alto da Zona da Morte.

Os dedos das minhas mãos, por baixo de três camadas de isolante térmico, começavam a congelar, bem como os dedos dos pés. Kees, que tinha que operar a câmera com apenas uma camada de luvas, também estava perdendo a sensibilidade das mãos rapidamente. Meio cegos por causa dos óculos congelados, fizemos algumas imagens das lonas batendo com o vento e da neve antes que as lentes congelassem com a neve pulverizada. Voltamos para nossa barraca para nos aquecer. Agora só nos restava aguardar notícias, com a esperança de que não só os indianos conseguissem voltar para o Acampamento 6, mas que os escaladores do lado sul pudessem voltar para o Colo Sul.

Nosso pressentimento sobre o tempo naquela manhã havia adiado nossa partida. Se tivéssemos partido como fora planejado, provavelmente agora estaríamos presos na tempestade no Acampamento 4, o que seria muito mais perigoso.

Depois de testemunhar a brutalidade da tempestade no ponto onde estávamos, não havia dúvidas de que todas as equipes além do Acampamento 5 corriam risco mortal. Mesmo que tivessem retornado às suas barracas, a segurança não estava garantida. Nenhuma barraca resistiria muito tempo a ventos como os que sopravam.

Então, às 18 horas, no auge da tempestade, gritos e urros cortaram o vento uivante junto com um som de batidas metálicas. Coloquei a cabeça para fora e vi a agitação de vários membros da equipe indiana em volta de suas barracas. Primeiro, achei que estavam gritando algum alerta – talvez tivessem recebido informações sobre uma avalanche ou outro desastre ou estivessem fazendo barulho para que alguém conseguisse encontrar o acampamento.

Então percebi que eram gritos de alegria.

– Eles estão no cume! – um deles gritou. – Eles conseguiram! Três escaladores!

– Ótimo! – gritei em resposta antes de voltar para a barraca, onde Kees e eu dividimos nosso completo assombro com a notícia.

– Meu Deus! Eles continuaram subindo! Por que eles não voltaram?

Kees olhou seu relógio.

– Acho que eles têm mais 45 minutos de luz.

A tenacidade dos indianos realmente nos surpreendeu. Enfrentar aquela tempestade até o cume revelou uma perseverança incrível que indicava uma suprema confiança ou uma atitude imbecil. Sem conhecer o preparo dos escaladores envolvidos, não tínhamos como decidir qual era a resposta mais provável.

Mas o resumo da história era claro até mesmo para dois novatos como nós. Os três escaladores indianos tinham pela frente de seis a dez horas de descida por uma crista tecnicamente difícil sob uma terrível tempestade e no escuro.

Duas horas mais tarde, um dos membros da equipe norueguesa veio até nós com as últimas notícias do acampamento indiano.

– A situação não está nada boa. Eles não conseguem contato por rádio com os três escaladores e eles não voltaram para o Acampamento 6.

Sabíamos o que isso significava. Sem oxigênio e exaustos depois da ascensão, os indianos tinham pouca chance de encontrar o caminho pela íngreme Face Norte sob condições de visibilidade zero. Mesmo com o apoio que estava no Acampamento 6, as chances de um resgate na Crista Nordeste eram praticamente nulas.

A probabilidade de sobreviverem à noite sem proteção era mínima, especialmente no lado norte, onde há poucos lugares para cavar um buraco na neve para fazer um bivaque.

Tudo que os escaladores do Acampamento 6 podiam fazer era acender suas lanternas, cortando a tempestade na esperança de que a luz guiasse os indianos que estavam descendo.

Ao mesmo tempo, também não chegavam notícias do lado sul, onde o Acampamento-base das expedições de lá, como o nosso ao norte, aguardava ansiosamente notícias sobre a localização de suas equipes. Sob as melhores condições, as comunicações por rádio eram esporádicas e não-confiáveis no Everest; sob a estática da forte tempestade, elas quase deixaram de existir. Um chamado após o outro era feito, com quase nenhuma resposta.

A tempestade continuou noite adentro e só perdeu força nas primeiras horas da manhã.

Acordamos com a pior notícia possível: os indianos ainda não haviam voltado para o Acampamento 6. Mas o pior ainda estava por vir: no lado sul da montanha, mais de dez outros escaladores – membros das equipes de Rob

Hall e Scott Fischer e o escalador taiwanês solitário, Makalu Gau – haviam desaparecido em algum lugar entre o Colo Sul e o cume. O mais inacreditável era que Rob Hall e Scott Fischer também haviam tido problemas e não voltaram para seus acampamentos. Depois de uma noite inteira em meio à tempestade, eles estariam em uma situação desesperadora e, sem dúvida, com queimaduras do frio se ainda estivessem vivos.

A notícia de que Rob Hall estava em perigo foi recebida com descrença e choque. Hall era o melhor – o mais apto jogador desse jogo mortal. Que conjunto de circunstâncias pusera sua vida em risco? Muitos dos que estavam no Acampamento 3 simplesmente não acreditavam que os relatos fossem precisos.

No decorrer do dia, trechos de conversas pelo rádio deram mais detalhes sobre os Acampamentos-base do sul e do norte, que tentavam desesperadamente encontrar quem ainda estava vivo e onde. Falava-se de resgate, mas qualquer ajuda imediata só poderia vir dos acampamentos mais altos, onde os escaladores sobreviventes já estavam exauridos depois da luta contra a natureza.

Como tudo isso acontecera?

7

A equipe de Rob Hall partira do Colo Sul para o ataque ao cume às 23h30 do dia 9 de maio. Eles estavam dentro da programação e o tempo estava limpo depois do vento forte que soprara algumas horas antes. À meia-noite, a equipe de Scott Fischer também estava a caminho, seguindo a trilha deixada pelos grampões dos primeiros escaladores até a beira da Face Sudoeste rumo à Crista Sudeste.

As duas equipes estavam trabalhando com o princípio de "horário para dar meia-volta", pelo qual eles voltariam em um horário predefinido se não tivessem chegado ao cume. Normalmente, essa regra de ouro era considerada sagrada tanto por Hall quanto por Fischer; contudo, dessa vez, haviam mudado seu *modus operandi* usual, pois nenhum dos líderes especificara para seus clientes o horário de meia-volta ao saírem do Colo. O horário mais provável seria 13 ou 14 horas, mas os relatos subseqüentes dos escaladores que fizeram o cume deixaram claro que ninguém sabia ao certo qual considerar.

Um dos clientes norte-americanos de Hall, Doug Hansen, um funcionário do correio, vivera em primeira mão a dura realidade do horário para dar meia-volta. Em 1995, Rob Hall tinha retornado a apenas 100 metros do cume. Agora Hansen estava de volta para uma nova tentativa.

Às 4 horas, as duas equipes, ambas com escaladores subindo em ritmos diferentes, se misturavam em uma mesma fila. O efeito desse encontro foi a inevitável redução no ritmo de todo mundo, deixando os escaladores mais rápidos, que tinham ordens de permanecer com seus grupos, na frustrante posição de ter que esperar em temperaturas abaixo de zero até serem alcançados por seus colegas.

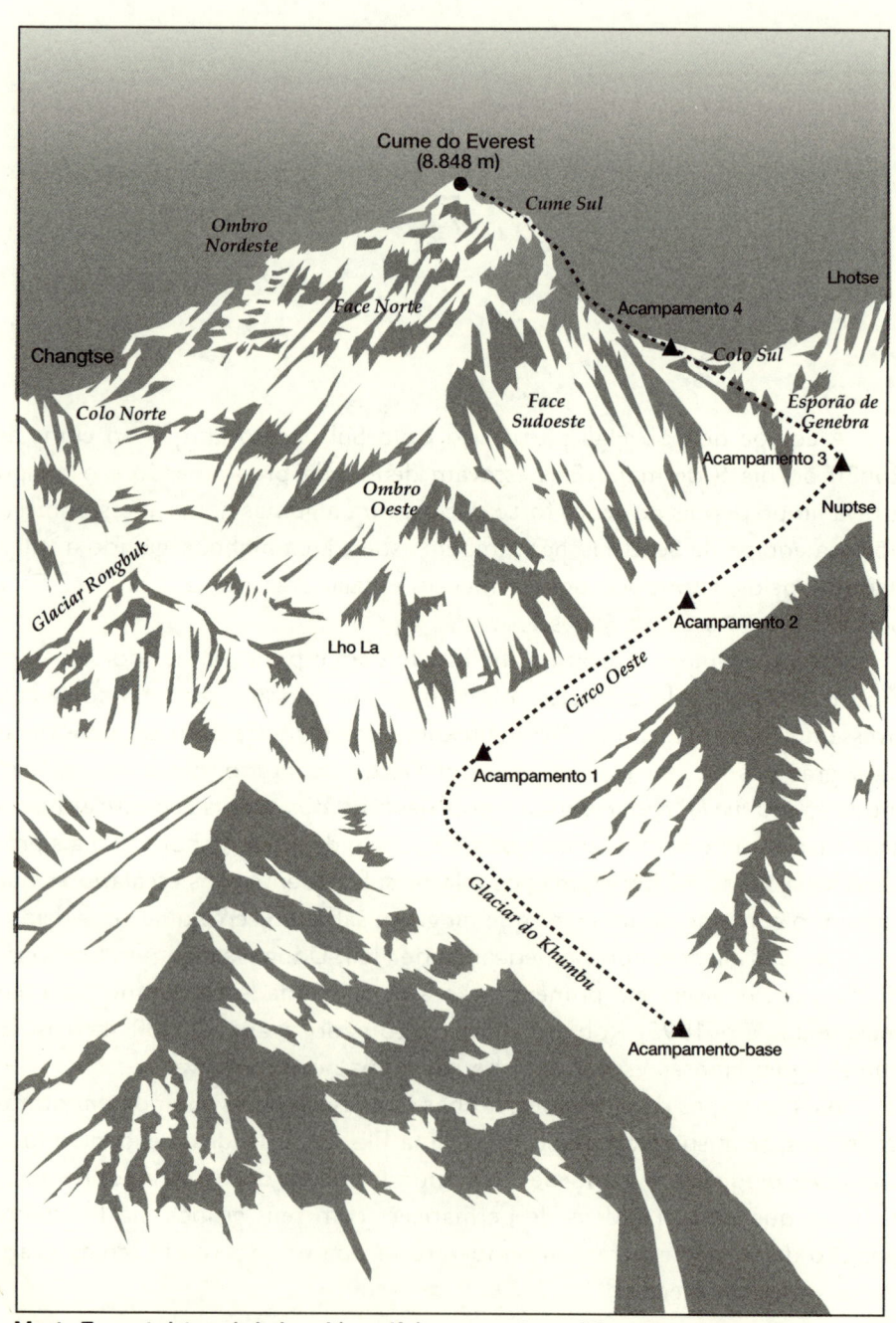

Monte Everest visto pelo lado sul (nepalês), com a rota-padrão e os acampamentos.

O primeiro atraso sério ocorreu a 8.534 metros, em uma seção íngreme o suficiente para justificar o uso de cordas fixas para segurança. O plano original, como descreveu o jornalista/escalador Jon Krakauer em seu livro *No ar rarefeito*, era que os xerpas da Mountain Madness e da Adventure Consultants trabalhassem juntos e fixassem as cordas com antecedência para as duas equipes. Para isso, teriam que partir do Acampamento 4 pelo menos uma hora antes do grupo principal de escaladores. Na realidade, seja lá por qual motivo, o plano não deu certo e as cordas fixas não estavam instaladas.

No meio da manhã, o lento progresso começava a preocupar os escaladores das duas equipes. Cada vez mais frios por ficarem na fila e já exaustos depois de 11 horas de ascensão, três clientes de Rob Hall – Stuart Hutchison, Lou Kasischke e John Taske – optaram por desistir da tentativa de cume. Eles desceram e se juntaram a Frank Fischbeck, que já retornara ao Acampamento 4 algumas horas antes, e a Beck Weathers, que também interrompera sua tentativa de fazer o cume depois de ter problemas de visão. Ao contrário de Fischbeck, Weathers estava muito alto para voltar ao acampamento por conta própria e agora estava esperando sozinho um pouco mais abaixo pela equipe que viria guiá-lo de volta. Hall enviou dois xerpas, Kami e Lhakpa Chhiri, com seus decepcionados clientes.

Agora eram sete escaladores a menos na fila de ascensão, mas ainda assim eram quase 30 pessoas, incluindo o contingente taiwanês. Inevitavelmente, com um grupo tão improdutivo, ocorreram mais atrasos, especialmente com os dois *cruxes*[9] da Crista Sudeste (o Cume Sul e o Escalão Hillary) ainda por vir.

Ao meio-dia, os guias Neal Beidleman, Anatoli Boukreev e Andy Harris ainda estavam fixando as cordas no Cume Sul. Uma hora mais tarde, Boukreev liderou a parede quase vertical do Escalão Hillary e também fixou cordas nesse ponto. O primeiro dos escaladores começou a galgar o aclive exaustivo pela Crista do Cume.

Boukreev, o homem forte do Casaquistão, que, diferentemente dos outros guias, não estava usando oxigênio suplementar, foi o primeiro a fazer o cume, às 13h07. Jon Krakauer, o mais em forma, mais rápido e mais obstinado que qualquer outro cliente, chegou dez minutos depois, às 13h17. Nos 30 minutos seguintes, os guias Andy Harris e Neal Beidleman também fizeram o cume, seguidos por Martin Adams e Klev Schoening – dois clientes de Scott Fischer.

---

[9] Crux – trecho mais difícil da via de escalada. (N. T.)

Lá do cume, eles não viram sinais de que o tempo estava prestes a piorar. Algumas nuvens circulavam pelos vales mais baixos, mas nada além do que é considerado normal durante uma tarde no Himalaia.

O congestionamento no Escalão Hillary atrasou ainda mais o progresso dos demais escaladores, mas às 14h15 Lopsang Jangbu, Sandy Pittman, Charlotte Fox, Tim Madsen e Lene Gammelgaard estavam no cume. Rob Hall, Mike Groom e Yasuko Namba estavam logo atrás deles.

Hall chamou por rádio a gerente do Acampamento-base, Helen Wilton, e a doutora Caroline Mackenzie, que estavam ansiosas por notícias 3 mil metros abaixo. "Rob nos disse que estava no cume e que estava bem frio", lembra Mackenzie. "Depois disse que podia ver Doug (Hansen) subindo."

Suas palavras deram a impressão à equipe do Acampamento-base de que Doug Hansen estava a alguns passos do cume, mas não era bem assim. Na verdade, ele estava com dificuldade perto do Escalão Hillary, quase sem energia, mas ainda se esforçando em um ritmo muito lento rumo ao topo.

Às 15h15, Neal Beidleman – guia da Mountain Madness que estava esperando no cume a chegada de três clientes de Scott Fischer – decidiu que não podia esperar mais. Beidleman não tinha um rádio e nem como saber onde Fischer estava. Com os clientes dando sinais de hipoxia, começou a descer. Na verdade, Fischer só chegou ao cume às 15h40, muito fraco e com a tempestade prestes a cair. Ele não demorou por lá.

Rob Hall ficou no cume até as 16 horas, quando Doug Hansen finalmente apareceu. Havia quase uma hora e meia que ele estava no cume do Everest quando Hansen finalmente chegou cambaleante ao cume que escapara de suas mãos por tão pouco no ano anterior. Se Hansen estava lúcido o suficiente para perceber onde se encontrava ou para ter algum sentimento de júbilo, nunca saberemos, porque quase imediatamente à sua chegada Hall o fez dar meia-volta e começaram a descida.

Não demorou muito para Hall perceber que tinha um sério problema em suas mãos.

Em duas chamadas pelo rádio, à 16h30 e às 16h41, Hall informou à sua equipe que Hansen estava sem oxigênio e perigosamente exaurido. No Acampamento-base, os membros de sua equipe ouviram-no pedir para "Harold" (seu guia Andy Harris) para voltar com oxigênio.

Ao ouvir isso, e sem certeza de que Harris havia ouvido o pedido de Rob Hall, a médica da Adventure Consultants, Caroline Mackenzie, correu até o Acampamento-base de Scott Fischer e pediu para eles passarem um rádio e descobrir se alguém da Mountain Madness podia ajudar. Durante as transmissões das mensagens de rádio ficou claro que Scott e sua equipe também estavam com problemas graves e sem condições de prestar ajuda a Hall.

"Foi aí que percebi a dimensão do que estava acontecendo", contou Mackenzie.

A história agora se repete. No ano anterior, Hansen ficara sem forças depois de retornar, mas naquela ocasião ele estava mais abaixo na montanha. Dessa vez, ainda existia um obstáculo letal à frente de Hall e Hansen, o Escalão Hillary, a parede de gelo que nenhum escalador num estado semicomatoso conseguiria descer.

Com Doug Hansen em estado avançado de exaustão e a tempestade aumentando, ao entrarem na neblina, Rob Hall tinha duas opções: abandonar Hansen e tentar salvar sua vida com uma descida rápida ou tentar fazer um bivaque com Hansen para passar a noite, na esperança de que a tempestade passasse e eles conseguissem escapar no dia seguinte. Hall devia saber que estava arriscando sua vida – seus muitos anos de experiência teriam lhe mostrado isso – e ele certamente sabia que seu cliente Doug Hansen corria risco de morte, estando próximo a um colapso e com bem menos experiência em sobrevivência sob condições extremas. Ambos estavam cansados, provavelmente desidratados e com pouco do oxigênio suplementar, se é que já não havia acabado.

Durante duas chamadas feitas às 17h30 e às 18 horas, os membros da equipe de Hall no Acampamento-base imploraram que ele se salvasse. Eles não tinham mais dúvida de que, sem oxigênio, Hansen morreria, e agora estava mais que claro que Hall também corria perigo. Caroline Mackenzie era um dos membros da equipe de Hall que falou com ele durante essa chamada.

"Perguntei a Rob se Doug ainda estava consciente e ele disse que sim. Acho que foi por isso que Rob achava que não podia abandoná-lo. Doug estava hipóxico, mas ainda estava consciente. Rob não podia abandoná-lo daquela forma de jeito nenhum."

Andy Harris, o guia da Adventure Consultants, subiu até o Cume Sul com duas garrafas de oxigênio, mas, com a escuridão caindo e a tempestade a toda força, mais nada se ouviu pelo rádio de Hall até a manhã seguinte.

No escuro, Hall e Hansen não podiam continuar. A fadiga aumentava a chance de um escorregão, a visibilidade estava reduzida a apenas alguns metros e havia riscos em qualquer lado da rota – com tal perspectiva, o melhor que Hall podia esperar era encontrar um abrigo, talvez cavando um buraco na neve e esperando a nevasca parar.

O que foi essa noite só os cantos mais obscuros da mente podem imaginar. Outras pessoas descreveram suas experiências em circunstâncias semelhantes e talvez, por meio de suas palavras, possamos ter uma idéia do horror de uma noite sob tempestade no Everest.

Esse foi o modo como Peter Habeler, parceiro de Reinhard Messner na primeira ascensão sem oxigênio suplementar, em 1978, descreveu sua própria sobrevivência em uma tempestade similar:

> *Só pode imaginar o que significa sobreviver a uma noite de tempestade em tamanha altitude alguém que já tenha passado por isso. Mesmo sob as condições mais favoráveis, cada passo àquela altitude exige uma força de vontade colossal. Você precisa forçar seu corpo a fazer cada movimento, alcançar cada apoio. Você é ameaçado continuamente por uma fadiga deprimente e fatal. Se estiver exposto a tal situação sob uma tempestade, com ventos que chegam a 130 km/h; se uma forte nevasca começar, tão densa que você não consegue ver nem mesmo sua mão na frente do seu rosto, você praticamente perde toda a esperança. Você precisa se agarrar firmemente ao gelo para não ser arrancado da montanha. É cada um por si. Se algo lhe acontecer, qualquer ajuda está fora de cogitação. Todos estão muito ocupados tentando salvar a própria pele.*

Rob Hall não estava em posição de pensar somente na própria sobrevivência. Ele tinha a obrigação profissional e moral de cuidar de Hansen, o que significava que abandoná-lo não era uma opção. Deixando de lado a relação pessoal que se estabelecera entre ambos, só esse código de conduta era o suficiente para que Hall ficasse lá – se é que o clima lhe dava alguma outra opção.

Em algum lugar, em meio à confusão e a uma interrupção generalizada nas comunicações, à medida que as baterias dos rádios acabavam e as lanternas emitiam seus últimos fachos de luz, outras pessoas também se viram impossibilitadas de encontrar o caminho de volta ao acampamento no Colo Sul na neblina.

O grupo principal de escaladores – 11 no total – perambulava no Colo de um lado ao outro, cego pela neve e incapaz de localizar suas barracas. O problema foi agravado pelo fato de que, no escuro, era impossível usar os óculos de proteção ou de neve (cujas lentes eram muito escuras), expondo os olhos aos fragmentos pontiagudos de gelo levado pelo ar.

Duas pessoas do grupo – Neal Beidleman, da Mountain Madness, e Mike Groom, da Adventure Consultants – eram guias. Tinham dois xerpas para ajudá-los com sete clientes. Sem orientação, perambularam por duas horas no Colo, ficando cada vez mais desorientados e cansados. Por fim, os dois guias perceberam que continuar era inútil até que a visibilidade melhorasse.

Eles encontraram um abrigo em uma pequena rocha e se amontoaram para conservar o máximo de calor do corpo possível.

Nas barracas do Acampamento 4, apenas a 100 metros de distância, os membros mais sortudos daquele dia infeliz de ataque ao cume descansavam, a maioria deles em estado semicomatoso. O único escalador com forças para sair na nevasca e tentar guiar os escaladores perdidos era o guia de Scott Fischer, Anatoli Boukreev.

Boukreev fora contratado por 25 mil dólares para auxiliar Scott Fischer e a equipe da Mountain Madness, mas sua tática de guiada naquele dia de cume malfadado fora não-convencional, para dizer o mínimo. Com anuência de Fischer, ele escalou sem oxigênio suplementar e, portanto, estava menos apto a permanecer por perto para auxiliar os membros mais lentos do grupo durante a descida. Sem a vantagem do oxigênio extra, Boukreev ficou mais vulnerável ao frio e às intempéries da altitude, o que exigiu uma descida mais rápida. Às 17 h ele estava de volta ao Acampamento 4 no Colo Sul, preparando oxigênio extra e líquidos para os escaladores que estavam descendo e que abriam seu caminho à força pela nevasca.

Embora alguns membros da equipe de Fischer mais tarde questionassem as atitudes de Anatoli Boukreev ao descer tão rápido do cume para o Acampamento 4 sem esperar para auxiliar os clientes, Boukreev transformou-se tardiamente em um dos heróis quando percebeu a real dimensão do desastre na montanha.

Embora a nevasca tivesse reduzido a visibilidade a apenas alguns metros e apesar do cansaço depois de ter escalado até o cume apenas algumas horas antes, Boukreev encontrou forças para sair duas vezes para tentar localizar os escaladores perdidos. Ele foi sozinho, pois não havia mais ninguém no Colo com energia para se juntar a ele. Boukreev lembrou mais tarde:

> *A visibilidade era de talvez um metro, até que sumiu por completo. Eu tinha uma lanterna e comecei a usar oxigênio para acelerar minha subida. Estava carregando três garrafas. Tentei ir mais rápido, mas a visibilidade era nula [...] É como estar sem olhos, sem poder ver, era impossível enxergar.*

Não é de admirar que ele não tenha conseguido encontrar nenhum dos escaladores perdidos em meio à tempestade; além disso, Boukreev não tinha um rádio para guiá-lo até alguém no meio do vazio. Ele voltou ao Acampamento 4 e aguardou os eventos.

Pouco antes da 1 hora, o guia de Scott Fischer, Neal Beidleman, chegou cambaleante com três clientes, aproveitando uma calmaria da tempestade que lhe permitiu ver as barracas do Acampamento 4. Ele disse a Boukreev onde encontrar os outros, amontoados, exaustos e hipotérmicos, na outra extremidade do Colo. Então o próprio Beidleman desmaiou em seu saco de dormir, incapaz de se mover.

O homem do Casaquistão saiu mais uma vez em meio à tempestade e, tendo distinguido o brilho tênue de uma lanterna, finalmente conseguiu localizar o grupo. Boukreev conseguiu levar mais três escaladores, incluindo Sandy Hill Pittman, de volta ao acampamento e com isso ele, sem sombra de dúvida, salvou suas vidas.

Com isso, sobravam sete escaladores dos quais não se tinha notícias no lado sul do Everest enquanto a noite passava. Rob Hall e Doug Hansen estavam em algum lugar perto do Cume Sul, com Andy Harris com eles ou não muito longe. Scott Fischer estava em uma saliência a cerca de 300 metros acima do Colo com o escalador taiwanês Makalu Gau. Beck Weathers e o escalador japonês Yasuko Namba foram dados como mortos, vistos pela última vez no Colo Sul.

No lado norte, os três escaladores indianos da equipe da polícia de fronteira indo-tibetana também estavam sob a tempestade em plena força e sem abrigo, sem oxigênio e sem previsão de resgate.

Os escaladores indianos eram Tsewang Smanla, Tsewang Paljor e Dorje Morup, três membros do grupo de 40 homens fortes com os quais tínhamos escalado diversas vezes nas últimas semanas.

No caso de um imprevisto desesperador, e em vista da impossibilidade de prosseguir, a maioria dos escaladores opta por cavar um bivaque de emergência para tentar sobreviver durante a noite. Qualquer tipo de proteção contra o vento e o frio é melhor que nada, mas o potencial grau de proteção depende do tipo específico de terreno. Na melhor das hipóteses, um buraco de um tamanho razoável pode ser escavado com uma piqueta em um banco rígido de neve ou gelo; na pior, pode restar ao escalador deitar debaixo de uma rocha saliente ou fazer uma "cova".

Mas o Everest não é uma montanha boa para se procurar um lugar para um bivaque e quanto mais alto você estiver, menores são as opções. Mesmo durante um "bom" tempo, venta tanto em suas encostas que é raro existirem montes de neve mais profundos. Onde se encontram bancos de gelo sólido, eles costumam ser duros como ferro, exigindo muita energia para escavar um espaço onde se aninhar. A piqueta é uma ferramenta útil nessas circunstâncias, mas sua lâmina tem apenas alguns centímetros. Mais uma vez, esse fato dificulta a tarefa de cavar um abrigo decente.

Considerando todos os obstáculos desencorajadores para se encontrar um lugar para um bivaque, é surpreendente o grande número de escaladores que sobreviveram em bivaques acima de 8 mil metros – algo que as primeiras expedições ao Everest devem ter considerado uma idéia absurda.

Durante a expedição norte-americana de 1963, Willi Unsoeld e Tom Hornbein fizeram a primeira ascensão pela Crista Oeste, chegando ao cume às 18h15. Eles sobreviveram em um bivaque de emergência a 8.500 metros e Unsoeld perdeu nove dedos dos pés por causa do congelamento.

Em setembro de 1975, durante sua primeira ascensão bem-sucedida pela Face Sudoeste do Everest, os renomados escaladores britânicos Dougal Haston e Doug Scott se abrigaram em um buraco na neve perto do Cume Sul do Everest quando escureceu durante a descida. Embora eles não tivessem comida nem sacos de dormir, tinham um pequeno fogareiro e um isolante. Passaram a noite lutando para manter o sangue quente circulando em suas extremidades, numa tentativa desesperada de evitar o congelamento. Dougal Haston descreveu o que deve ter sido a pior noite de suas vidas no livro de Chris Bonington, *Everest the hard way* [Everest, o caminho árduo]:

> Não havia como fugir do frio. Tentamos todas as posições. Abraçamo-nos, colocamos os pés sob as axilas um do outro, esfregamo-nos, mexemo-nos constantemente dentro do buraco, exercitamos os braços. Não havia modo de manter o calor. Enquanto isso, as horas passavam. Não acho que, entre as coisas que fizemos ou dissemos naquela noite, houve algo racional ou planejado. Sofrendo com a falta de oxigênio, o frio, o cansaço, mas com uma terrível vontade de vencer a noite, todos os nossos instintos vieram à tona. Eles e nossa força de vontade viram a noite chegar ao fim.

O mais impressionante na sobrevivência deles é que nem Scott nem Haston tiveram congelamento resultante do abrigo – um testemunho de sua incrível resiliência e capacidade de sobrevivência.

Os dois ex-soldados do Serviço Aéreo Especial Brummie Stokes e Bronco Lane não tiveram a mesma sorte quando se viram em uma situação similar um ano depois. Eles também cavaram um abrigo em um pedaço de gelo sob o Cume Sul. Mais tarde, Stokes teve todos os dedos do pé amputados e Lane perdeu os dedos das mãos.

Sobreviver com um parceiro de escalada é uma coisa, pelo menos existe o consolo e o calor do corpo de outro ser humano para ajudar você durante a noite, mas sobreviver sendo um escalador solo em um abrigo acima dos oito mil metros no Everest requer uma determinação sobre-humana.

Uma das poucas pessoas a realizar tal proeza foi Stephen Venables. Em 1988, membro da expedição norte-americana, Venables fez o cume sozinho depois de uma ascensão épica pela Face Kanshung (leste). Era o primeiro escalador britânico a chegar ao topo sem o uso de oxigênio suplementar. Assim como Scott e Haston, ele também ficou no escuro e foi forçado a passar a noite na montanha. Ele escreveu seu relato no emocionante *Everest: Kanshung Face*:

> *Eu não pretendia morrer naquela noite. Eu estava sozinho logo acima dos 8.500 metros, mas o vento que me atingira com tanta força no Escalão Hillary agora se abrandara e a temperatura provavelmente não estava muito abaixo dos 20 graus negativos. Tive sorte com o tempo e sabia que podia sobreviver com as excelentes roupas que estava usando, mas tinha que aceitar a provável perda dos dedos dos pés.*

Contra todas as possibilidades, Venables sobreviveu. De volta ao Reino Unido, teve amputados três dedos e meio dos pés depois que o tecido congelou e gangrenou.

Todos os escaladores citados sobreviveram em bivaques acima dos 8 mil metros e seguiram com suas vidas. Com todo esse conhecimento de montanha, e sabendo de quantas outras pessoas sobreviveram em abrigos em altitudes extremas, Rob Hall deve ter pensado que tinha uma chance de lutar pela sua sobrevivência se conseguisse resistir até o amanhecer. Se ele achava que Hansen resistiria à noite é outra questão cuja resposta nunca saberemos. De qualquer forma, Hall, agindo com confiança, de acordo com o código dos guias de montanha do mundo inteiro, não ia abandonar seu cliente enquanto ele ainda estivesse vivo.

No entanto, embora o bivaque de Hall e Hansen fosse similar ao de Scott, Unsoeld, Lane e Vanables, havia uma diferença crucial: nenhum desses escaladores tinha enfrentado uma tempestade à noite com a força dessa que atingia as encostas do Everest naquele 10 de maio.

Venables fala de temperaturas na casa dos 20 graus negativos. Rob Hall e os outros escaladores que estavam na montanha enfrentavam temperaturas abaixo dos 40 graus negativos, com ventos de 100 nós (185 km/h) exaurindo qualquer vestígio de calor de seus corpos.

A comunicação seguinte por rádio de Hall ocorreu às 4h43 do dia 11 de maio. Como era previsível, ele falava enrolado, parecendo desorientado e confuso depois do que deve ter sido a noite mais tenebrosa de sua vida.

Ele informou ao Acampamento-base que não conseguia se mover e que Andy Harris havia estado com ele durante parte da tempestade. Ele não tinha certeza do que acontecera a Harris e, quando perguntado sobre Doug Hansen, respondeu "Doug se foi".

Trinta minutos depois, ao conectar o rádio do Acampamento-base a uma linha de telefone via satélite, a equipe de apoio da Adventure Consultants conseguiu fazer com que Jan Harnold, esposa de Hall na Nova Zelândia, falasse com o marido. Jan, que estava grávida de sete meses do primeiro filho, estivera no cume com Hall em 1993 e, como qualquer pessoa que já esteve no cume do Everest, sabia que a situação era muito desesperadora. "Meu coração parou quando ouvi a voz dele", ela lembrou mais tarde. "Ele murmurava palavra a palavra. Parecia o Major Tom, como se estivesse flutuando. Eu já estive lá em cima, sabia como seria com o tempo ruim. Rob e eu havíamos falado sobre a impossibilidade de ser resgatado da crista do cume. Como ele mesmo disse, 'é como se você estivesse na lua'."

Com o auxílio da luz do dia e passada a pior parte da tempestade, Hall começou a tentar remover o gelo de sua máscara de oxigênio. Ele tinha duas garrafas, mas elas seriam inúteis a menos que ele conseguisse liberar o regulador e a máscara. Tremendo violentamente e com as mãos certamente quase congeladas, essa tarefa deve ter sido penosamente frustrante e dolorida.

Às 9 horas, Hall conseguiu remover a obstrução do equipamento. Colocou a máscara de oxigênio pela primeira vez desde a tarde anterior e isso trouxe uma nova onda de otimismo para as pessoas que aguardavam ansiosas mais abaixo.

As chamadas de rádio continuavam e os membros da equipe de Hall e colegas escaladores tentavam animá-lo para descer a montanha rumo ao Acampamento 4. Helen Wilton, gerente do Acampamento-base da Adventure Consultants, disse a ele:

– Vê se pensa naquele seu bebezinho. Você vai ver a carinha dele daqui a uns meses, continue descendo.

Ed Viesturs, membro da equipe Imax e amigo próximo de Hall, falou com ele várias vezes durante o dia:

– Rob, você tem que continuar descendo. Pegue a mochila, use o oxigênio e desça a montanha.

Viesturs brincou para obter uma resposta de Hall:

– Nós vamos descer e vamos para a Tailândia, e eu vou ver você de sunga com suas pernas magrelas. E continuou: – Você tem sorte, Rob, seus filhos vão ser mais bonitos que você.

Hall respondeu à provocação, como lembra Viesturs. "Ele riu. Ele disse 'é, ainda bem'."

Às dez da manhã, cinco xerpas com oxigênio extra e frascos de chá quente partiram do Acampamento 4 em uma última tentativa de resgatar Hall,

Fischer e Makalu Gau. Suas ações foram no mínimo heróicas, particularmente porque eles já estavam fisicamente exaustos devido à dureza do dia anterior.

Encontraram Scott Fischer e Makalu Gau em uma saliência a cerca de 400 metros verticais acima do Colo. Fischer estava vivo, mas não respondia aos xerpas e eles decidiram que ele estava muito perto da morte para ser resgatado. O escalador taiwanês estava um pouco melhor e os xerpas conseguiram conduzi-lo a um estado semiconsciente depois de dar-lhe chá e oxigênio. Carregado por três xerpas, Gau conseguiu se arrastar até o Acampamento 4.

Enquanto isso, Ang Dorje e Lhakpa Chhiri continuavam bravamente em busca de Hall, determinados a encontrá-lo se isso fosse possível. Arriscando suas vidas, persistiram até serem vencidos pelos ventos das alturas, a cerca de 300 metros de onde Rob Hall estava. Os xerpas não podiam fazer mais nada – nenhum ser humano podia. Eram 15 horas e o neozelandês tinha apenas algumas horas de vida.

Pouco antes do anoitecer, às 18h20, Hall fez o último contato por rádio com o mundo. Suas últimas palavras foram para a esposa.

– Oi, querida. Espero que você esteja bem quentinha na cama. Como é que você está?

– Você nem imagina o quanto estou pensando em você! – respondeu Jan Arnold. – Você está com uma voz melhor do que eu esperava. Está bem aquecido, meu querido?

– Considerando-se a altitude e o lugar, estou mais ou menos confortável – Hall disse a ela.

– Como estão os pés?

– Não tirei as botas para checar, mas acho que devem ter congelado um pouco...

– Não vejo a hora de poder cuidar de você quando voltar para casa. Eu sei que você vai ser resgatado. Não se sinta sozinho. Estou mandando toda minha energia positiva para você!

As últimas palavras de Hall para sua esposa foram insuportavelmente comoventes.

– Eu te amo. Durma bem, minha querida. E, por favor, não se preocupe demais.

Hall não falou mais ao rádio e morreu algumas horas depois.

No Acampamento 4, na tarde de 11 de maio, a cena parecia o final de uma batalha. Os escaladores sobreviventes estavam em estado de choque, suas barracas arrancadas e destruídas, todos tentando entender a catástrofe que caíra do céu. Normalmente, os escaladores teriam descido depois do dia de ataque ao cume. Como sempre, não teriam forças. Respirando oxigênio nas barracas da Imax (cedidas sem hesitação pelo líder da Imax, David Breashears, mesmo comprometendo o sucesso de sua multimilionária expedição), eles repousavam no vento sempre forte em um estado de paralisia mental e física.

Às 16h30, com uma má notícia após a outra, um único e surpreendente raio de esperança surgiu.

Beck Weathers ressurgiu dos mortos.

O patologista texano ficara inconsciente e ao relento por mais de 15 horas depois do fim da tempestade da noite anterior. Como Yasuko Namba, que estava perto, fora considerado além de qualquer possibilidade de ajuda e deixado à mercê da morte. Weathers lembrou mais tarde: "Eu tinha perdido minha luva direita. Meu rosto estava congelando. Minhas mãos estavam congelando. Senti que estava cada vez mais entorpecido, depois ficou muito difícil me concentrar e por fim acabei escorregando no nada".

Ao entrar nesse estado cataléptico, com seu corpo congelado até a última fronteira em que a morte seria inevitável, Weathers não se lembra de nada das longas horas nas quais seu corpo foi atingido pelos ventos congelantes com a força de um furacão.

Então, inacreditavelmente, algum instinto de sobrevivência primitivo acendeu a chama da vida no cérebro congelado de Beck Weathers. Quebrando os cristais de gelo que cobriam seu rosto, ele conseguiu abrir os olhos pela primeira vez. O que viu o chocou em consciência.

– De início, achei que estivesse sonhando – contou ao seu colega de equipe Jon Krakauer. – Quando acordei, achei que estivesse deitado na cama. Não estava sentindo frio, nenhum desconforto. Eu meio que rolei de lado, abri os olhos, e lá estava minha mão direita bem na frente dos olhos. Depois vi o estado de congelamento em que estava e isso me ajudou a voltar à realidade. Finalmente consegui ficar desperto o suficiente para reconhecer que eu estava no meio da merda e que a cavalaria não ia chegar, de modo que era melhor eu fazer alguma coisa, e rápido.

Na verdade, a "cavalaria" estivera lá e o havia declarado morto. Duas tentativas de resgate estiveram onde Weathers jazia e ambas decidiram que arrastá-lo até o acampamento apenas adiaria o inevitável.

Com os olhos semicerrados e meio cego no vento, Weathers calculou onde as barracas do Acampamento 4 estavam e seguiu cambaleante até lá. Apoiando o braço direito congelado e com o rosto praticamente todo coberto de gelo, era uma visão medonha se aproximando, que lembrou aos escaladores assustados do acampamento uma "múmia de um filme B de terror".

Mas não era uma cena de ficção barata. Weathers tinha ferimentos graves causados pelas queimaduras do frio e pela exposição e, segundo a opinião de Stuart Hutchison, o médico que o examinou, "nenhum de nós achava que Beck sobreviveria àquela noite. Eu mal podia pegar o pulso da carótida, que é a última pulsação que você perde antes de morrer. Ele estava num estado crítico. E, mesmo que sobrevivesse até a manhã seguinte, eu não fazia idéia de como poderíamos levá-lo mais para baixo".

Para completo assombro de seus colegas escaladores, Beck Weathers sobreviveu àquela noite. E não foi só isso. Como Makalu Gau, recuperou-se o suficiente para se levantar sozinho na manhã seguinte. Ele tinha que fazer isso, era sua única chance de sobrevivência.

No domingo, 12 de maio, a descida começou. Metro a metro, Makalu Gau e Beck Weathers foram auxiliados para deixar o Colo Sul, descendo o Esporão de Genebra e direto pelo Flanco Lhotse até o Acampamento 2. Era um resgate de proporções épicas, dada a imensidão do terreno e a condição física espantosa dos escaladores feridos. Nesse aspecto, como em vários outros da história, Weathers e Gau tiveram sorte. Dois grupos de espera compostos por escaladores extremamente fortes, a equipe da Imax de David Breashears e a da Alpine Ascents de Todd Burleson, subiram para ajudar os xerpas exaustos.

Enquanto isso, no Acampamento-base, a última parte do resgate estava em andamento. Guy Cotter, guia da Adventure Consultants que tinha vindo do Ama Dablam para ajudar a coordenar as ações para resolver a crise, conseguiu convencer o Exército nepalês a mandar um helicóptero para resgatar Weathers e Gau e levá-los a um hospital.

As evacuações de helicóptero do Acampamento-base não são incomuns, mas Weathers e Gau estavam muito debilitados para serem levados de volta pelo labirinto de gretas da Cascata de Gelo do Khumbu. Se era para acontecer, o resgate teria que ser feito no Circo Oeste, numa altitude que poderia pôr em risco o piloto e sua máquina.

O piloto, o tenente-coronel Madan Khatri Chhetri, decolou com o helicóptero francês Squirrel B2 até a Cascata de Gelo e circulou acima dos escaladores de espera logo abaixo dos 6 mil metros. Dizer que ele estava forçando a área operacional de sua aeronave seria pouco. O último helicóptero a voar dentro do Circo havia se chocado com a geleira abaixo.

Os homens do resgate desenharam uma cruz vermelha gigante na neve branca usando o conteúdo de uma garrafa de Kool-Aid. O piloto nepalês sustentou a nave sobre ele e Makalu Gau foi levado a bordo. Meia hora depois, o valente piloto voltou para pegar Beck Weathers.

A ação do tenente-coronel Madan foi a última de uma longa série de atos heróicos que, juntos, salvaram as vidas dos escaladores americano e taiwanês. Duas horas depois, os dois estavam sendo atendidos no hospital de Katmandu para então receberem alta e retornarem a seus países.

No lado norte da montanha, a tempestade também cobrou seu preço, mas a trama principal não era igual à do lado sul, onde atos de heroísmo e altruístas salvaram vidas que estariam perdidas sem eles.

A equipe de escalada, desesperada, precisava de ajuda depois de não conseguir retornar ao acampamento mais alto, após ser ignorada por uma equipe cuja prioridade era chegar ao cume e não tentar um resgate.

Os escaladores em perigo eram os três indianos da equipe da polícia de fronteira indo-tibetana que não voltaram ao Acampamento 6, a 8.300 metros, depois de anunciarem que tinham feito o cume na tarde de 10 de maio.

Como a maioria dos escaladores que conquistou o cume pelo lado sul, os três indianos na Crista Nordeste ainda estavam vivos quando o dia 11 de maio raiou. Com queimaduras causadas pelo frio e sem oxigênio, precisavam urgentemente de líquidos e oxigênio para terem alguma chance de sobrevivência. Mais abaixo, no Acampamento 3, seu abalado líder, Mohindor Singh, mantinha vigília pelo rádio na barraca vizinha à nossa, com esperança de que acontecesse um milagre. O líder indiano sabia, como todos nós, que a probabilidade de os três escaladores sobreviverem uma segunda noite ao relento eram ínfimas, mas se, de alguma forma, eles conseguissem chegar ao Acampamento 6, pelo menos haveria uma chance de salvar pelo menos um deles.

O tempo estava muito ruim para que fosse viável o envio de um grupo de resgate da equipe indiana e, de qualquer forma, ele poderia chegar muito tarde. As distâncias existentes no lado norte eram maiores que no lado sul. Um grupo de resgate levaria, no mínimo, dois dias entre o ponto onde estávamos, no Acampamento 3, até o Acampamento 6, ou até três dias se o vento continuasse forte.

Por um acaso, um grupo de cinco escaladores fortes – dois japoneses e três xerpas – estava prestes a cruzar com os indianos. Eles tinham oxigênio, líquidos e comida – todos os ingredientes de um resgate. Os escaladores japoneses eram Eisuke Shigekawa, de 21 anos, e Hiroshi Hanada, de 36, da expedição japonesa Fukuoka Everest.

A equipe japonesa não escondera de ninguém sua intenção de chegar ao cume em 11 de maio. A complexa logística que cada ataque ao cume implica justifica um trabalho *retroativo*, começando no dia do cume o cálculo dos suprimentos de oxigênio, gás e comida que terão de ser carregados em um cronograma apertado para os acampamentos mais altos. A maioria das expedições do Everest trabalha assim, mas muitas têm uma atitude flexível considerando que, embora esteja tudo pronto para um ataque ao cume, outros fatores podem causar atrasos.

Ironicamente, nossa proposta original de ataque ao cume era 10 de maio, mas o tempo ruim dos dias anteriores atrasou nossa partida. Os japoneses, mais comprometidos que a maioria com sua data "ideal" programada de 11 de maio, pareciam bem determinados a fazer o cume naquele dia, não importa como estivesse o tempo.

Tendo permanecido no Acampamento 6 até o fim da tempestade (o que por si só já havia sido uma experiência aterradora), na exposta Face Norte, a equipe japonesa, aparentemente ignorando o fato óbvio de que o tempo ainda estava perigosamente instável, deixou a base a 8.300 metros de acordo com seu cronograma logo depois da meia-noite do dia 11 de maio.

Às 8 horas, eles escalaram as paredes da Franja Amarela e chegaram ao Primeiro Escalão – uma parede de 20 metros, o primeiro dos maiores obstáculos da Crista Nordeste. Nesse ponto, para sua surpresa, a equipe japonesa encontrou um dos escaladores indianos, que já tinha várias queimaduras provocadas pelo frio e sofria com a degradação causada pelo mal da montanha depois de uma noite sem oxigênio. Nenhuma comunicação ocorreu entre a equipe japonesa e o indiano abatido. Segundo o líder de escalada xerpa, que mais tarde falou sobre o incidente com Richard Cowper, o jornalista do *Financial Times* que fazia parte da nossa expedição, o indiano "fez muito barulho".

A equipe japonesa mal parou. Abandonando o indiano deitado na neve, continuou a escalada rumo ao cume. Mais tarde, no alto do Segundo Escalão, a equipe Fukuoka encontrou os outros dois indianos, também terrivelmente queimados e quase mortos.

Novamente, seguiram em frente. Novamente, o líder xerpa Kami confirmou depois para Richard Cowper em entrevista que eles não tentaram ajudar os indianos e continuaram, sob vento cada vez mais forte, rumo ao cume. O fato de que eles conseguiram chegar ao cume em um dia tão extremo mostra que a equipe japonesa estava bastante determinada, enquanto os grupos de resgate do lado sul tentavam (sem sucesso) encontrar Rob Hall no Cume Sul. Sob um vento extremamente forte, os japoneses fizeram o cume pouco antes do meio-dia e começaram a descer, o que mais uma vez os levaria a passar pelos escaladores indianos.

Lá embaixo, no Acampamento-base Avançado, reinava a confusão. A equipe indiana estava frenética em busca de notícias dos membros desaparecidos e se havia ou não alguma tentativa de resgate em andamento. Às 16 horas do dia 11 de maio, logo depois que Sundeep, Roger, Tore e Simon chegaram ao acampamento, o líder indiano Mohindor Singh pediu que Sundeep o acompanhasse como tradutor até a barraca do líder japonês, onde estavam sendo feitas comunicações por rádio vitais.

"Sing estava desesperado atrás de informações", lembra Sundeep, "e ele sabia que havia a possibilidade de que pelo menos um deles poderia ser resgatado pelos escaladores japoneses durante a descida."

O líder japonês passou um rádio para o Acampamento 6, onde os primeiros escaladores que fizeram o cume chegaram entre 17 h e 17h30. Devido à confusão, talvez causada pela troca de informações através de um canal de rádio com má recepção e pelo fato de a conversa ser feita em japonês, inglês e hindi, ainda existia a esperança de um resgate.

"A chamada de rádio deu a mim e a Singh a impressão de que um dos escaladores indianos contava com ajuda para descer, que ele ia chegar ao Acampamento 6 dentro das próximas duas horas", lembra Sundeep. "De certa forma, esse foi o grande erro. Se tivessem dito a Singh desde o início que não era possível fazer um resgate, tudo teria sido diferente. Como ocorreu, o primeiro escalador japonês a voltar para o Acampamento 6, bem como o segundo, deu a impressão de que havia um resgate em andamento."

Mas, assim que a equipe dos cinco fortes escaladores japoneses chegou ao Acampamento 6 e ainda não havia sinal da chegada de nenhum dos indianos, a farsa acabou.

"Lá pelas 20h30, já estava escuro", lembrou Sundeep. "Singh e eu finalmente percebemos a verdade. Não houvera resgate. Na realidade, nem sequer uma tentativa de resgate tinha ocorrido. Foi quando percebemos que os três escaladores certamente não voltariam."

Singh voltou ao seu acampamento para dar a triste notícia à sua equipe desolada. Sundeep nos contou isso quando voltou para a barraca-refeitório.

– Acabou – ele nos disse. – Não há nenhuma chance de resgate agora. Podemos considerar os indianos mortos.

O jantar naquela noite, na barraca enregelante, foi incomparavelmente triste. Quase todos nos sentamos, isolados em nossa melancolia, pegando umas garfadas de macarrão de um prato sujo pensando no destino dos três escaladores indianos.

No dia seguinte, furioso com a maneira como os japoneses haviam aparentemente ignorado os escaladores feridos, Singh convocou uma reunião com os líderes de todas as expedições (exceto o líder japonês Koji Yada) na sua barraca na manhã do dia 12 de maio. A reunião foi gravada em fita pela equipe indiana. Ele discorreu sobre os eventos dos últimos dois dias e informou os presentes que pretendia fazer uma declaração conjunta, com a anuência de todos os presentes, acusando os japoneses por nem tentarem um resgate.

Ao ouvir o relato, os outros líderes (entre eles alguns escaladores do Himalaia extremamente experientes) não concordaram com Singh. Alguns tinham dúvidas se houvera mesmo alguma possibilidade de resgate dos escaladores indianos, outros lembravam de incidentes semelhantes em sua carreira de escalada, quando se viram obrigados a abandonar escaladores com vida para trás que estavam além da possibilidade de salvamento.

Simon Lowe, líder de nossa expedição, era um deles:

> *Basicamente, Singh queria que baníssemos os japoneses pelo que haviam feito, mas, embora em parte concordássemos com esse ponto de vista, não sabíamos exatamente o que acontecera. Além disso, não podíamos ignorar o fato de que a causa principal da tragédia foram seus próprios atos. Eles mesmos haviam colocado suas vidas em perigo.*

Não obstante essa decepção, Singh fez uma declaração à imprensa por conta própria, reclamando das ações dos japoneses.

Quando os japoneses voltaram ao Acampamento-base Avançado, a notícia de que eles haviam ignorado os indianos à beira da morte já havia gerado uma avalanche de protestos que se espalhava pelo mundo inteiro.

O jornalista Richard Cowper entrevistou os dois escaladores japoneses e seus xerpas em um artigo condenatório, publicado no sábado seguinte no Reino Unido, e que acendeu consideravelmente o debate. Perguntados por que não ofereceram ajuda aos indianos à beira da morte, a resposta de Shigekawa a Cowper foi: "Escalamos grandes montanhas por conta própria, contando com os próprios esforços. Estávamos cansados demais para ajudar. Acima de 8 mil metros não é para se ter pruridos morais".

Hiroshi Hanada completou: "Eles eram membros da equipe indiana, nós não os conhecíamos. Não, não demos água a eles. Não falamos com eles. Haviam sido atingidos gravemente pelo mal da montanha. Pareciam perigosos".

Posteriormente, a equipe japonesa divulgou uma declaração alegando que o xerpa Kami ajudara a soltar um dos indianos – provavelmente Tsewang Smanla – das cordas fixas perto do Segundo Escalão. Declararam também que não havia indícios no cume de que os três indianos tinham estado lá – uma acusação alarmante que serviu apenas para aumentar o antagonismo a eles num momento em que o sentimento geral já era de desaprovação. (Na verdade, os japoneses estavam certos, os indianos não estavam no cume quando passaram um rádio para seu líder comunicando o sucesso. Se estivessem no cume, estariam com Hall, Lopsang e Doug Hansen – que não reportaram a presença de nenhum deles. Acredita-se que, com a visibilidade extremamente prejudicada, eles se confundiram, achando que um pináculo menor fosse o cume, quando na realidade chegaram a um ponto alto a apenas 150 metros do topo.)

A atitude dos japoneses gerou um clima ruim entre as equipes do Acampamento 3, e não só na nossa. Brian perdeu a compostura e ameaçou:

– Eu vou arrancar a bandeirola do mastro e mijar nela.

Al tinha um outro ponto de vista.

– Essa conversa de resgate é besteira. Onde os indianos estavam, era impossível serem resgatados, não importa quantas pessoas tentassem. Os japoneses não tinham muito o que fazer.

Cowper escreveu em seu artigo:

> *Ninguém acha que os japoneses poderiam ter salvado os três indianos. Porém a maioria dos montanhistas com quem conversei diz que, se os cinco membros da equipe japonesa tivessem dado atenção ao indiano ferido, que estava no Primeiro Escalão, certamente uma vida teria sido salva.*

Naquele momento, concordei com ele.

Em 13 de maio, fiquei rodeando a barraca-refeitório dos indianos feito ave de rapina, esperando que os escaladores sobreviventes descessem. Eles caminhavam como soldados que voltavam da guerra – figuras abatidas devastadas pela perda dos amigos. O líder, Mohindor Singh, saiu da barraca e abraçou um dos escaladores que estava em pé em frente ao marco com bandeirolas de orações, seus ombros balançando com os soluços. Kees estava dormindo na barraca, então eu filmei a seqüência, usando o *zoom* para dar um close nos rostos dos homens emocionados enquanto tentava calar a voz dentro de mim que dizia que eu não deveria estar fazendo aquilo.

Mais tarde, perguntei a Singh se poderia entrevistá-lo para o filme, mas ele estava muito abatido naquele momento e disse que falaria comigo dentro de dois dias. No entanto, depois de pensar no assunto, percebi que entrevistar Singh seria uma invasão imensa enquanto ele ainda chorava seus mortos, e então não toquei mais no assunto com ele. Contudo, entrevistei membros de nossa equipe para ter uma idéia de como a catástrofe os afetara. Kees e eu nos apertamos na barraca de Sundeep e Roger; embora isso parecesse asqueroso, eu queria registrar suas reações às notícias cada vez piores que desciam a montanha.

Roger falou primeiro:

— *Nós aceitamos que as pessoas possam morrer no Everest este ano. Mas uma coisa é aceitar isso de maneira racional e outra é ficar aqui, sentado na barraca, sabendo que as pessoas estão morrendo lá na montanha.*

Sundeep também começou a questionar seus motivos para escalar a montanha:

— *Isso te faz pensar o quanto você quer chegar ao cume. O que você está disposto a arriscar, o que você disposto a perder.*

Ficava cada vez mais nítido que os eventos das últimas 24 horas ainda iriam nos afetar por muito tempo. Nossa estratégia já havia sido alterada pelo tempo instável dos últimos dias, e agora as mortes provocadas pela tempestade cobrariam um preço muito mais alto dos já vulneráveis nervos da equipe.

8

O tempo ruim obrigou-nos a permanecer no Acampamento 3, sem sinais de mudança. Toda a nossa equipe agora estava estacionada a 6.450 metros havia sete dias, bem mais que o planejado. Em termos físicos, a degradação era diária, e ainda não sabíamos exatamente quando faríamos o ataque ao cume. Todos os dias, nós íamos dormir torcendo para que a manhã seguinte nos desse uma janela de tempo. Todo dia amanhecia com vento e neve, sentenciando-nos a passar mais tempo no acampamento congelante.

O plano original havia sido totalmente destruído pela tempestade e a maioria de nós mal se lembrava das datas originalmente definidas para o ataque ao cume. A própria expedição estava se desgastando. A Equipe A estava cansada e debilitada. Brian, em particular, estava muito abalado pelas fatalidades ocorridas na montanha e achava que o tempo ruim ainda continuaria, como me disse em uma entrevista filmada em sua barraca:

— *Estamos todos muito assustados. Tudo isso nos abalou muito. Temos que ter muito respeito por essa montanha.*

Kees e eu também estávamos tensos e no limite; nosso filme dependia basicamente das tomadas feitas no alto da montanha e, à medida que os dias passavam, tal possibilidade parecia mais remota.

Assim como nós, o acampamento parecia estar caindo aos pedaços. A barraca-refeitório estava danificada e oferecia ainda menos proteção. A greta na frente de nossa barraca alargava-se conforme o clima esquentava, engolindo pedras e ameaçando levar a barraca de Nga Temba. O banheiro tinha se transformado numa verdadeira montanha de bosta e odores fétidos saíam das gretas onde gerações de detritos haviam sido depositadas por expedições anteriores.

Todas as doenças leves que nos afligiram desde que chegáramos ao Tibete agora explodiam, transformando-se em infecções irritantes. Dores de garganta, dedos cortados, feridas na boca, bolhas, diarréia, hemorróidas – todos tinham problemas, e ficar sentado esperando só piorava a situação.

A Equipe B, que chegou mais tarde ao Acampamento-base Avançado, estava melhor, tanto em termos físicos quanto psicológicos. Seus corpos estavam mais resistentes depois de alguns dias a 6 mil metros e eles conseguiam perceber a maior fragilidade dos membros da Equipe A. O tempo continuava instável, com ventos fortes e nevascas quase todas as tardes.

Mesmo assim, fiquei surpreso quando Simon convocou uma reunião na barraca-refeitório e anunciou sua proposta para a Equipe B partir primeiro.

– Você não pode fazer isso! – protestei, vendo todo o nosso empreendimento repentinamente ameaçado.

– Por que não? – Simon respondeu placidamente.

– Por que mudar o plano?

– Vocês não parecem dispostos a partir para o ataque ao cume – destacou Roger –, e enquanto ficamos aqui esperando estamos enfraquecendo nossos corpos. Se vocês não vão se arriscar por causa do tempo, nós vamos. Não faz sentido esperar mais.

Eu entendi seu ponto de vista. Nossa equipe, mais particularmente Al, Brian e Barney, mostrara-se extremamente relutante em partir até que estivesse plenamente convencida de que era a janela de tempo certa. Já se falara em voltar ao Acampamento-base e esperar outra oportunidade, mas eu queria evitar isso a todo custo. Eu desconfiava que Brian não agüentaria outra jornada pelo glaciar, não importa o quanto descansasse lá embaixo.

Já a Equipe B estava fazendo uma aposta, botão pressão, era andar ou sair da frente e dar passagem.

– Como Simon disse – destacou Sundeep –, podemos ficar aqui eternamente esperando o dia perfeito. Não vamos escalar a montanha sentados no Acampamento-base Avançado.

– Não entendo o motivo do pânico – disse Al. – Ainda temos quase duas semanas até termos que ir embora. Temos mais tempo do que vocês pensam e geralmente o tempo melhora no final do mês. Podemos estragar tudo se não tivermos paciência.

– Concordo – disse Brian. – Ainda está ventando muito e está muito frio também. Por causa do filme, ficaremos muito tempo lá fora. É mais que provável que Kees fique com os dedos congelados se sairmos agora e ele tentar filmar.

Brian estava certo, mas suas palavras deram mais munição à Equipe B.

– É verdade – disse Simon. – A filmagem leva muito tempo. Se as condições estão meio ruins, não faz sentido o grupo da filmagem entrar nessa. Vocês precisam de um tempo superperfeito.

– Espera aí! – Eu tinha que nos defender. – Não é essa a questão. Vocês viram que estamos trabalhando rápido. Concordo que no glaciar nos atrasamos um pouco quando estávamos filmando, mas durante o ataque ao cume Al irá na frente para gravar Brian subindo. Como ele fez no Colo. Kees e eu estaremos lá para fazer entrevistas e outras coisas à noite nos acampamentos, quando isso não interferir na velocidade.

– Calma, Matt, ninguém está dizendo que a equipe de filmagem é mais lerda – Simon disse –, mas vocês têm mais equipamento para carregar e há o risco de congelamento se vocês tiverem que tirar as luvas para gravar nos pontos mais frios.

– Tudo bem. Mas fico indignado com a idéia de que somos mais lentos, porque não é verdade.

Simon encerrou a reunião com seu usual estilo diplomático:

– Está bem. Bom, de qualquer forma, não podemos tomar nenhuma decisão até que o tempo limpe um pouco.

– Então, quem vai primeiro? – Tore, o norueguês, estava se coçando para atacar o cume, bem como Roger e Sundeep.

Houve uma pausa enquanto Simon olhava para Barney.

– Vou conversar com Barney e Nga Temba sobre isso e depois contamos o que decidimos.

Esse fim inconclusivo deixou todos inquietos. Naquela noite na barraca, não consegui dormir, preocupado com a chance de perdermos a vez, o que nos faria ficar naquele lugar, definhando gradativamente até acabarem nossas forças. Encontrei uma solução caso fosse decidido que a Equipe B iria primeiro: mandaria Kees com eles, assim pelo menos algumas tomadas em alta altitude seriam feitas.

Também decidi dar a Sundeep, o membro da Equipe B que eu considerava mais propício a fazer o cume, um curso intensivo sobre como manusear a câmera. Seria uma tomada longa, mas, se eu entregasse a ele a Sony de reserva, ele conseguiria gravar alguma coisa caso tivessem sorte com o tempo e estivessem no topo.

Porém, até a noite do dia 14 de maio, nenhuma decisão havia sido anunciada. Não se tocou mais no assunto e, na realidade, eu nem precisava ter me preocupado, porque o tempo estava prestes a melhorar.

Na manhã de 15 de maio, acordei com o som inconfundível do equipamento sendo organizado e guardado na barraca de Brian e Barney, vizinha à nossa. Kees levantou antes e provavelmente estava tomando sua primeira xícara de chá na barraca-refeitório. Embora ainda fosse muito cedo para o sol atingir nossa barraca, eu percebia pelo reflexo da luz na geleira que o céu estava claro.

Pus minha cabeça para fora da barraca. Barney estava lá, com seu barril azul de equipamento ao seu lado.

– Novidades? – perguntei.

– Vamos subir.

Uma descarga de adrenalina e medo percorreu meu corpo. A idéia de que finalmente partiríamos me encheu de emoções contraditórias: eu estava feliz porque finalmente ia ter alguma ação, já que há apenas dois dias eu estava batendo boca para garantir nossa vaga. Mas já fazia tantos dias que estávamos no Acampamento-base Avançado que nos acostumamos a não fazer nada. Meu corpo parecia lento, fora de forma e despreparado para qualquer mudança. Minha cabeça também não estava pronta. O senso de objetividade, de se concentrar em uma única meta, havia minado com a tempestade. Toda a confiança, impaciência e otimismo que eu sentia no Acampamento-base deram lugar a uma sensação inerte de que não tínhamos mais condições nem tempo.

Eu tinha plena consciência dos quilos a menos. Parecia que tinham caído do meu corpo durante a última semana, passada a 6.550 metros com uma dieta deficiente e com um apetite mínimo na melhor das hipóteses. Minhas pernas, que nunca contaram com muita massa muscular, agora pareciam duas varetas. Meu abdome também estava menor; um pedaço de pele na área do estômago não tinha sequer um grama de gordura.

Calculava que eu tinha perdido pelo menos dez quilos, ou seja, mais de um quilo por semana; mas não tinha idéia de como isso poderia afetar meu desempenho. Será que eu só percebi a diferença porque o músculo fora afetado? Ou pior, eu poderia perder as forças no alto da montanha? O único consolo era que todos os meus parceiros de escalada estavam no mesmo estado. Todos haviam perdido quase o mesmo peso, no caso de Brian eram quase quinze quilos a menos.

O Acampamento-base Avançado tinha sido um oásis durante a tempestade e, como animais que despertavam da hibernação depois de um longo inverno, a idéia de abandonar esse lugar seguro não era atrativa. Ali estávamos seguros; lá em cima era perigoso, como a tempestade nos lembrara tão drasticamente.

Eu voltei para a barraca e deitei por mais alguns instantes preciosos, tentando afastar a apatia que tentava me dominar. A última coisa que eu queria era ter que voltar do Colo, especialmente agora, com uma grande quantidade de neve solta pronta para uma avalanche assim que a temperatura subisse, num dia como esse, por exemplo.

Simon balançou a barraca.

– Acorde, Matt, você vai partir daqui a meia hora.

Percebi que, quanto mais nos atrasássemos, maior seria a chance de o Colo despencar sobre nós. Coloquei as roupas com mais rapidez que de costume e logo estava do lado de fora com os outros, preparando minha mochila de equipamentos.

Não havia a alegria nem a camaradagem que a Equipe B demonstrara quando partimos do Acampamento-base. Dessa vez, eles estavam mais soturnos, sem dúvida pensando nos dias estressantes a mais que passariam naquele lugar. Fora por um triz que eles não conseguiram tomar nosso lugar como Equipe A, e agora eles pareciam arrependidos de não terem insistido um pouquinho mais.

Não havia excitação ou expectativas. A tempestade e o conhecimento das mortes que ela provocara pesavam sobre nós enquanto ajeitávamos nossas mochilas nas costas e conferíamos as listas de equipamentos na última hora.

Apertamos as mãos e foram murmuradas algumas palavras de incentivo. Até Brian, o mais barulhento de nós, estava estranhamente quieto enquanto atravessava vagaroso os outros acampamentos. Quando passamos pelas barracas indianas, eles já estavam guardando suas coisas para partir.

Nós cinco nos movíamos com lentidão e foi um alívio o descanso quando chegamos à camada de gelo permanente antes de colocar os grampões e começar a subir o platô antes do Colo. Durante nossa primeira viagem até esse ponto, o platô não me incomodara; agora, com o sol refletindo fortemente no gelo, eu sentia gotas de suor molhando minhas costas à medida que a temperatura subia. Parávamos com freqüência para aplicar protetor, passando nas orelhas e no nariz, lugares que a experiência ensinou serem particularmente vulneráveis à cruel radiação.

Eu sempre achei que o platô era plano, mas agora percebia que estava errado. Era uma subida constante, que agora cobrava seu tributo das minhas pernas enfraquecidas. Regularmente, sorvia o suco de minha garrafa e comia umas duas balas de caramelo, mas não conseguia sentir a explosão de energia que isso geralmente causava.

Após três horas, alcançamos o Colo, onde o tempo piorou de repente. Sem aviso, uma nuvem negra cobriu o céu acima da crista de neve e o vento começou a soprar sobre a Face com força. Começou a nevar, depois a cair granizo e eu sentia na pele minha blusa térmica encharcada de suor começar a congelar desconfortavelmente.

Eu estava perdendo imagens importantes de nossa primeira passagem pela parede de gelo, especificamente uma tomada de Brian chegando ao Colo e outra da parte de baixo da parede para mostrar como a geleira era intimidadora sob aquela perspectiva. Trouxemos a câmera e filmamos isso muito rápido, enquanto o tempo mudava de novo, dando passagem aos raios de sol, encobertos às vezes por uma nuvem esporádica.

Então colocamos as cadeirinhas e começamos a escalar. Após três horas de exercício desde que deixamos o Acampamento-base Avançado, minhas pernas estavam mais descansadas e percebi que eu me movia com mais fluidez. A fadiga muscular que se instalara depois do longo período em que não fizemos nada se fora. Para meu alívio, descobri que estava em forma.

A maior preocupação era o estado da neve. A tempestade e o tempo instável dos últimos dias acumularam milhares de toneladas na neve. Ela repousava sobre uma camada de gelo polido pelo vento e, portanto, pronta para uma avalanche a qualquer momento. Andávamos o mais rápido possível para reduzir o tempo de exposição, mas ainda levamos outras três horas até o Acampamento 4.

Kees foi o primeiro a chegar à barraca.

– Dá só uma olhada! – exclamou.

Abaixei para olhar a barraca, que nós havíamos limpado bem antes de partir, quando fizemos a primeira escalada de aclimatação até o Colo.

O interior da barraca estava em um estado deplorável, tendo virado um depósito de saquinhos de chá descartados, embalagens de sopa e outros lixos amontoados em poças congeladas de coisas que tinham sido atiradas e abandonadas. Na entrada, manchas amarelas indicavam locais onde garrafas de urina foram esvaziadas sem cuidado no gelo e o piso da barraca estava afundado em um buraco onde o calor de algum corpo derretera o gelo da plataforma plana.

O tecido de uma das laterais fora chamuscado por um fogareiro e por dentro havia vários cortes causados pelos grampões das botas. Nossos pacotes selados de comida haviam sido rasgados e devorados.

Al aproximou-se para examinar o local.

– Malditos patifes. Eu avisei que isso podia acontecer. Tinha que ter alguém de guarda. – A barraca dele também estava em situação similar.

– Quem fez isso? – Brian estava chocado.

– As pessoas devem tê-las usado como refúgio durante a tempestade.

Al estava certo de novo. Nosso acampamento era um dos mais bem montados e com o melhor estoque do Colo Norte. Durante o caos da tempestade, com as equipes abandonando desordenadamente a montanha, não era nem um pouco surpreendente que alguém tivesse se abrigado naquele lugar que mais parecia um hotel de graça.

– Ou foi a equipe internacional.

Era outra possibilidade. No final da temporada, uma equipe internacional mista chegara ao Acampamento-base Avançado. Sua tática parecia bem diferente da logística estruturada da Himalayan Kingdoms e, até onde pudemos notar, tratava-se basicamente de um grupo de pessoas que estava dividindo uma permissão. Corriam rumores no acampamento de que eles adotavam uma tática de grileiro – usar as barracas vazias das outras equipes em vez de carregar as suas.

Eu preferia acreditar que nossas barracas foram usadas durante a tempestade. Pelo menos, isso explicava por que alguém numa situação extrema a deixaria naquele estado caótico.

Agora era preciso gastar uma energia valiosa para limpá-las e deixar nossa base habitável na medida do possível. Uma hora depois, estávamos prontos para começar a reidratar nossos corpos depois da subida. Então me ocorreu que, se os Acampamentos 5 e 6 também estivessem nessas condições, estaríamos com sérios problemas. Se tivessem roubado nosso suprimento de oxigênio, então a tentativa de cume já era.

Foi uma noite inquieta no Colo Norte, acompanhada por rajadas de vento que esporadicamente castigavam a barraca.

Agora que o chão plano da nossa barraca havia derretido sob o corpo dos outros ocupantes, encontrar uma posição confortável para dormir era impossível. Tentamos inúmeras posições, mas a inclinação sempre levava vantagem, empurrando Kees e a mim sem a menor dignidade para dentro de uma bacia em que dormir era inviável. Nas primeiras horas da manhã, reorganizamos toda a barraca, colocando as mochilas no centro para diminuir a inclinação. Funcionou bem para nos proporcionar algumas horas de sono intermitente.

Ao amanhecer, começamos o ritual matutino de acender os fogareiros e preparar chá. Às 8 h, estávamos sob o sol brilhante da manhã iluminada para entrevistar Brian enquanto ele se preparava para o longo dia de escalada da Face Norte. Ele parecia em forma e descansado, embora, como sempre, tivesse comido bem pouco no café-da-manhã.

– Será um dia cansativo, mas, se conseguirmos, chegaremos ao Acampamento 5. De lá é só seguir a estrada de tijolos dourados até o cume!

Nosso olhar seguiu pela inclinação do Colo até o imenso flanco da Crista que nos aguardava. Dava para ver uma corda fixa nos pontos mais baixos, mas estava muito longe para que pudéssemos ver as cordas nas encostas mais altas. Uma das outras equipes partira ao amanhecer, duas horas mais cedo. Agora eram apenas uma linha de pontinhos negros a cerca de 1/4 do caminho até a parte de neve pesada da Crista. Foi Brian quem os mostrou para nós.

– Olha só aquele grupo! Eles pararam, mal estão se movendo.

Kees fez uma tomada com o *zoom* máximo das lentes e os filmou, sinistramente parados contra a enorme luz projetada pelo gelo. Que dificuldade eles estavam passando nós logo descobriríamos.

À esquerda deles, víamos claramente o penacho de cristais de gelo soprado rapidamente na horizontal sobre a beira da Crista.

– Vai ventar muito hoje – disse Al. – Melhor dar no pé.

Isso foi o mais perto de uma discussão tática sobre o dia que começava. Barney nunca estivera na Crista Norte e Al estava preocupado em ajeitar a câmera. Na primeira ida ao Colo, e mesmo na primeira vez no Glaciar Rongbuk, sempre falamos sobre os problemas antes. Dessa vez, nem pensamos nisso, talvez porque a Crista parecesse tão simples que nem previmos qualquer problema.

Colocamos o equipamento de escalada e os sacos de dormir na mochila, guardamos o equipamento de filmagem, protegemos partes das mochilas e deixamos o acampamento. Al liberou Kees da filmagem do dia.

A rota descia uma inclinação do Colo e depois cruzava uma greta que separava a rocha sólida da Crista e o gelo compactado da geleira. A inclinação parecia insignificante vista do acampamento do Colo Norte, mas a subida do outro lado era íngreme o suficiente para me deixar sem fôlego. Apesar do vento cortante, eu estava suando debaixo das camadas de roupa e, depois de meia hora, já estava removendo a camada mais externa para deixar minha pele respirar.

– Tem uma corda dos catalães no lado mais a oeste! – Al apontou para a corda fixa pendurada no lado oposto do Colo. Diferente das outras equipes, os catalães preferiram tentar chegar ao Colo pelo lado oeste, mais propenso a avalanches. Foi um gesto corajoso, mas eles tiveram dificuldade e só alcançaram o Colo quando estávamos indo para lá pela segunda vez.

Bem acima dos sete mil metros, estávamos escalando no limite máximo onde a maioria dos escaladores aclimatados consegue chegar sem oxigênio suplementar. A Crista não é particularmente íngreme se comparada à parede de gelo que leva ao Colo Norte, mas, dada a altitude e o ar rarefeito, é cansativa e exige muito esforço.

Cada movimento abrupto resulta em uma onda de tontura e o único modo de continuar em frente e para cima é se movimentar lenta e suavemente, erguendo os pés só o suficiente para subir cada degrau desenhado no gelo pelos grampões das botas dos colegas de escalada.

As cordas fixas e suas ancoragens passaram a ser marcas: alvos a atingir com um determinado número de passos. Estabeleci um sistema de quinze passos contínuos seguidos de cerca de um minuto de descanso para recuperar o fôlego. Depois de uma hora, passei para dez passos e três minutos de descanso. Brian também se movia com morosidade, fincando cada pé com grampões lentamente no degrau de neve acima e parando para olhar a vista do Nepal, que agora se abria e ficava cada vez mais espetacular a cada metro de escalada.

Ao norte, a elegante Crista Sul do Changtse também se revelava aos poucos, chamando a atenção para o cume em forma de pirâmide, com suas complexas cornijas de gelo.

Al e Barney pareciam sofrer menos com a altitude. Barney ia pacientemente auxiliando Brian na subida, enquanto Al já estava bem adiantado além das cordas fixas, pronto para filmar assim que o vento o permitisse. Mais uma vez, eu estava grato por ter Al para ficar com a câmera; eu não sabia ao certo se Kees e eu teríamos forças para filmar.

Depois de um período, perdi toda a noção de tempo, concentrado apenas na simples batalha física para ganhar altura e passar pelas cordas fixas, uma após a outra. Comecei outro jogo mental, racionando a bebida e a comida de acordo com as cordas fixas. Cada enfiada de corda merecia um descanso de cinco minutos, duas enfiadas, um gole de suco, um pedaço de chocolate e assim por diante. Eu racionei até meu prazer de curtir a paisagem. Esse luxo só era merecido após quatro enfiadas.

Al quebrou o encanto, chamando minha atenção por um momento.

– Tem um corpo de um escalador espanhol logo acima, à direita da Crista. Você quer filmá-lo?

Suas palavras me pegaram de surpresa. Eu não sabia que havia um corpo lá.

– Há quanto tempo está lá?

– Anos.

– Como ele morreu?

– Não sei. A causa pode ser variada. Uma tempestade, uma queda. – Sua voz não demonstrava o menor sinal de emoção. E por isso, não por mim, apesar de nunca ter visto um cadáver de perto, respirei fundo e decidi que devíamos pelo menos dar uma olhada.

Encontramos os restos mortais do escalador entre as rochas a cerca de 50 metros da rota principal até a Crista. Tudo o que restava era um monte triste e puído de roupas e os ossos do que uma vez fora um ser humano. O vento atravessava os buracos do tecido, ainda tentando arrancá-lo do corpo. Algumas pedras tinham sido colocadas sobre os restos como se fosse um túmulo.

Olhando para o acampamento no Colo, a menos de uma hora de descida, fiquei imaginando como alguém podia morrer tão perto da segurança. Será que ele descera em meio a uma tempestade e se perdera? Ou havia parado para descansar naquele lugar e ficara sem forças para prosseguir?

– Quer filmar? – Al estava tirando a câmera da mochila.

Eticamente, eu resistia à idéia, mas sabia que a tomada podia ser interessante para o filme. Os corpos espalhados pelas altas encostas do Everest fazem parte da realidade da montanha, não importa se eu achava ou não que era aceitável filmá-los. Deixá-los fora do filme seria ignorar uma das mais fortes mensagens do Everest: se você morrer aqui, este será seu túmulo para sempre.

– Sim, tente fazer uma boa tomada.

Al fez várias tomadas, com panorâmicas da Face da Norte, esforçando-se para manter a câmera firme mesmo com o vento cortante. Em seguida voltamos pelas rochas e nos juntamos aos outros na Crista, onde estavam descansando.

No final da manhã, precisávamos de um descanso mais longo. Paramos em uma pequena plataforma rochosa onde cabiam os cinco. Eu não sentia fome, mas empurrei uma porção de salada de atum, alguns biscoitos salgados e um pedaço de queijo. Além dos comentários ocasionais sobre a vista, a conversa era pouca. Nossos rostos estavam cobertos com balaclavas e com o capuz de nossas roupas. Se o vento encontrasse um buraquinho por onde entrar, não perdia tempo e congelava a pele.

Não havia dúvida de que o vento oeste estava aumentando e a escalada prosseguiu. Assim que começamos a subir as cordas fixas de novo, percebi que pedras minúsculas eram arrastadas pelo gelo, levadas para o leste. Pedacinhos de gelo desprendidos pelos escaladores acima caíam em quem estava embaixo, mas eram levados na mesma direção das pedras, na horizontal, pousando no Rongbuk Oriental. As faixas soltas da mochila de Brian se agitavam ao vento e a faixa superior da minha mochila fazia o mesmo, batendo em meu rosto com força a cada rajada. Parei e tirei a mochila para prendê-la melhor.

De volta à rotina: atrelar-me numa corda, dar dez passos, descansar. As horas passavam e ficamos espalhados por duas ou mais cordadas. Brian parecia estar desacelerando, mas eu estava contente com nosso progresso. O acampamento do Colo Norte agora estava bem abaixo de nós e o topo da crista de neve parecia estar a apenas mais duas horas de distância. Logo acima, escondido em algum lugar das rochas, estava o Acampamento 5, onde devíamos descansar antes do desafio de escalar até o Acampamento 6 e mais além.

Na minha opinião, fazer Brian começar a usar o oxigênio no Acampamento 5 era o último grande obstáculo. Se ele mantivesse sua promessa de usá-lo e tivéssemos uma janela de tempo, não havia motivo para adiar o ataque ao cume. Ele parecia bem e não dava sinais de problemas de altitude nessa que era a maior escalada até agora. Pela primeira vez desde a tempestade, eu me permitia ser um pouco otimista.

Às 14h30, chegamos a uma das partes mais íngremes da Crista, uma enfiada de corda na parede de gelo, na qual degraus superficiais haviam sido esculpidos. A mudança de inclinação nos retardou ainda mais, fazendo-nos arfar praticamente a cada passo. Kees ficou bem para trás do grupo e eu esperei no final da parede até ele nos alcançar.

Continuamos juntos até alcançar os outros três, que haviam parado mais acima, onde a inclinação diminuía. Achei que era uma parada como qualquer outra que fizéramos durante o dia e tirei minha mochila para beber alguma coisa.

Brian falou primeiro, sua voz mais alta que o vento.

– Matt, estamos discutindo um assunto do qual você devia participar.

– O que é?

– Acho que estamos com um problema – Barney começou. – Já devíamos estar no Acampamento 5, mas só fizemos dois terços do caminho até a Crista.

– Ou seja – completou Al –, só fizemos metade da subida e estamos caminhando há cinco ou seis horas.

– Então temos que apertar o passo. Estaremos lá em duas horas. – Bebi um pouco de suco, ainda sem perceber as verdadeiras implicações do que eles estavam dizendo.

– Não é tão simples assim – continuou Al. – Se você olhar para a Crista, verá algumas barracas do Acampamento 5.

Ele estava certo. Já dava para ver pontos vermelhos e amarelos em meio às rochas.

– Agora olhe para baixo, para o Colo.

Fiz o que ele pediu, mas não entendi o que ele queria.

– E daí?

— Daí que as barracas estão do mesmo tamanho. Não acho que estamos perto. Acho que estamos bem no meio do caminho.

Barney voltou a falar. Casual como sempre, sua voz não combinava com a gravidade de suas palavras:

— Se continuarmos nesse ritmo, e é provável que fiquemos ainda mais lentos, chegaremos quando estiver escuro. O vento pode aumentar e os dedos das mãos e dos pés vão congelar. Isso pode virar uma tragédia.

Ele virou o rosto, incapaz de encarar meu olhar.

Olhei para o que faltava da Crista acima de nós, sem conseguir acreditar no que eu estava ouvindo. Eu achava que já tínhamos concluído a maior parte da escalada. A seção rochosa estava a apenas uma hora, não estava? Certo, Brian estava cansado, mas não mais cansado do que ficara no Colo. Não havia o menor sinal de Barney ou de Al de que teríamos alguma dificuldade.

— Então o que você sugere?

Houve uma pausa longa e estranha antes de Barney responder.

— Estamos pensando em voltar.

— Voltar? Mas estamos quase lá! Qual a vantagem?

A raiva veio numa onda incontrolável.

— Estamos aqui para escalar, não é?

O zumbindo do vento foi a única resposta.

— Se voltarmos, o que vamos fazer depois?

— Bem... — E depois de uma pausa ainda mais longa: — Acabou. — Barney assinou a sentença de morte do filme e de tudo que eu planejara.

— Assim? Depois de todo esse trabalho? Você está brincando, Barney! Temos que fazer o ataque ao cume. Isso é patético! — eu estava esbravejando. — Brian. E aí? Você não pode deixar as coisas acabarem assim, pode?

Brian estava preparando um ar valente.

— Vamos descer, dormir e comer. Amanhã tentaremos de novo.

Barney desviou o olhar e eu sabia por quê. Até eu, um novato em alta montanha, sabia que não havia como Brian tentar subir a Crista de novo, não importava o quanto ele comesse e dormisse.

— Nós já estamos bem devagar. E, se aqui já estamos lentos, mais para cima será ainda pior. — Al estava apoiando Barney.

Eu apontava para o Acampamento 5 e dava para ver nitidamente as barracas.

— Isso é uma grande idiotice! Lá está o acampamento. Só temos que continuar e vamos chegar lá. Caramba! Estamos mais perto do Acampamento 5 que do Colo.

Eu estava quase chorando, tamanha minha frustração.

— Eu sei que é o que parece, mas a distância é escorçada. — Al estava tranqüilo como sempre. — Se levarmos Brian até lá em cima, não vamos conseguir descê-lo. Ele é muito lento. E Kees também está detonado.

— Então por que você não disse nada de manhã? Se tínhamos que andar rápido, por que não disse logo? Por que deixar para falar quando paramos para almoçar? Vocês dois sabiam disso, não sabiam?

Nenhuma resposta.

— E o filme? Como o espectador vai entender uma decepção dessas depois de todo o oba-oba? Tudo que filmamos leva a um ataque ao cume. Todo mundo sabe que talvez não seja possível fazer o cume, mas as pessoas esperam que pelo menos Brian tente. Até agora, não chegamos nem ao mesmo ponto onde Brian esteve em 1990. Se filmarmos sua volta agora, os espectadores vão ver você fazendo as malas sob um belo céu azul a três dias do cume! E então vão pensar "qual é a desses caras?", que é o que eu estou pensando agora.

Nunca senti tanta raiva. O único motivo para eu aceitar fazer o filme fora acreditar que ele iria longe — bem mais longe — que em *Galahad of Everest*. Brian convencera-me, a Himalayan Kingdoms também, e eu convencera os editores do Canal 4 e a ITN de que conseguiríamos filmar algo inédito. O que eu ia dizer para eles?

A única coisa que eu não queria fazer era uma refilmagem do filme de outra pessoa. Por isso, o ataque ao cume era tão importante. Filmar Brian na Zona da Morte, num tudo ou nada para chegar ao cume, era a essência da produção e onde eu depositava todas as minhas esperanças.

Agora só me restava o fracasso. Nesses momentos, eu realmente duvidava de que tinha mesmo um filme. Quem, em sã consciência, ia querer assistir a um filme do Everest que acabava com um bate-papo antes da escalada para valer? Pelo tom da conversa dos três, parecia que era como recolher as coisas de um piquenique depois de uns pingos de chuva.

— Não há por que ficar irritado com isso — Barney estava na defensiva. — Não vamos colocar a vida de Brian em risco.

— Eu sei. Concordo com isso. A última coisa que eu quero é que Brian ou qualquer outra pessoa tenha algum problema. Mas Brian já foi muito mais alto que isso e ele está bem. Não temos nenhum problema técnico e as coisas vão melhorar quando chegarmos ao Acampamento 5 e ao oxigênio. Vamos *tentar*. É o mínimo que o espectador espera. Ainda dá tempo.

Mas Barney não se mexeu, nem Al. Meus protestos enfrentavam os anos de experiência deles, que lhes dizia que teríamos problemas.

Enquanto continuávamos discutindo, aconteceu algo extraordinário. Al disse uma coisa que não sairia de nossas cabeças nos próximos dias. Desde o final da manhã, dois escaladores estavam logo atrás de nós e às vezes nos ultrapassavam, também a caminho do Acampamento 5. Nesse momento, eles passaram por nós com dificuldade, parecendo muito cansados.

Um deles era jovem, com feições eslavas, um húngaro que aparentava estar perto dos 30 anos. O outro era um austríaco, mais velho e barbado, Reinhard Wlasich, um escalador com quem várias pessoas da nossa equipe haviam conversado no Acampamento-base Avançado.

– Eles também estão andando muito devagar – Al comentou depois que eles passaram. – É bem provável que eles morram.

Visto no contexto das condições prevalecentes, não havia a menor razão para achar que ele estava certo. Eu ignorei seu comentário provocador como algo inútil. Naquele momento, minha atenção estava voltada para nossa situação e a notícia devastadora de que a terceira tentativa de Brian estava acabada mesmo antes de ter começado.

– Então essa é a decisão final? Acabou?

Barney olhou para Al para confirmar.

– Sim. É melhor voltar.

– Então temos que filmar a conversa entre vocês, explicando para nós os motivos dessa decisão.

Kees trouxe a câmera e gravou enquanto eu entrevistava Brian, Barney e Al. Brian ainda estava falando em tentar novamente no dia seguinte, mas eu não achava que ele acreditava mesmo nisso, porque no mesmo instante ele sugeriu outro plano:

– Deixe Al decidir. Eu dei a ele minha echarpe de oração para ele colocar no cume, mantendo minha promessa ao Dalai Lama.

Guardamos a câmera e nos preparamos em silêncio para descer. O clima ficou extremamente tenso; foi por pouco que o confronto não virou uma verdadeira rixa.

Antes de começar a descer, dei uma última olhada para os dois escaladores na encosta, que seriam as últimas pessoas na Crista depois que partíssemos. Eles estavam parados, curvados, apoiados em suas piquetas contra a força do vento, a cerca de duzentos metros acima. Bem além deles, as barracas do Acampamento 5 tremulavam. Eles estariam lá dentro de algumas horas, achava eu, invejando a sorte deles.

Demos as costas à Face Norte e começamos a retirada para o Colo. Al e eu íamos à frente, depois Kees, um pouco mais lento, e por último Barney auxiliando Brian.

Minha mente estava em choque, confusa, com um misto de raiva e frustração. Em exatos trinta minutos, cinco meses de treinamento, planejamento e escalada haviam ido por água abaixo de repente. Todo o ímpeto reduzido a nada. Níveis fenomenais de motivação e fé no projeto foram os catalisadores até esse instante, e agora se revelavam uma completa perda de tempo.

E agora? Como salvar um filme do completo fracasso? Minha cabeça estava ocupada pensando nas opções enquanto descíamos para o Colo. O certo era descer, abrindo caminho para a investida da segunda equipe. Se algum de nós decidisse continuar a escalada, coincidiríamos com Simon e companhia, reduzindo suas chances. Pelo menos era isso que o cérebro mal-oxigenado me dizia.

Na verdade, percebi depois de chegar ao Colo, a lógica não fazia sentido. A Equipe B não subiria ao Colo essa noite. Talvez no dia seguinte, dando abertura para que alguns membros de nossa equipe *ainda* pudessem atacar o cume e – desde que saíssemos do Acampamento 6 rapidamente – sem criar problemas para os demais.

A possibilidade de transformar minha raiva em algo mais útil começava a crescer. Se eu conseguisse canalizar a frustração, convertê-la em algo positivo em vez de mantê-la como uma força negativa, talvez a situação melhorasse.

Vinte minutos depois de "controle de raiva", tinha uma pergunta a fazer para Al.

– O que você acha de nós dois fazermos o cume?

Al pensava no assunto enquanto tirava as polainas. Se ele teve alguma dúvida, disfarçou bem e não a demonstrou.

– Tudo bem. Mas e o filme?

– Podemos mudar o foco do filme para você. Já temos várias entrevistas e bastante material com você, e Brian pode dar a echarpe do Dalai Lama para você levar ao cume, como ele disse.

– Temos que falar com o Simon. Dá para subir a Crista de novo depois de hoje?

Eu sabia o que Al queria dizer. Na verdade, tínhamos gastado a energia de um dia inteiro na jornada abortada pela Crista, energia que poderia fazer falta mais adiante.

– Calculo que vai dar tudo certo se sairmos cedo.

Quando Barney e Brian voltaram para o Colo, Brian estava exausto. Suas reservas de energia estavam totalmente esgotadas, e ele mal conseguia ficar em pé no acampamento. Percebi envergonhado que Barney e Al tinham razão sobre o estado de Brian. Ele parecia forte na Crista, mas na realidade enfraquecia bem mais rápido do que aparentava. Olhando para ele agora, enquanto o filmávamos desmoronando ao lado das barracas, fiquei cheio de remorso. Nada, nem mesmo meu precioso filme, valia arriscar a vida de Brian. Barney e Al estavam plenamente certos ao fazer Brian desistir da escalada como tinham feito.

Quando Barney entregou uma garrafa de água a Brian, ele mal conseguia levá-la à boca. Mas teve forças para pronunciar algumas palavras assim que ligamos a câmera.

– Eu não tenho força para subir de novo. Al, você sobe por mim. – Em seguida, teve um acesso de tosse junto à barraca, com uma aparência confusa e inábil.

Mais tarde, passamos um rádio para o Acampamento-base Avançado e reportamos os acontecimentos do dia a Simon. Ele continuava tranqüilo como sempre e não pareceu surpreso ao ouvir que a tentativa de Brian estava encerrada. Barney me passou o rádio e apresentei minha idéia.

– Al e eu queremos continuar e filmar o mais alto que conseguirmos chegar; tudo bem?

Senti meu coração batendo forte enquanto durou a pausa.

– Ok. Para mim, tudo bem. E o Kees?

– Ele vai descer para gravar no Acampamento-base com Brian.

– Perfeito. Boa sorte. Passe um rádio do 5 amanhã à noite.

Ainda abalado pela velocidade da seqüência de eventos, voltei para a barraca onde Kees preparava chá. Todo o formato da expedição mudara em questão de horas. Agora Al, e não Brian, era a estrela que acompanharíamos no filme pelas encostas mais altas do Everest. Eu estava extremamente grato por termos tido a oportunidade de filmar Al nos outros pontos durante as semanas anteriores. Se não tivéssemos um material com ele, sua entrada tardia no filme seria extremamente confusa para o espectador. Para nossa sorte, a personalidade prática e objetiva de Al também se destacava.

Mas ainda existiam questões envolvendo tomadas adicionais e seqüências necessárias para cobrir corretamente a ascensão de Al. Não menos importante era a questão de como Al filmaria no cume. Incluí essa dúvida na lista de pendências dentro da minha cabeça e aproveitei para dormir.

9

Na manhã seguinte, apertamo-nos na barraca do Brian e gravamos quando ele entregou a echarpe para o Al. O simbolismo da troca de mãos ia além do simples gesto. Brian prometera ao Dalai Lama, quando esteve em audiência com a Santidade em Daramsala, que se esforçaria para levar a echarpe até a calota do cume. Por duas vezes ele tentara e não conseguira cumprir a promessa. Talvez a echarpe chegasse lá nessa terceira tentativa.

– Diga uma oração pela paz no mundo – foi o pedido de Brian para Al solenemente. – *Om mani padme hum*, salve a Jóia do Lótus!

Uma hora depois, despedimo-nos. Kees ficou com uma das câmeras para filmar a descida de Brian e as conversas por rádio no Acampamento-base. Al e eu arrumamos nossas mochilas e nos prendemos nas cordas fixas para subir de novo para a Crista Norte.

O vento estava mais forte que no dia anterior, açoitando a Face com mais força. Mesmo assim, nosso movimento era consistente, vencendo a inclinação sem as paradas longas e perigosamente lentas que marcaram a escalada do dia anterior. Mentalmente, eu estava bem mais preparado para a Crista; a necessidade de acelerar o passo era uma idéia fixa e eu me concentrei em achar um ritmo que eu pudesse manter sem cansar as pernas.

Al ia à frente em silêncio, movendo-se com a força de sempre e parando apenas para fazer pequenos ajustes no seu capuz e no macacão para evitar o vento no seu rosto.

Dessa vez, deixei de lado a técnica de contar os passos entre cada descanso rápido para respirar; afinal, é muito frustrante quando os números começam a diminuir. Em vez disso, eu fixava meus olhos em um ponto da Crista – rochas proeminentes ou o brilho alaranjado das garrafas de oxigênio – e definia meu limite de tempo para chegar até eles.

Toda a complacência do dia anterior se fora, eu estava supersensível ao fato de que Al observaria como um falcão meu desempenho naquele dia e no dia seguinte. Do mesmo jeito que Brian fora conduzido de volta, eu também poderia ser se Al notasse qualquer fraqueza de minha parte. Ele sabia que eu tinha pouca experiência em alta montanha e não era interessante para nenhum de nós fingir que eu estava preparado para atacar o cume se isso criasse algum problema para mim. Seus instintos de guia nunca deixariam isso acontecer.

Surpreendentemente, minha mente estava mais lúcida que no dia anterior. Talvez o ganho de altura não tenha sido uma perda de tempo. Embora tivéssemos aplicado uma quantidade significativa de energia no que, aparentemente, fora um dia perdido, a aclimatação adicional a que forçamos nossos corpos agora parecia um bônus, já que chegáramos a 7.500 metros sem oxigênio artificial pela segunda vez.

"Suba alto, durma no baixo" geralmente é a máxima e foi isso que fizemos.

Levamos apenas três horas de escalada contínua para chegar ao ponto de onde Brian voltara; menos da metade do tempo gasto no dia anterior.

A partir daí, o vento ganhou força, acertando-nos com pequenas pedras e cristais de gelo. Por sorte, o vento soprava do lado oeste, pois se estivesse contra nós teria impedido nosso progresso. Sob as rajadas mais fortes, era impossível continuar andando; a força era suficiente para nos erguer. Encolhemo-nos contra a Crista, com todos os grampões enterrados firmemente no gelo para nos dar estabilidade.

Percebi que Al se prendeu a uma corda fixa, algo que ele fizera raramente nas últimas semanas da expedição. Ele percebeu, assim como eu, que o vento estava agressivo o bastante para nos arrancar da Crista se não usássemos a segurança da corda.

Nossa velocidade diminuiu drasticamente e levamos uma hora e meia para chegar ao topo da seção de neve. Precisávamos de um abrigo para descansar, mas não existia nenhum. A Face Norte não oferece proteções naturais contra o vento. Então nos sentamos bem no meio do *jet stream* para descansar, mal conseguindo falar um com o outro, pois nem nossos gritos superavam o barulho do vento.

Cinco minutos foi o máximo que conseguimos agüentar. Nossos pés e nossas mãos já estavam dormentes. Começamos subir pelas rochas, seguindo as cordas esgarçadas pelo vento, que, só de olhar, dava para saber que estavam ali havia anos.

Mentalmente, eu esperava que o Acampamento 5 surgisse subitamente, mas o efeito de escorço ao olhar diretamente pela linha da Crista fez as barracas parecerem bem mais próximas do que realmente estavam. Mais uma vez, Barney e Al estavam certos. Definitivamente, a caminhada até o Acampamento 5 não era tão curta depois do topo de neve.

Na realidade, o terreno era cansativo, com grandes escalões e pedras soltas. Manter a regularidade estava fora de questão. As cordas fixas eram perigosas, enroscando nos nossos grampões e, geralmente, dificultando o encontro das rotas. Muitas delas foram instaladas quando a Crista estava coberta de neve e, agora que a neve derretera, balançavam livremente ao vento, com as ancoragens de neve batendo inutilmente nas rochas.

Em uma de nossas paradas freqüentes, fiquei observando um pássaro de um preto-azeviche usar a corrente ascendente para ganhar altura. Esses rapineiros são atraídos para as encostas mais altas por apenas um motivo: os restos deixados para trás pelos escaladores nos acampamentos abandonados. Quando o inverno termina, restos de comida e corpos humanos ficam expostos depois que a neve derrete.

A primavera é uma época boa no Himalaia para um carniceiro alado.

Achei o máximo que uma criatura tão pequena fosse capaz de ir tão alto enfrentando um vento que quase nos fazia cair, e ainda mais impressionante o fato de que seus pulmões conseguiam absorver oxigênio suficiente para sobreviver a uma altitude de mais de 7.500 metros. Fiquei imaginando até que altitude a ave seria capaz de voar e se alguma delas já havia pousado no cume.

Reposicionando e realinhando as asas a cada rajada de vento, o pássaro acrobata ganhava altura com uma rapidez incrível. Em questão de minutos, ele alcançou o mesmo ponto que nos custara sete horas de marcha. Admirado, observei-o por mais alguns momentos, até que ele desapareceu atrás das rochas acima de nós.

Com o intuito de continuar subindo em meio ao amontoado de rochas, não percebi as nuvens que vinham em nosso encalço antes que elas nos envolvessem totalmente, reduzindo para dez metros nossa visibilidade. A silhueta de Al constantemente desaparecia e ressurgia, mas eu preferia a nuvem ao vento, que graças a Deus havia diminuído um pouco.

Dentro da nuvem, o som muda completamente. O brandir metálico do metal contra a rocha fica abafado e fraco e, pela primeira vez desde que saímos do Colo Norte, pude ouvir minha respiração. O sentido de localização, de elevação no alto do Himalaia, também se perdeu completamente, pois não havia nenhuma referência visual além dos poucos metros à minha volta. Exceto pela inacreditável falta de oxigênio do ar e das garrafas de oxigênio artificial jogadas pelo caminho, poderíamos estar em qualquer crista dos Alpes.

— As primeiras barracas! — A voz de Al surgiu em meio à escuridão.

O Acampamento 5 não era o que eu esperava. Na minha cabeça, imaginei uma área plana na Crista com espaço para dez ou quinze barracas. Na realidade, nem se trata de um acampamento como o ABC e o Colo Norte e está mais para uma seqüência de plataformas entalhadas por cerca de 400 metros na Crista Norte. As maiores plataformas comportam quatro ou cinco barracas, no máximo. A maioria oferece um espaço apertado para uma ou duas. Praticamente não existe proteção alguma contra o vento.

Como não tínhamos certeza de onde estavam as três barracas da Himalayan Kingdoms, a única maneira de encontrá-las era continuar subindo a Crista até que elas aparecessem.

Eu não estava preparado para o tempo gasto nessa busca e logo senti que meu corpo não respondia mais. Mentalmente, eu assumira que chegar ao Acampamento 5 significava poder descansar. Mas agora, como um soldado raso que vê seu posto de controle se afastar ao fim de uma marcha de treinamento puxada, minha cabeça fervia com uma raiva irracional desse trabalho extra que tínhamos que realizar. Eu disse a mim mesmo que podiam ser só mais cinco minutos. Talvez mais meia hora. Uma hora depois ainda estávamos caminhando penosamente pela Crista.

Cada vez que avistávamos barracas mais acima, minhas pernas ganhavam um novo ímpeto; esse é o nosso acampamento, não é? E, cada vez que descobríamos que não era, meu ânimo afundava um pouco mais. Comecei a fazer paradas freqüentes, meio capengando, olhando para a escuridão. Toda a motivação evaporou quando comecei duvidar de que acharíamos nossas barracas. Forçar meu corpo a ficar em pé e continuar a escalada estava se tornando um problema.

Al — que estava melhor que eu — esperava por mim, se distraindo com seu passatempo favorito: esquadrinhar os restos de outros acampamentos.

— Parece que os japas estiveram aqui — murmurou, enquanto me mostrava tempero de macarrão embrulhado em um saco.

Eu soltei uma resposta monossilábica, mas minha atenção era escassa. A altitude zunia dentro da minha cabeça de novo. Para que precisávamos chegar ao Acampamento 5? Quem liga? Por que passar por todo esse sofrimento? Tem um monte de barracas aí, vá dormir em uma delas.

A nuvem estava se afastando, deixando à mostra pedaços do glaciar lá embaixo. Então o Changtse se revelou e, abaixo dele, o Colo Norte. Eu conseguia ver os pontos minúsculos do nosso acampamento, onde a Equipe B agora descansava, a um dia de distância.

Quando subimos mais uma pequena elevação, encontramos as três barracas. Sem saber, havíamos parado para descansar por uns dez ou quinze minutos a apenas alguns metros delas. Ouvindo o barulho, Mingma pôs a cabeça para fora:

– Aqui!

Sentamos na frente da barraca dos xerpas e bebemos um pouco de chá quente da térmica do Lhakpa. Eles tinham passado os últimos dois dias esperando nossa chegada e estavam tão aliviados quanto nós. Eles estavam usando o oxigênio para dormir, o que ajudava, mas estavam entediados e, obviamente, loucos para sair do Acampamento 5.

– Bhaje voltou? – Lhakpa usou o apelido xerpa do Brian.

– Sim. Bhaje não agüentou – respondeu Al.

– E o resto?

– Simon vem amanhã com Roger, Tore e Sundeep.

– Ok. Vamos para o 6 amanhã?

– Sim. O que você acha do tempo?

Com o olhar profissional de quem passou a vida inteira com o tempo instável do Himalaia, Lhakpa olhou para fora da barraca na direção do cume.

– Talvez muito vento.

Eu me recuperava gradualmente com a magia do chá. Enquanto Al e os xerpas discutiam os detalhes do dia seguinte de escalada, comecei a perceber a imundície em volta das nossas barracas.

A plataforma estava cheia de restos de barracas abandonadas, com trapos balançando ao vento. Havia pedaços de corda, pacotes de comida meio queimados e restos de roupas embutidos em quase toda a extensão do gelo. Estacas metálicas pontiagudas brotavam em ângulos malucos, presas a cordões que iam a lugar nenhum. Grandes áreas do gelo tinham manchas amarelas de urina e havia fezes congeladas espalhadas por toda parte.

Essa sujeira toda fora acumulada ano após ano à medida que as expedições abandonavam suas coisas ou eram destruídas por tempestades. O lugar era deprimente, sujo e mórbido. Eu não via a hora de sair do Acampamento 5 e nós havíamos acabado de chegar.

Uma visão mais agradável era o monte de garrafas de oxigênio ao lado da barraca dos xerpas, empilhadas em uma plataforma cortada no gelo. Sua presença indicava um grande trabalho de carga e era outra amostra do profissionalismo da nossa equipe xerpa.

Na barraca, ajeitamos nossos isolantes e os sacos de dormir e então pegamos duas garrafas de oxigênio. Desatarraxei meu regulador, regulei a válvula para um litro e meio e coloquei a máscara. Era a primeira vez que eu usava oxigênio suplementar fora uma ou duas aspiradas que dera no Acampamento-base para testar a válvula.

A 7.600 metros, o efeito de um mínimo de oxigênio puro era imediatamente perceptível. Em três ou quatro minutos, a dor de cabeça latejante que me incomodara durante o dia inteiro desapareceu. Em dez minutos, a constante sensação de náusea também sumiu, e em quinze minutos eu estava rindo pelo mero prazer de respirar um ar cheio de oxigênio. Não importa o que um médico diria, eu jurava que podia sentir o oxigênio correndo em meu sangue, levando calor aos dedos gelados dos pés e das mãos.

– Al, você não acredita no que acontece quando você coloca isso!

Al estava ocupado arrumando sua mochila e ainda não tinha preparado sua garrafa.

– Ah, é?

Eu sabia que Al era reticente quanto ao uso do oxigênio. Ele escalara o K2 e outros cumes de oito mil metros sem esse recurso. Acho que, no fundo, ele achava que usar o oxigênio abalaria sua reputação de mais brilhante montanhista de alta montanha britânico.

Mas ele colocou a máscara e logo depois estava rindo como eu.

– Agora entendi. Nada mal isso, hein?

Ambos fizemos testes com a regulagem da válvula para nos acostumar com os níveis de fluxo diferentes. Era difícil notar a diferença entre um litro e um litro e meio por minuto, mas era bem perceptível quando reduzíamos para um litro. Abrir a válvula para mais de dois litros por minuto era um verdadeiro risco – oferecer "muito" O_2 era demais para nossos corpos sedentos por oxigênio.

Al lembrou uma coisa útil: que havia três garrafas a mais que eram para Brian, Barney e Kees. Ou seja, nós podíamos usar duas garrafas em vez de uma para dormir. O mesmo se repetiria no Acampamento 6. Simon prometera desde o início que haveria um suprimento de oxigênio suficiente para todos terem chance de um ataque ao cume e a margem extra se mostrava muito útil se tivéssemos que subir para o Acampamento 6 sob uma tempestade.

O oxigênio fez mais do que acabar com minha dor de cabeça e com a depressão. De repente, percebi que estava faminto, bem como Al. Cada um comeu duas refeições pré-cozidas e alguns pistaches que eu trouxera do Acampamento-base. Depois pegamos a câmera e gravamos uma tomada do que era cozinhar e comer na barraca. Eu filmei Al colocando a máscara de oxigênio e se encolhendo no saco de dormir. Ele me filmou comendo um dos pratos prontos, reclamando da falta de calorias enquanto enchia a boca com um cozido de carne e bolinho.

Com bem pouca luz, Al saiu da barraca e filmou a vista do Pumori.

– Faça uma panorâmica da plataforma – gritei para ele –, e não deixe de filmar toda a merda e as barracas rasgadas.

– Pode deixar.

Quando escureceu, comecei a procurar minha lanterna frontal na mochila. Depois de duas buscas sem resultado, joguei tudo que estava na mochila no chão da barraca. Nada. Mudei de lugar e procurei embaixo e dentro do saco de dormir. Nada de lanterna. Procurei em toda a área da barraca, dentro do saco de roupa suja, e Al procurou no seu lado da barraca. Nada.

Eu não conseguia entender. Tinha certeza absoluta de ter colocado a lanterna na mochila de manhã. Lembrava de ter verificado se as duas lâmpadas sobressalentes e as pilhas que estavam presas nela com uma fita adesiva estavam funcionando. E agora parecia que ela tinha evaporado.

A gravidade dessa perda era bem maior que a inconveniência de não ter luz dentro da barraca durante a noite. Ela descartava minha chance de ataque ao cume. De cinco a seis horas de escalada no dia do ataque ao cume seriam feitas quando ainda estivesse escuro e, sem a lanterna, eu não iria a lugar algum.

Revirei de novo a mochila, cada vez mais desesperado. Por dentro, xingava a mim mesmo pelo erro. Não tinha lanterna reserva e tentar conseguir uma emprestada com alguém de outra expedição deixaria a pessoa com o mesmo dilema. Como eu pudera ser tão descuidado?

– Ela pode ter caído da mochila em alguma parada para filmar. – Al parecia simpático, mas eu sabia que ele tinha todo o direito de estar nervoso. Minha estupidez atrapalhava também o seu ataque ao cume.

Repassei os passos do dia. Fizéramos uma parada, na parte rochosa, quando precisei procurar uma bateria no fundo da mochila. Talvez a lanterna tivesse caído naquela hora.

– Está quase na hora do rádio das seis horas. Vou perguntar ao Simon se eles acharam a lanterna na barraca lá no Colo. – Al pegou o rádio e começou a transmissão.

Enquanto ele falava com Simon, eu remoía a dura realidade da situação. Mesmo que eles tivessem encontrado minha lanterna, eu só a teria de volta quando a Equipe B chegasse, na tarde do dia seguinte. Portanto, a menos que eu subisse para o 6, não haveria espaço suficiente para todos no Acampamento 5. Eu tinha que descer. Fui atingido por uma onda insuportável de autopiedade. Pôr tudo a perder por um erro tão pequeno? Eu me odiava por ser tão desleixado. Onde estava a lanterna?

A Equipe B chegara em segurança ao Colo e estava descansando quando chamamos. Simon ficou feliz de saber que estava tudo certo no

Acampamento 5, mas não havia nenhum sinal da lanterna depois de uma busca na barraca que eu deixara pela manhã.

Al desligou o rádio.

— Temos um problema.

— Tem que estar aqui.

Comecei outra busca na barraca, revirando cada item e organizando todos eles da forma mais metódica possível, dadas as condições restritas. Nada.

Então percebi que havia uma dobra na lateral da barraca. Passei minha mão por baixo do tecido e encontrei a lanterna. Eu não acreditava que não tinha procurado ali antes. A única explicação era que meu cérebro ainda estava meio lento por causa da falta de oxigênio durante a escalada.

— Fim do pânico. — Al acendeu o fogareiro para fazer outro chá.

— Graças a Deus! — Eu estava extremamente aliviado. Minha chance de cume havia se restaurado.

Ele falou pelo rádio com Simon avisando que a lanterna havia sido encontrada e então passamos o resto da noite fazendo chá e chocolate quente. Às 21 horas, preparamo-nos para dormir.

Foi difícil me acostumar com a máscara para dormir. O aparato russo era tão desconfortável quanto feio, com as correias sempre apertando alguma parte do rosto. O sistema de exaustão também era ineficiente, acumulando pequenas quantidades de líquido congelado freqüentemente dentro da válvula do bocal. Ao virar de um lado para outro para tentar achar uma posição confortável para dormir, sempre escorriam alguns respingos gelados goela abaixo.

Mas, não importa quão difícil fosse dormir com a máscara, a idéia de tentar dormir sem ela era pior. Passei uma noite atormentado, acordando para ajeitar a máscara sempre que ela começava a escorregar e para ver se a garrafa ainda estava fornecendo o fluxo desejado.

O vento também contribuiu para atrapalhar meu sono, virando um sussurro e depois voltando com força total pela Crista.

Às 5 horas, ouvi o movimento dos xerpas, pegando neve para o chá da manhã. Às 6 horas, nossos fogareiros estavam acesos. Ao primeiro raio de luz, Al pôs a cabeça para fora da barraca para ver como estava o tempo.

— Como está aí fora?

— Mais ou menos. Tem muitas nuvens por perto.

— Dá para chegar ao 6?

— Se alguma coisa atrapalhar, vai ser o vento. Temos só que esperar para ver como ele fica.

Preparamo-nos lenta e metodicamente, verificando cada equipamento colocado na mochila. É impressionante a bagunça que dois homens conseguem fazer, e a última coisa que queríamos era esquecer alguma ferramenta essencial. Fiz uma anotação mental para confirmar se a lanterna estava guardada. Depois, plenamente ciente de como um pequeno instrumento poderia interromper nosso progresso, verifiquei tudo mais uma vez.

Al deu uma ajeitada na barraca.

– Não tem sentido deixar a barraca bagunçada para os outros.

Colocamos as garrafas de oxigênio nas mochilas e partimos para o Acampamento 6, escalando pela primeira vez com oxigênio.

O primeiro obstáculo era um aclive bem atrás da plataforma onde estavam as barracas. Mesmo com o auxílio do oxigênio, a subida exigia um esforço tremendo logo no começo do dia, pois era preciso posicionar os pés com as pontas frontais dos grampões e enterrar a piqueta fundo no gelo para garantir alguma estabilidade.

Ofegante, verifiquei o indicador de oxigênio ao chegar ao topo da subida para confirmar se ele estava funcionando. Eu desconfiava de que não estava. Mas dentro do plástico transparente do tubo o indicador estava claramente ativado.

Eu achava que escalar com oxigênio suplementar era como escalar no nível do mar, mas era mais uma das minhas besteiras. Definitivamente, o oxigênio suplementar ajudava, mas eu ainda me sentia tonto e sem ar depois de movimentos bruscos.

Teria sido útil estabelecer um ritmo mais pesado, mas ainda havia um fator contra: o vento. Trinta minutos depois de sair da barraca, estávamos sendo açoitados pelo vento mais forte até agora. À medida que a Crista norte se estreitava, às vezes ficando bem exposta, com imensos precipícios até o Rongbuk Oriental, éramos obrigados a parar a fim de evitar que rolássemos para baixo. A força das rajadas era terrível e impressionante. Por duas vezes, eu literalmente perdi o chão, arremessado de joelhos entre as rochas, segurando com as duas mãos em qualquer coisa que servisse de garra.

Depois de uma hora nessa batalha, surgiram as primeiras dúvidas na minha cabeça. Quanto ainda agüentaríamos nessa situação? Senti um temor mórbido de que Al, vendo a minha luta, decidisse que o vento estava muito forte e desistisse do ataque. Sempre que ele parava para limpar os óculos ou descansar, olhava para o oeste – direção de onde vinha o vento –, avaliando a situação. Havia muitas nuvens, mas não uma grande massa que indicasse uma tempestade. Continuamos escalando.

Eu estava tão concentrado em continuar subindo que nem percebi o escalador que estava descendo até que ele estivesse bem a nossa frente. Era John, líder da expedição norueguesa, descendo do Acampamento 6 depois de uma estada terrível. Ele se movia pessimamente, apertando seu peito e se contorcendo de dor sempre que tossia.

– O que aconteceu? – perguntou Al.

– Minha garganta. Passei a noite toda tossindo e acho que quebrei uma costela – enquanto falava, foi assolado por uma crise de tosse, que o fez se curvar em agonia. Ele parecia muito desolado. Todos sabiam que era sua terceira tentativa de escalar o Everest.

– E o resto da equipe?

– Saíram do Acampamento 6 esta manhã... mas o vento... – Ele olhou para a Crista, onde nuvens eram levadas pelo vento. Ele balançou os ombros.

– E o austríaco? Tem notícia dele?

– Más notícias. Ele está em coma. Edemas cerebral e pulmonar.

– Merda. – Tínhamos ouvido falar que Reinhard estava com problemas no Acampamento 6, mas isso era excepcionalmente ruim.

Ficamos em silêncio por uns instantes enquanto absorvíamos as informações que John nos dava.

– É isso aí. Boa sorte. – Ele fincou sua piqueta e continuou sua trilha solitária montanha abaixo. O som de sua tosse foi engolido rapidamente pelo vento.

No final da manhã chegamos ao lugar onde a rota sai da Crista Norte, atravessando e subindo a Face Norte propriamente dita. Nesse ponto, é preciso tomar muito cuidado para não pegar o caminho errado, pois são várias cordas fixas antigas que levam à Crista Norte. Quando descobríssemos o erro, talvez já estivéssemos muito longe e seguindo por um longo desvio para o Acampamento 6.

Al decidiu qual rota seguir e começamos a travessia diagonal de uma série de campos de neve intercalados por faixas de rocha fragmentadas. No período pós-monção, essa parte da Face é uma encosta de avalanche mortal, mas na pré-monção a neve está compactada e estável. A neve é um alívio depois de caminhar nas rochas.

O vento diminuiu rapidamente a partir do meio-dia e uma nuvem se aproximou de novo, como no dia anterior. Logo estávamos escalando na mesma neblina escura que enfrentamos para chegar ao Acampamento 5.

Para distrair minha cabeça do esforço exigido a cada passo, voltei a repetir meu mantra: "Cada metro acima é um metro a menos para subir". As palavras, recicladas periodicamente, tinham um efeito hipnótico, levando meu cérebro a um transe enquanto o dia passava. No topo de cada campo de neve, eu parava e tentava calcular quantos metros verticais havíamos ganhado. Como fazíamos uma travessia, o ganho de altitude por hora era menor que na Crista. Trinta minutos de trabalho árduo renderam apenas 15 ou 20 metros verticais.

O grau de inclinação da Face não nos permitia ver algum sinal do Acampamento 6. E na maior parte do tempo também não dava para ver o cume. Nos momentos em que víamos a pirâmide do cume, meu único pensamento era como ele ainda parecia longe. A travessia confirmava da forma mais simples possível a imensidão da Face. As horas passavam e o cume ainda estava a quilômetros de escalada – e quase a um quilômetro vertical de nós.

Em algum momento daquela tarde ultrapassamos os 8 mil metros. Agora estávamos realmente na Zona da Morte, o lugar nomeado pelo físico suíço em 1952, que o descreveu assim:

A vida fica por um fio, a ponto de o organismo, exausto depois da subida, ser capaz de passar de um estado sonolento à morte em questão de horas. Isso depende primeiro da idade do indivíduo e segundo de suas reservas de energia.

Agora o relógio estava correndo. Precisávamos nos mover com rapidez, mas o tempo continuava incerto.

No meio da tarde, caiu um pouco de neve na Face Norte, e a nuvem sobre nós ganhara espessura, encobrindo-nos totalmente. Com isso, meu otimismo foi por água abaixo. Todo o bom progresso seria em vão se aquela nuvem trouxesse uma nevasca.

Mas a precipitação de neve sumiu do mesmo jeito que começara e com ela se fora também a nuvem. Com pouco ainda a percorrer, o céu ficou claro e azul e a nuvem desceu para a altura do Colo.

Lembrei do problema do dia anterior, quando meu corpo desligara assim que alcançamos as primeiras barracas do Acampamento 6. Eu estava com medo de ter outra "falha mecânica" e, embora eu estivesse fisicamente exausto por causa do esforço do dia, preparei-me psicologicamente para o tempo extra que poderíamos enfrentar até encontrar nossa barraca.

Eu nem precisava ter me preocupado. O topo das barracas do Acampamento 6 se espalha por uma grande área, mas a diferença vertical entre as barracas de cima e de baixo não é tão grande como no 5. Achamos nossas barracas em 30 minutos.

Os xerpas tinham chegado ao acampamento duas horas antes e já ocupavam uma das duas barracas que foram montadas nas semanas anteriores. Como no Acampamento 5, havia uma pilha de garrafas de oxigênio.

Com um grande alívio por ter conseguido chegar ali, bebi o último gole de suco da garrafa, tirei a mochila das costas e deitei para descansar. Demorou um pouco para que meu ritmo respiratório voltasse ao normal e mais ainda para que minha mente estivesse alerta o suficiente para perceber o lugar incrível onde estávamos.

O Acampamento 6, a 8.300 metros, é o mais alto do mundo e você sente isso. Os 600 metros a mais de elevação lhe conferem uma vista muito mais ampla em comparação com o Acampamento 5, sendo possível avistar toda a extensão do Glaciar Rongbuk quando não há nuvens para encobri-lo. Se não fosse uma camada de névoa que pairava sobre o norte, daria para ver até o monastério.

A perspectiva do Colo era ainda mais impressionante que a do 5. Como tínhamos atravessado uma boa distância pela Face, agora observávamos o lado oeste da parede, com a Face Sudoeste de avalanches do Changtse por trás.

Em algum lugar lá embaixo estava o acampamento catalão. Foram poucas as notícias deles, a não ser pelo fato de sabermos que um de seus membros voltara para Katmandu com um problema cardíaco suspeito. Daquela vista privilegiada, era possível ver que os glaciares suspensos do lado oeste eram bem mais ameaçadores que os do leste. Além disso, sua rota recebia diretamente a força do vento oeste, enquanto nossa rota pelo lado leste ainda tinha um pouco de proteção.

Eu não invejava a tarefa dos catalães. Suas chances de chegar a algum lugar estavam emperradas pela rota oeste do Colo e eles não tinham praticamente nenhum apoio de xerpas. Em comparação, nossa posição era bastante privilegiada, com a quantidade considerável de oxigênio e comida que nos aguardava no Acampamento 6.

As duas barracas foram montadas a 15 metros uma da outra, com a barraca dos xerpas no topo de um campo de neve e a nossa em uma plataforma bem estreita um pouco mais abaixo. As duas estavam estranhamente inclinadas na encosta, apoiadas sobre áreas que não eram grandes o suficiente para a área ocupada pela base das barracas. Uma cama de gato de cordas prendia as barracas a estacas de neve e às rochas próximas para evitar que fossem danificadas no caso de uma tempestade.

Gyaltsen saiu da barraca dos xerpas para falar com Al.

No Acampamento-base, percebi que ele estava sempre fazendo alguma coisa, com agilidade. Agora ele andava em câmera lenta e era óbvio que estava muito cansado.

– A que hora você quer partir esta noite?

Al afastou sua máscara de oxigênio para o lado para responder.

– Acordar à meia-noite. Sair às duas.

– Bom.

Gyaltsen nos mostrou onde estavam os botijões de gás para o fogareiro e depois voltou para o campo de neve, onde se juntou a Mingma e Lhakpa em sua barraca.

Al e eu sentamos, muito cansados para conversar, observando as nuvens que se amontoavam sobre o Rongbuk. À nossa direita, em uma das áreas rochosas, havia umas dez barracas de outras expedições. Olhei em volta, mas não havia sinal de vida.

Uma voz constante dentro da minha cabeça dizia que deveríamos fazer umas tomadas no Acampamento 6 antes que a nuvem subisse e atrapalhasse a visão. Falei com Al e ele se pôs de pé no mesmo instante, sem reclamar, o que demonstrava uma noção de compromisso excepcional se ele estivesse tão cansado quanto eu.

Enquanto Al filmava, eu me livrava dos grampões, tirava as polainas e ia engatinhando para dentro da barraca. Assim que me deitei, as duas pernas travaram com espasmos de cãibra, algo que eu já esperava ao fim de quase todas as sessões de escalada. A culpa era do meu tendão do jarrete – o maior músculo do corpo humano, que percorre toda a parte traseira da perna, desde as nádegas até o tornozelo. Ambos ficaram enrijecidos até eu conseguir esticar os dedos dos pés e amenizar a dor.

Além de filmar, Al cortou alguns blocos de neve para derreter e preparou uma pequena plataforma com pedras lisas junto à entrada da barraca para colocar os fogareiros. Depois de algumas tentativas de acender o queimador, tínhamos as primeiras das preciosas panelas com neve derretendo lentamente pouco antes de anoitecer.

O interior da barraca estava repleto de cordas enroladas e sacos de comida pré-cozida que havíamos escolhido no Acampamento-base. Ao rasgar meu pacote, só me veio à cabeça quais tinham sido as minhas opções semanas antes. A embalagem de salada de atum que eu embalara com tanto cuidado agora fazia meu estômago revirar. Só de olhar para o desenho do peixe no rótulo eu já tinha náuseas. Peixe e altitude não combinavam.

Abrimos os pacotes de Al, Brian e Barney e encontramos coisas melhores. O melhor eram os pacotes de granola, que eu coloquei na caneca de chocolate quente e comi. Em seguida, esquentamos duas refeições congeladas e metemos goela abaixo, usando a máscara de oxigênio para respirar entre as garfadas.

O pôr-do-sol deve ter sido fantástico, mas tudo que eu consegui ver foi um raio de luz vermelha refletido no metal da garrafa de oxigênio que estava do lado de fora da barraca. Eu estava determinado a conservar o máximo de energia, e sair da barraca para tirar uma foto não era uma prioridade, não importa o quão esplêndida fosse.

Nosso assunto principal era oxigênio. Com três membros da nossa equipe definitivamente fora da lista, havia a possibilidade de usarmos uma garrafa de oxigênio a mais no ataque ao cume. O pró era podermos regular as garrafas com um fluxo maior, o que traria vantagens óbvias. O contra era o peso, seis quilos a mais – uma consideração muito importante dado o esforço físico que estava por vir. Discutimos as opções e decidimos adiar a decisão até a hora de fazer as mochilas para partir, dali a algumas horas. (Na verdade, na hora Al decidiu levar uma garrafa adicional e eu decidi não fazer isso.)

Às 20 horas, estávamos na terceira rodada de neve derretida quando ouvimos passos se aproximando. Uma figura se ajoelhou na entrada da barraca, com os olhos vermelhos e desesperada. Era o escalador húngaro que, com Reinhard Wlasich, o austríaco, estava tentando escalar a Face Norte.

Ele começou a falar em francês, mas quando viu nossas caras de interrogação passou para inglês.

– Eu preciso... vocês têm que ajudar... um pouco de oxigênio e gás... por favor.

Seu discurso era meio enrolado e difícil de entender. Ele parecia estar sofrendo do mal da montanha.

– Devagar, acalme-se. Qual é o problema? – Al deu espaço para ele se ajoelhar na frente da barraca.

– Meu amigo está morrendo. Quero que vocês me ajudem a salvá-lo. Estamos naquela barraca. – Ele apontou para a escuridão.

– Estamos falando de Reinhard?

– Sim, Reinhard. Ele está morrendo. Se você não o levar para baixo, ele vai morrer. Você tem que me ajudar.

– E o médico norueguês, o Morton, ele o examinou?

– Sim, esta tarde.

– E o que ele disse?

– Ele tem edema nos pulmões e no cérebro.

– Ele está consciente?

– Ele está em coma.

– Bom, se ele está em coma ele *vai* morrer. Não há como tirá-lo da montanha. Você tem oxigênio?

– Acabou. Posso pegar uma garrafa?

– Pegue o quanto precisar. Você tem o regulador?

– Sim. Mas se formos agora podemos resgatá-lo.

– Como? – Al estava calmo, frio como o gelo.

– Eu não sei. Podemos carregá-lo. Eu tenho que fazer alguma coisa! – O húngaro estava fora de si e começava a descarregar em nós toda a sua raiva e frustração.

– Não há nada a fazer. Podia ter um monte de gente aqui e ainda assim não seria possível levá-lo para o 5. Pense nas rochas, como descê-lo até lá?

O húngaro ficou quieto. No fundo, ele sabia que Al estava certo. Mesmo que Reinhard estivesse consciente, um resgate seria impossível. O fato de ele estar em coma era uma sentença de morte naquele lugar, a 8.300 metros.

– Quanto tempo você acha que ele ainda vai viver?

– Eu não sei. Ele mal respira.

Al e eu trocamos um olhar. Pensamos a mesma coisa ao mesmo tempo: o húngaro, determinado a ficar com seu amigo escalador até o fim, agora punha sua própria vida em risco.

– Escute. Seu amigo com certeza vai morrer. Você tem que sair da montanha ou vai morrer também. Você entendeu?

Al falou com vigor, fazendo as notícias entrarem na cabeça confusa do húngaro da pior forma possível. Ele se calou de novo enquanto absorvia essas palavras.

– Você estará morto amanhã à noite se ficar aqui. Pegue duas garrafas de oxigênio agora para passar a noite e, assim que o dia raiar, volte para pegar outra garrafa para voltar ao 5, ok?

O húngaro balançou a cabeça afirmativa e lentamente.

– Você fez o que pôde ficando com ele, mas não dá para resgatá-lo. Se você ficar aqui, colocará outras vidas em risco. Você está bem para descer sozinho amanhã?

– Sim – mal se ouviu sua resposta.

Ele pegou as duas garrafas de oxigênio e saiu pela noite, a imagem de um homem arrasado. Fiquei imaginando o inferno para o qual ele voltava agora: dentro de algumas horas, Reinhard estaria morto ao seu lado.

– Sabe o que é mais estranho? – Veio-me uma lembrança assustadora.

– O quê?

– Quando você e Barney decidiram fazer o Brian voltar lá na Crista, você viu Reinhard e seu colega passando e disse que eles provavelmente morreriam.

– É verdade. Deu para saber pela velocidade deles que eles estavam caçando problema.

Então outra lembrança me veio – trechos de uma conversa que tivera com Al antes viajarmos para Katmandu.

— E você se lembra da conversa que tivemos quando saímos para comer? — Al nos visitara em Hertfordshire algumas semanas antes da partida da expedição. — Você disse que isso podia acontecer. Você disse que encontraríamos alguém nesse estado quando chegássemos ao Acampamento 6. Acho que você até especificou que seria alguém de um grupo europeu.

— Sim, lembro.

— Você não acha isso estranho?

Al pensou por um momento.

— Na verdade, não. Ultimamente, são tantas equipes desorganizadas no Everest que é muito fácil encontrar alguém em dificuldade.

E com isso continuamos cozinhando e encerramos o assunto. Mas a conversa extraordinária que acabáramos de ter com o húngaro ainda reverberava na minha cabeça. Por que eu não sentia mais compaixão por ele? Por que não nos oferecemos pelo menos para ir até lá e ver Reinhard caso ele tivesse se recuperado milagrosamente?

A verdade é que a montanha havia minado meu caráter humano e enrijecido minha resposta emocional. A notícia sobre a morte iminente de Reinhard não me surpreendeu nem me chocou. Ao contrário, parecia normal. Minha mente me dizia: "Estamos no Acampamento 6, 8.300 metros, um lugar onde as pessoas morrem *mesmo* se algo der errado. Reinhard estava fora de alcance. Todos estamos". Ao nos preparar para chegar até este ponto, havíamos feito um pacto de livre e espontânea vontade com a montanha que dizia: "Estou me colocando em uma posição na qual eu sei que posso morrer". Considerando esse nível de comprometimento pessoal, talvez não surpreenda que luxos como piedade e compaixão geralmente seja abandonados no Acampamento-base com outros itens desnecessários. Se tivéssemos trazido nossas emoções conosco, talvez agora precisássemos delas – para nós mesmos.

Eu começava a entender o verdadeiro significado da Zona da Morte.

10

Às 23h20, Al estava no meio de um sono leve, sua respiração ritmada abafada pela máscara de oxigênio. À meia-noite, começaria o dia de ataque ao cume.

Embora meu corpo quisesse dormir, eu não conseguia. Como uma criança que fica rolando na cama na véspera de Natal, a ansiedade corria em minhas veias como uma injeção de adrenalina. Puxei o tecido gelado do saco de dormir o quanto pude colocando-o em volta da minha cabeça e fiquei totalmente imóvel.

Mirando o confinamento escuro da barraca, supersensível ao sussurro fantasmagórico do vento a nossa volta, comecei a entrar em um estado de relaxamento zen. Durante a fase de cabelos compridos da minha adolescência, com um consumo perigosamente grande da obra de Carlos Castañeda e Aldous Huxley, eu sempre tentava meditar para atingir um estado alterado de consciência. E olha que eu tentava mesmo!

Num quarto iluminado pela luz de uma vela com o aroma de incensos e os acordes hipnóticos pentatônicos do sintetizador da banda psicodélica Gong, eu sentava na posição de lótus e esperava viajar no plano astral. Mas podia ficar horas na fila para comprar minha passagem, a viagem para Ixtlan não começava nunca. Talvez os subúrbios cinzentos de Londres não sejam o melhor ponto de partida quando o destino é o Nirvana.

Agora, fechado naquela pequena cápsula de plástico a 8.300 metros acima do resto do mundo, eu deslizava sem esforço para um estado de transe eufórico. A barraca Quasar de repente cresceu, transformando-se em uma catedral, sua cúpula tornou-se uma série de arcos flutuantes suspensos a dezenas de metros no ar. O beijo suave do oxigênio entrando pela máscara tinha um som musical, como uma flauta de Pã, e o vento tornou-se uma voz baixinha, murmurando palavras de incentivo para o dia que ia começar.

A música desapareceu, dando lugar a uma batida surda que pulsava dentro da minha cabeça. A fantasia mudou. Imaginei-me mergulhando no mar e deixando meus pulmões se encherem de água.

Foi quando voltei à consciência com um grito sufocado, arfando freneticamente. Descobri por que a música desaparecera: a garrafa de oxigênio estava vazia. Confuso e desorientado, tive dificuldade para encontrar a lanterna e mais ainda para desrosquear a válvula congelada do regulador da garrafa vazia.

O interior da barraca estava revestido por uma camada fina de vapor congelado. A cada movimento, minúsculos cristais se precipitavam, congelando qualquer pedaço de pele exposto.

Depois de colocar a válvula em uma garrafa nova, regulei-a para um litro por minuto e me joguei exausto no saco de dormir. Do transe consciente só sobrou a euforia. Os doces sonhos ficaram bem amargos. De repente, lembrei que a menos de dez metros de nossa barraca o austríaco, Reinhard, estava morrendo, sem possibilidade de ajuda.

O Acampamento 6, que tinha sido um ótimo refúgio quando chegamos algumas horas antes, tornara-se um lugar de medo e ansiedade. O fato de não poder fazer nada por Reinhard colocava todos contra a parede – é a montanha que controla tudo. A altitude e seus efeitos mortais sugavam a vida de um montanhista forte e saudável, como se ele fosse uma criança moribunda. Ao encarar essa força invisível, nossa própria empreitada ficava fragilizada e condenada.

Nos 20 minutos que faltavam para a meia-noite, fiquei deitado, sentindo um medo gélido, rezando para o tempo melhorar, para o meu corpo ser capaz de agüentar o desafio que o esperava e – o mais importante – que eu não fizesse nada errado. Minha falta de confiança nas minhas habilidades na montanha me perseguia desde o início da expedição. O medo da jornada, de uma queda repentina, de deixar cair um item de segurança, como fizera com o descensor no Colo, eram erros que eu não podia mais cometer. No dia de ataque ao cume, até mesmo o mínimo erro pode ser um assassino em potencial.

Mallory e Irvine provavelmente morreram assim.

Meia-noite. O relógio digital de Al emitiu um alarme fraco e eu ouvia gritos abafados na barraca dos xerpas. Al acordou e nos pusemos a tentar acender os fogareiros, tarefa difícil.

Os isqueiros estavam ainda mais relutantes a acender que no Acampamento 5. Foram 40 ou 50 tentativas até que uma chama surgiu do gás congelado. Quando isso aconteceu, meu dedão estava sangrando.

A chama do fogareiro ficou intensa por alguns segundos e depois apagou.
– Filho-da-puta! – Eu estava começando a odiar os fogareiros.

Al pegou pacientemente o isqueiro e conseguir reacendê-lo. Isso acontecia regularmente desde o Acampamento 5. O frio intenso e o ar rarefeito fazia os queimadores de propano oscilarem muito. Eles apagavam do nada, enchendo a barraca com o odor nauseante do gás até serem reacendidos.

Uma vez aquecido, o gás parecia fluir melhor e, depois de dez minutos de frustração, os dois fogareiros estavam queimando rapidamente. Al se ocupou cortando blocos de neve em pedaços bem pequenos para caberem na panela enquanto eu tentava arrumar meu lado da barraca.

Al, esperto como sempre, ocupou o lado mais plano da plataforma, e a mim restou disputar o espaço com a pilha de equipamento. Dado o ângulo horroroso, bem inclinado para o campo de neve, o interior, especialmente o meu lado, tinha virado uma tremenda bagunça.

Garrafas de oxigênio vazias, porções de comida e equipamento de escalada formavam um amontoado caótico no declive. A parede lateral da barraca cedia perigosamente sob o peso do equipamento e eu fiquei pensando que qualquer rasgadinho poderia esgarçar o tecido como a barriga de uma baleia, jogando para fora todo o seu conteúdo, incluindo a mim, na ladeira de gelo, uma viagem sem escalas pela Face Norte sem qualquer esforço.

Tentei reposicionar os objetos mais pesados na base da barraca, tirando-os do caminho. Depois comecei a recolher as ferramentas que seriam essenciais naquele dia: as baterias de lítio da filmadora, o corta-vento vermelho, a parte externa das minhas botas plásticas. Iluminados pela lanterna, vi os pacotes de comida que cada um de nós preparara com tanto otimismo sete semanas antes no Acampamento-base.

Escritos com pincel atômico azul estavam os nomes de seus donos: Tore, Simon, Sundeep, Barney, Brian. Rasguei o pacote de Brian e peguei a preciosa granola. Meu paladar tornara-se extremamente seletivo e isso era uma das poucas coisas que eu consegui engolir.

Levou uma hora para a neve compactada derreter e começar ferver. Dividimos um pacote de pistache e bebemos canecas de chá e chocolate quente antes de colocar mais neve nas panelas para derreter – nosso suprimento de líquido para a escalada.

Com o rosto encoberto pela máscara de oxigênio, evitávamos falar e nos concentramos na tarefa vital de nos forçar a consumir o quanto fosse possível de comida e bebida.

Com vários anos de experiência no Himalaia, Al estava escolado na arte de urinar na garrafa deitado de lado. Sem a certeza de que eu não iria ensopar o saco de dormir se errasse, eu preferia a técnica mais segura, ainda que mais dispendiosa em termos de energia, de me ajoelhar para urinar.

Os minutos passavam e com eles veio outra exigência corporal assustadora.

– Preciso cagar.

– Eu também. – Al estava na mesma situação.

A idéia de colocar as botas e sair no vento noturno congelante era extremamente deprimente. Só de pensar já era desanimadora e cansativa.

– É melhor fazer agora – Al aconselhou. – Nada de deixar para depois. Não há por que carregar um peso extra. Além disso, se você está se cagando agora, imagine o que vai acontecer quando chegar ao Segundo Escalão.

Como um consumidor voraz de livros de escalada no Himalaia, nunca entendi a obsessão dos montanhistas de alta montanha pelas funções corporais. Afinal, o que isso tinha de mais?

Levamos quase 15 minutos para nos preparar para sair da barraca. Levar as garrafas de oxigênio não era uma opção prática. Passando com cuidado para não tropeçar nos fogareiros, engatinhei para a frente da barraca. Ao fazer isso, esbarrei em uma garrafa de oxigênio vazia que rolou para fora. Ela caiu na encosta gelada e ganhou velocidade. Ouvimos um som metálico quando ela bateu nas rochas por duas vezes e depois sumiu de vista rolando pela Face Norte para parar no glaciar, algumas centenas de metros abaixo.

Erro.

Andando com dificuldade pela encosta gelada, percebi que estava fazendo algo extremamente estúpido. Devia ter colocado os grampões e pegado a piqueta. Um escorregão bastava para eu seguir a garrafa de oxigênio pela Face. Com um arrepio, lembrei que foi exatamente isso que acontecera com um dos escaladores taiwaneses que tinha caído no lado sul há alguns dias.

Encontrei uma saliência estreita e dei um jeito de abaixar o macacão e as roupas térmicas. Com os músculos da perna doloridos, fiquei agachado por um tempo que pareceu uma eternidade, esbaforido. A alguns metros, Al fazia o mesmo. Nada mais constrangedor a 8.300 metros.

A partir do Colo, eu começara a sentir muita dor sempre que precisava evacuar. Dessa vez foi muito pior, enchendo meus olhos de lágrimas. Todo o meu sistema estava ressecado, parecia que eu ia rasgar por dentro.

– Al, parece que vou ter um filho.

A resposta foi um grunhido.

Com a dor veio o sangue – uma quantidade razoável. Não pensei nas conseqüências disso, colocando-a na lista de doenças dos escaladores, embora tivesse certeza de que eu não tinha nenhuma delas.

De volta à barraca, coloquei a máscara de oxigênio e respirei avidamente o ar puro. No calor dos sacos de dormir, coloquei as mãos sobre as axilas para descongelar, outro processo surpreendentemente doloroso.

Al voltou.

– Você está bem?

– Tudo bem – respondi sem querer dizer como realmente me sentia. Quase vomitando, com uma dor de cabeça dilacerante, agora eu sabia por que uma ida ao banheiro a mais de oito mil metros inspirava tanto terror nos montanhistas.

Al colocou mais alguns blocos de neve nas panelas e se encolheu no seu saco de dormir para recuperar um pouco do precioso calor. Eu só consegui entender suas palavras abafadas:

– Meus pés estão congelados.

Lá fora, dava para ouvir os três xerpas preparando seu equipamento. Gyaltsen atravessou o campo de neve e gritou na direção da nossa barraca.

– Duas horas. Você pronto?

– Precisamos de mais um chá – Al respondeu. – Vamos ficar mais meia hora.

Os outros dois xerpas, Lhakpa e Mingma, juntaram-se a Gyaltsen do lado de fora de nossa barraca. Começaram a organizar as garrafas de oxigênio que estavam sistematicamente empilhadas.

– Não podemos sair com os dedos das mãos ou dos pés congelados – Al me disse. – Eles precisam estar bem quentes ou vamos acabar perdendo todos eles.

Tirei os pés da bota interna e os massageei para acabar com a dormência. Os dedos menores pareciam mais lisos ao toque, como se a pele estivesse mais fina que antes.

Às 2h30, fortalecidos pela última caneca de chocolate quente e alguns pedaços de chocolate, estávamos do lado de fora da barraca com grampões e polainas de neoprene. Sobre os macacões de plumas que nos faziam parecer bonecos da Michelin, vestimos o corta-vento vermelho com a cadeirinha ajustada por cima de tudo. Os movimentos ficavam bem restritos por causa da espessura da roupa apropriada e eu precisei que Al fechasse a fivela da cadeirinha para ela se ajustar bem à minha cintura.

Arrumamos as mochilas para transportar as garrafas de oxigênio. Como qualquer outra pequena peça do quebra-cabeças de sobrevivência em alta montanha, isso exigia atenção aos mínimos detalhes. A garrafa de oxigênio tinha que ser transportada na vertical. Se ela tombasse, o tubo de oxigênio podia ser pressionado e interromper o suprimento. Como eu já havia testado meu sistema no Acampamento-base, enrolei o isolante do saco de dormir e o coloquei na mochila. Posicionada dentro do rolo, a espuma mantinha a garrafa de oxigênio na posição certa e a válvula livre.

Ainda havia a vantagem de que, se fosse necessário montar um bivaque por qualquer motivo, o isolante seria de grande valia.

Conferi mentalmente a lista de itens enquanto guardávamos os últimos equipamentos. Óculos de neve no bolso do macacão. Óculos de reserva em outro bolso. Lanterna com duas lâmpadas e pilha de reserva. Garrafas de água de dois litros cheias de isotônico energético. Rádio. Comida – chocolate e bolinhos. Câmera fotográfica com filme. Kit de reparo dos grampões. Mosquetão reserva. Descensor. Jumar.

– Onde você pôs as bebidas? – perguntou Al.

– Na mochila.

– É melhor colocá-las dentro do macacão, junto à pele.

Fiz o que ele disse e coloquei uma das garrafas plásticas dentro do macacão, logo acima da cadeirinha. Os xerpas já estavam prontos. Meu cérebro repassou uma lista em busca de algum item esquecido, algo muito pequeno que poderia colocar o ataque ao cume por terra.

Nada faltando. Tudo pronto.

Sem dizer nada, demos as costas para as barracas e começamos a escalar em meio à noite. Lhakpa ia à frente, com Mingma e Gyaltsen atrás, depois Al e por último eu.

Depois do suspense e da tensão da preparação, era um alívio estar em movimento. Para mim, aqueles primeiros passos tiveram um quê de épico. Eu sabia que nossa situação era incrivelmente privilegiada – uma situação invejada por milhares de montanhistas que dariam um olho para fazer parte dela.

Saímos do Acampamento 6 no horário previsto, enquanto a Face Norte vislumbrava uma noite perfeita. Tínhamos líquidos, comida e o suprimento de oxigênio adequado, além da assistência de três xerpas fortes. Nosso equipamento foi testado, estávamos na melhor forma possível considerando que estávamos acima dos oito mil metros, sem doenças ou ferimentos graves.

Não podia ficar melhor. A "janela" estava aberta. Pela primeira vez, dei-me ao luxo de achar que íamos conseguir. Se continuássemos com sorte.

No mesmo momento da nossa partida do Acampamento 6, Reinhard morreu, como soubemos depois pelo escalador húngaro que ficara na barraca com ele.

Os xerpas estabeleceram um ritmo forte nos primeiros campos de neve acima do acampamento. Al conseguiu acompanhá-los com facilidade, mas eu logo fiquei para trás. O tênue facho de luz da lanterna, tão forte dentro da barraca, agora parecia insuficiente, iluminando um trecho ridiculamente curto de neve.

Ao alcançá-los, concentrei-me em observar os grampões dos pés de Al quando entravam na neve. As condições variavam com uma rapidez incrível. Com freqüência, a neve cedia, nos afundando em algum buraco escondido.

Logo aprendi a não confiar na lanterna, que criava um efeito de túnel. Ele confundia os olhos lançando sombras de profundidade desconhecida. Rochas podiam ser maiores do que pareciam. Não dava para avaliar os buracos na neve. Era difícil julgar as distâncias. Será que a lanterna do Lhakpa estava dez metros à frente ou seriam cinqüenta? Eu não sabia.

Atravessamos várias plataformas de barracas antigas, abandonadas por expedições anteriores. Todas elas com o tecido corroído, estacas quebradas, cheias de garrafas de oxigênio vazias. Um pacote de comida ficou preso em um dos dentes do meu grampão e foi arrastado até que o barulho incomodou o suficiente para eu removê-lo.

Em cada um desses locais em ruínas, Al, o detetive da montanha, parava um pouco, apontando sua lanterna para o que sobrara. Mesmo agora, no meio de nosso ataque ao cume, seu fascínio por esses lugares era aguçado como sempre.

A escalada continuou, passo a passo, até o campo de neve que conduzia ao terreno muito mais exigente da Franja Amarela. Bem ciente de nosso suprimento limitado de oxigênio, tentei me concentrar em normalizar minha respiração. Aprendi em um treinamento de mergulho como é fácil desperdiçar ar.

Mas a superfície da Face Norte é mista, com escarpas e em composição. Campos de gelo inclinados dão lugar a lajes rochosas mais superficiais. Áreas rochosas mais difíceis acabam em longas travessias. Estabelecer um ritmo respiratório é praticamente impossível. Na maioria das vezes, eu ficava arfando e ofegando muito, e não havia nada a fazer a respeito.

Uma hora depois percebi que me sentia melhor. A dor de cabeça e a náusea passaram com o esforço físico concentrado na escalada. Sentia os pés e as mãos quentes e o peso da mochila não incomodava como eu pensara a princípio.

Ao chegar ao fim do maior dos dois campos de neve, deparamo-nos com a primeira rocha nua. Observei horrorizado enquanto a luz fraca das lanternas dos três xerpas começou a subir pelo que parecia ser uma parede vertical. Certamente, era uma ilusão de ótica, não era? Nunca ouvira falar de uma escalada mesmo antes da Crista. Mas ali, parado na frente da rocha, meu coração parou. Ela era íngreme. Muito íngreme. Eu não tinha experiência alguma em escalada noturna e o medo me dava um frio na barriga.

Estávamos prestes a superar a Franja Amarela.

Pior, tínhamos que escalar a rocha com os grampões. É como tentar subir uma escada com pernas de pau. As pontas afiadas dos grampos funcionam como uma plataforma incômoda, impedindo qualquer contato do pé com a rocha. O uso de grampões na rocha aumenta muito o risco de se perder o apoio ou torcer o tornozelo. Em um lugar mais apertado, onde os pés precisam se mover mais próximos um do outro, o risco é ainda maior. Um grampo pode enroscar na polaina de neoprene do outro pé, um erro que fatalmente acaba em uma queda perigosa.

Em outras montanhas, teríamos parado para remover os grampões, mas ali isso estava fora de cogitação. Na Face Norte do Everest, tirar os grampões a cada transição de neve para rocha significa perder um tempo precioso e arriscar o congelamento certo das mãos.

Parei para um descanso rápido enquanto os outros já escalavam a rocha. Desliguei minha lanterna para meus olhos se acostumarem à escuridão. O céu estava praticamente todo limpo, mas eu não via nem sinal da lua. A única iluminação vinha das estrelas, que eram inebriantes como eu nunca tinha visto. A torre de massa do Changtse agora estava abaixo de nós e eu só conseguia ver as curvas sinuosas de sua crista acanelada.

Mais abaixo – milhares de metros abaixo – dava para ver os grandes glaciares refletindo o cinza metálico das estrelas contra as sombras mais obscuras das paredes de seus vales profundos. Todo o Tibete se esparrama sob nós e não se via nenhuma luz elétrica.

Tirei os *mittens* de Gore-Tex para manusear a máscara de oxigênio. O gelo estava começando a obstruir a válvula de admissão frontal. Arranquei com cuidado a pedra de gelo.

Então, com o estalar e arranhar metálico dos grampões na rocha, comecei a escalar. A via subia por uma série de plataformas, ligadas umas às outras por pequenas fendas. Era um trabalho duro que envolvia um trabalho duro de pernas e braços para subir degraus desconfortavelmente altos. Por mais de uma vez precisei enfiar o joelho em uma fenda para conseguir apoio ou me retorcer num movimento de balcão sobre meu estômago.

– Este deve ser o Primeiro Escalão – gritei para Al, mas ele não respondeu, e horas depois, quando chegamos ao verdadeiro Primeiro Escalão, percebi que eu errara feio.

Chegamos a uma plataforma e descansamos alguns minutos antes de começar a próxima seção.

A escalada estava cheia de cordas deterioradas. Algumas estavam esgarçadas, outras torcidas por causas desconhecidas, outras desbotadas por causa da exposição à intensa radiação ultravioleta naquele lugar a mais de oito mil metros. Al organizou todas elas com um olhar profissional, murmurando sob sua respiração.

Depois de escolher a melhor delas em meio a um grupo de cordas ruins, Al atrelou seu jumar e começou a subir, deslizando a alça do ascensor a cada movimento. Esperei que ele ganhasse altura e então o segui. Os grampões faziam de cada movimento um pesadelo, pois tinham que ficar espremidos nas fissuras ou apoiados nas saliências para servir como alavanca. Com freqüência, eu ficava com os pés balançando no ar buscando um apoio, as pontas de metal ralando a rocha e produzindo minúsculas britas.

Uma barragem constante de pequenas pedras, e de vez em quando pedras do tamanho de um punho caíam de onde os xerpas estavam escalando. Normalmente, até o escalador mais descoordenado consegue evitar isso, mas lá cada pé posicionado pode produzir detritos. Nossos ouvidos logo se acostumaram a adivinhar o tamanho do míssil assim que ele se soltava da rocha.

– Pedra! – Uma rocha lisa, do tamanho de uma maleta, deslizou pela Face e desapareceu na mais profunda escuridão.

Depois de 60 ou 70 metros de ascensão, cometi meu primeiro erro. Ao fazer força para erguer meu corpo apoiando o pé em uma rocha saliente, o grampão escorregou de repente, perdi o equilíbrio e bati o joelho direto em uma saliência pontiaguda. O macacão amorteceu bem o impacto, mas mesmo assim levei vários minutos para me recompor enquanto via estrelas por causa da dor.

Nessa queda, como várias outras vezes, a corda segurou todo o peso do meu corpo.

Outros 20 metros de ascensão e cheguei ao ponto de ancoragem da corda pela qual eu escalava. Mirando a luz da lanterna no ponto de fixação, mal pude acreditar no que vi. Minha linha da vida estava presa à Face por um único e enferrujado pitom metálico que fora fixado inabilmente em uma fenda.

Por curiosidade, testei a firmeza do ponto de ancoragem com minha mão. Ele se mexeu. Um leve puxão foi o suficiente para o pitom sair. Fiquei olhando atônito para ele por alguns segundos, sem crer que aquela proteção ridícula fora capaz de segurar minha última queda.

Durante toda a expedição, saber que existiam cordas fixas nas partes rochosas mais técnicas tinha sido uma garantia. "Depois do Acampamento 6, você já tem as cordas fixas" era o mantra que todos repetiam, o que implicava que isso proporcionava alguma segurança. Naquele momento assustador quando o pitom saiu da fenda, perdi toda a fé nas cordas fixas.

A inclinação diminuiu e encontrei Al e os três xerpas esperando por mim. Assim que cheguei, continuaram subindo uma série de degraus cortados na neve desgastada pelo vento. Na escarpa seguinte, novamente Lhakpa liderou a escalada nas rochas. Escalando com força e num ritmo estável, a luz de sua lanterna logo desapareceu de vista.

Eu tinha um favor a pedir.

– Al, você pode me deixar ir primeiro? Não me agrada ficar para trás.

– Tudo bem. – Al se soltou da corda e me deixou passar. Foi um gesto generoso que me deixou muito feliz.

Comecei a subir a seção seguinte bem mais confiante com Al atrás de mim, no fim da fila da corda. Parte disso era um fator psicológico e em parte se dava à ajuda prática que ele me dava com a luz de sua lanterna. Percebi que eu me movia com mais facilidade e precisão.

Como em qualquer lugar do Everest, a rocha era quebradiça e nada confiável. Agarras aparentemente firmes esfarelavam facilmente, pedras se soltavam com o peso de uma perna e uma grande quantidade de pedras minúsculas parecia estar sempre em movimento.

A poucos centímetros da minha mão, uma pedra do tamanho de uma lista telefônica brotou na escuridão. Com um forte impacto, foi despedaçada em centenas de partes, caindo sobre mim como uma chuva de pedras. Ouvi quase simultaneamente o grito de alerta de Mingma vindo do alto. Vi sua lanterna iluminando a Face.

– Você ok?

– Ok. – Continuamos a subir.

Nesse momento, eu não tinha a menor idéia de onde estávamos na Face. Do Glaciar Rongbuk, a distância do Acampamento 6 até a Crista Nordeste não parecia grande. Na verdade, como eu estava descobrindo, trata-se de uma escalada considerável. Já fazia horas que havíamos saído do acampamento e para meu corpo parecia que tinha sido um dia inteiro de muito trabalho.

Ainda não havia o menor sinal do amanhecer. Comecei a desejar os primeiros raios de luz.

Estávamos começando o que eu imaginei ser a última parte da Franja Amarela – uma escalada mais íngreme pela falha erodida da camada rochosa. Começava com uma rampa de um metro ou um pouco mais que dava em uma plataforma; mais uma ocasião em que não havia outra opção a não ser confiar em uma corda fixa. Em seguida, com os grampões infernais arranhando de modo terrível a rocha, caminhamos com dificuldade por cerca de mais 30 minutos, parando a cada cinco minutos para respirar.

Ao olhar para trás por um instante, vi que Al estava escalando livremente aquela parte. Como eu, ele também não confiava nas cordas fixas, mas, ao contrário de mim, ele sabia como escalar sem cair.

Com o piso cada vez mais irregular, começamos outra travessia para a direita, cruzando um campo de neve suja. Uma corda vermelha brilhante fora estendida em toda a sua extensão – a segurança mais nova que eu vira até aquele momento. Enquanto me prendia nela, fiquei imaginando quem a teria fixado: os indianos ou talvez os japoneses?

A linha seguia até uma fenda e depois entrava em um platô rochoso inclinado, do tamanho de uma quadra de tênis. Ao cruzá-lo, percebi que tínhamos concluído a primeira fase da escalada.

Os horrores da escalada noturna acabaram assim que demos os últimos passos na Crista Nordeste. O paredão quebradiço da Franja Amarela foi mais íngreme, mais complexo e muito mais exigente do que eu imaginara. Escalar aquela área no escuro, contando apenas com a luz fraca da lanterna, fora um pesadelo.

Agora que os primeiros raios de luz do dia iluminavam nossa rota pela Crista, cheguei ao topo e desliguei a lanterna. Se tudo corresse bem, chegaríamos ao cume dentro das próximas seis horas.

Os três xerpas estavam curvados, apoiados nas piquetas, parecendo alienígenas com os óculos de proteção e as máscaras de oxigênio. Eles tinham mantido um ritmo pesado durante a escuridão e agora descansavam enquanto esperavam Al se juntar a nós na crista.

Um dos xerpas, Lhakpa, já estivera no cume, mas eu sabia que os outros nunca tinham chegado tão alto. Todos tinham estalactites penduradas na parte inferior das máscaras de oxigênio, onde o vapor exalado congelava gota a gota, por vários centímetros. Mingma tinha problemas com a máscara. Fiquei olhando enquanto ele a tirava para desentupir o tubo e lembrei que os médicos da expedição tinham avisado que poderia levar apenas trinta minutos para ficarmos inconscientes se houvesse algum problema com o suprimento de oxigênio.

Meu oxigênio ainda não tinha parado, mas a concha dura da máscara estava afundando e assava a pele, bem na ponta do meu nariz. Eu a afastei um pouco para aliviar a irritação. Em seguida, aspirando fundo o oxigênio, rezei para que isso não me abalasse.

O dia trouxe de volta o vento, nosso maior inimigo. Enquanto Al caminhava com cuidado em nossa direção, as primeiras rajadas do dia começavam a soprar pela Face Norte, levantando uma nuvem de cristais de gelo. Enquanto esperávamos Al recuperar o fôlego, andei cautelosamente pela crista e olhei para o precipício que era a Face Kanshung, a ocidental.

Poucos lugares na Terra tinham uma visão mais assustadora. Vista daquele ponto privilegiado, a Face Kanshung era uma parede de gelo perpendicular de 3.048 metros sob meus pés, tão íngreme que era quase vertical. Amplos campos de gelo – glaciares suspensos – pendiam precariamente das paredes. Era profundamente recortada por fissuras e gretas frágeis. Não era difícil imaginar a Face inteira – todos os seus bilhões de toneladas de gelo – desistindo de lutar contra a gravidade e despencando em uma avalanche sobre os vales lá embaixo.

Quando Mallory viu pela primeira vez a Face Kanshung durante a expedição britânica de reconhecimento de 1924, ele a declarou impossível de ser escalada. Preferiu deixá-la "para outros menos sábios". Agora, olhando para a Face abaixo, eu entendia perfeitamente o que ele quisera dizer. O fato de logo depois ela ter sido escalada – e por várias rotas diferentes – parecia uma conquista inacreditável.

A Face Kanshung é lar e a mãe de vários ventos curiosos. Com o nascer do dia, um desses ventos começava a soprar. Enquanto eu admirava a Face, uma massa ondulante de cristais de gelo se movia verticalmente na minha direção. Era como olhar para baixo diretamente na abertura da torre de resfriamento de uma hidrelétrica. Era a ponta do "rotor" maciço que o Everest produzia constantemente a partir dos fortes ventos tibetanos vindo do noroeste. À medida que os cristais de gelo subiam para a crista, eram soprados para o sudeste formando um penacho implacável que podia chegar a 48 km/h.

Poucas pessoas faziam o cume quando havia o penacho estava a postos. Lhakpa gritou algo para mim que quebrou meu encanto e eu voltei para o grupo.

Nossa escalada pela Crista mesmo estava prestes a começar. De onde estávamos, o caminho parecia extremamente complicado: um emaranhado de ziguezagues, depressões e escalões rochosos. Dois deles, o Primeiro Escalão e o Segundo Escalão, são considerados os maiores obstáculos da rota pela Face Norte, mas era a extensão da inclinação da Crista que mais me preocupava.

Em Londres, conheci Crag Jones, um dos quatro escaladores ingleses que chegaram ao cume do Everest pela Face Norte. Estávamos em uma cafeteria do Soho tomando um cappuccino enquanto Crag cerrava os punhos e levantava as mangas para mostrar seus músculos de Popeye e as veias da espessura de uma corda de escalada.

– O Primeiro e o Segundo Escalão *são* problemáticos – ele me disse –, mas você tem que se preocupar com o tamanho da Crista. Quando você chega à Crista, precisa ter consciência de que pode levar outras doze horas de escalada até voltar ao Acampamento 6, incluindo a passagem pelo cume. Doze horas. É um dia muito longo.

De onde eu estava, Crag tinha razão. O dia já parecia muito longo e havíamos percorrido apenas uma ínfima parte da rota. Lhakpa veio em minha direção e gritou, com a voz abafada pela máscara:

– Vamos andar rápido. Bem rápido. Ok?

Ele bateu no pulso para indicar que as horas estavam passando. A 8.600 metros, éramos os seres humanos no ponto mais alto do planeta e morríamos um pouco mais a cada hora. Na Zona da Morte, é preciso ser rápido para continuar vivo.

Em plena luz do dia, seguimos pelas cordas de segurança, com cordas esgarçadas que serpenteavam pela Crista, legado das expedições anteriores. Deixar a escuridão para trás reacendeu meu otimismo. Sentia-me forte.

Trinta minutos depois, circulamos uma pequena falésia e encontramos o primeiro escalador indiano morto. Sabíamos que os corpos dos três indianos ainda estavam na Crista, onde haviam morrido há alguns dias, porém, ridiculamente, eu me esquecera completamente disso.

Ali estava o primeiro corpo, estirado parcialmente sob o abrigo de uma pedra saliente e envolto em um círculo quase perfeito de neve levada pelo vento.

Al gritou pela máscara:

– Deve ser um dos indianos.

Tínhamos que passar por cima de suas pernas esticadas para continuar pela Crista.

Os xerpas pararam lado a lado, parecendo presos ao chão pela visão do homem morto. Suas cabeças estavam curvadas, como em oração; ocorreu-me depois que talvez eles estivessem mesmo rezando.

Senti uma vontade quase irresistível de olhar para o rosto do escalador morto. Qual seria a expressão do rosto nos últimos instantes de vida? Terror? Um sorriso? (Dizem que as pessoas que morrem devido ao mal da montanha têm uma ilusão de bem-estar na fase terminal.)

Mas sua cabeça estava enfiada na saliência, o pescoço curvado, de modo que seu rosto estava virado para a rocha. Tudo que eu conseguia ver era a beirada da máscara de oxigênio. Da máscara saía aquele precioso tubo, fonte de vida, por onde passava o oxigênio da garrafa que estava em pé apoiada na rocha. Era laranja, uma garrafa russa, como as nossas.

Usando a piqueta como apoio, abaixei para dar uma olhada melhor no marcador na parte de cima da garrafa. É claro que ele marcava zero. Mesmo se ele tivesse morrido antes de a garrafa esvaziar, o ar continuaria saindo, sendo lançado na atmosfera até o fim do cilindro.

Ele usava poucas roupas, apenas um casado leve de *fleece*, ceroulas azuis de Gore-Tex de escalada e um par de botas plásticas amarelas semelhantes às nossas. Sua mochila estava perto, vazia. Fiquei pensando nisso por um momento. O que acontecera com seu equipamento de alta montanha? Seu macacão de plumas? Seus *mittens* de Gore-Tex? Sabíamos que a equipe indiana estava bem equipada. Só restavam duas possibilidades: ele tinha se livrado de tudo durante os delírios da fase terminal ou alguém roubara os pertences do cadáver.

De certo modo, achei mais fácil imaginar o primeiro cenário.

A tragédia da equipe indiana era fundamental para meu filme. Seduzidos pelo chamado do Everest, eles se forçaram a ir muito além de seus limites de resistência e não guardaram forças para descer sob as condições cada vez piores que antecederam a grande tempestade. A causa de sua morte fora a febre do cume.

Mesmo com as filmadoras à mão para gravar a realidade de nossa escalada, não consegui reunir coragem para filmar o homem morto que jazia pateticamente a nossos pés.

Eu sabia que a ITN e o Canal 4 iam querer essa representação mais gráfica do Everest como um assassino, mas eu não conseguia. Até as vítimas da guerra normalmente têm uma sepultura, mesmo se forem atropeladas por um tanque. O escalador indiano ia ficar exatamente onde estava agora, congelado por toda a eternidade. Seu túmulo era o mais deprimente que se podia imaginar, e pensar que seus familiares e amigos pudessem ver essa realidade era demais para mim.

Ao passar por cima das pernas do cadáver para continuar pela crista, cruzamos uma linha invisível na neve – e uma linha invisível de compromisso em nossas mentes. A altitude é um assassino oculto. A Zona da Morte não é lugar para a vida humana, nem para qualquer outra vida, e, ao passar por aquele corpo, tomamos a decisão consciente de nos aprofundar ainda mais nessa região. Aquele corpo foi o lembrete mais gritante que podíamos receber de que a partir daquele momento nossas vidas dependiam de nossos equipamentos, de nossa força e de nossa sorte.

Pairava uma sensação irresistível de que o indiano se encaixava perfeitamente naquele lugar, enquanto nós, por estarmos vivos, éramos os invasores. Todos os lugares acima dos 8 mil metros pertencem aos mortos, já que não é possível manter nenhum tipo de vida ali. Preso no meu macacão enorme como um astronauta, respirando com a ajuda do aparato mecânico do sistema de oxigênio, pela primeira vez eu me senti como um alienígena no meu próprio planeta.

Nosso ataque à Crista continuou.

Às 7 horas, chegamos ao Primeiro Escalão. Com cerca de 20 metros, ele era mais alto e exigia mais escalada do que eu imaginara. Ofuscado pela parede maior do Segundo Escalão, costuma ser tratado como um obstáculo insignificante, mas, ao olhar para cima com meus óculos de neve que começavam a formar uma camada de congelamento por dentro, ele parecia bem assustador.

Não era possível tirar os grampões a cada mudança de terreno porque removê-los e depois recolocá-los daria margem para os dedos congelarem (a temperatura estava em torno de 37 graus negativos naquele ponto), além do tempo perdido.

Os três xerpas foram primeiro e eu logo depois. Por cerca de três metros, a rota subia por uma fenda cheia de gelo pelo lado esquerdo da parede. Em seguida, uma travessia por uma plataforma rochosa e uma passagem difícil entre dois matacões arredondados. Encaixei as pontas metálicas frontais dos grampões em uma pequena fenda da pedra e empurrei, colocando todo o meu peso nessa agarra minúscula.

Parei alguns instantes para recuperar o fôlego antes do movimento cansativo e então ataquei o *crux*.

O movimento exigiu um pouco de equilíbrio que eu teria conseguido sem problemas no nível do mar. Mas ali, com roupas que reduziam a sensibilidade do contato com a rocha e o risco de uma queda de 2.438 metros pela Face Norte como castigo pelo erro, eu o achei bem heróico.

Prendi o came do jumar o mais alto que consegui naquela que parecia ser a melhor das cordas que pendiam distraidamente pelo *crux*. Isso me deu uma sensação de segurança, mas ela era mais psicológica que real. Na verdade, uma queda deixaria o infeliz escalador balançando impotentemente no espaço aberto sob a parte projetada da parede. Considerando que a corda resistiria ao peso.

Ao entrar nessa posição totalmente exposta, passei minha perna pela beirada lisa da crista e finquei o pé na agarra que, felizmente, me esperava do outro lado. Eu tinha que sentir sua segurança em vez de vê-la, já que a perna estava fora do meu campo de visão.

Minha mão esquerda tateava instintivamente em busca de uma agarra mais acima. A tentativa de me segurar em uma possível agarra literalmente desmoronou e eu joguei fora um pedaço de rocha do tamanho de um maço de cigarros, que sumiu Face Norte abaixo.

Pouca gente é capaz de imaginar que o Everest seja uma montanha quebradiça. Ele parece feito de granito, mas na realidade é calcário esboroável, a pior rocha para se escalar em qualquer altitude.

Travando meu punho na saliência acima da minha cabeça, pus todo o meu peso no pé fora de visão. Então joguei o corpo para a segurança do outro lado.

Lhakpa estava me esperando ali. Ele fez um sinal positivo com o dedão, e eu respondi da mesma forma. Mais um obstáculo superado. Mais um passo rumo ao cume.

11

Definitivamente, o vento estava aumentando e nós estávamos apenas na metade da Crista. Começamos a acelerar. A rajada de cristais de gelo proveniente da Face Kanshung se espalhava ainda com mais força à nossa esquerda, um sinal que não devíamos ignorar. Toda vez que paramos para recuperar o fôlego, eu olhava para o norte, a direção de onde poderia vir uma tempestade. Muitas nuvens vinham rapidamente em nossa direção, mas nada que fosse muito ameaçador até aquele momento.

Eu estava tão concentrado na escalada que esquecera a câmera fotográfica. A pequena Olympus estava com uma bateria nova em folha e um rolo inteiro de filme. Mirando pelo visor, fiz duas fotos do terreno à nossa frente e uma de Al. Depois nos apressamos.

Em vários pontos, a rota nos conduzia à beirada íngreme da Crista. Era necessário cronometrar a investida pelo gelo para desviar das rajadas de vento. Nunca consegui imaginar como era possível um escalador ser arrancado da Crista. Naquele momento, eu tinha plena consciência dessa possibilidade. Uma das hipóteses para as mortes de Mallory e Irvine alega que eles foram arrancados dela e caíram pela Face Kanshung – talvez seus corpos, ou seus espíritos, estivessem por perto.

Uma parte particularmente arrepiante da Crista, de apenas alguns metros, implica descer o que parece ser uma cornija de gelo esfarelado e solto cortado por uma greta. Os xerpas, mais leves e ágeis que nós, passaram com facilidade. Eu dei cada passo com o coração na boca, esperando que, a qualquer momento, a cornija ia ceder e me deixar pendurado sobre a Face Kanshung.

O gelo agüentou.

Às 8h30, chegamos ao Segundo Escalão. O escalão é um outro paredão, mais íngreme e duas vezes maior que o primeiro. Não havia como desviar. O negócio era escalar.

Nos anos 1980, uma expedição chinesa fixou uma escada leve de escalada na parte mais difícil da escalada. Ela fora destruída por uma das últimas tempestades e os escaladores indianos e seus xerpas instalaram uma nova. Fiquei bem mais confiante por saber da existência da escada. Qualquer pessoa consegue subir uma escada, não é? Na minha cabeça, ela diminuía a dificuldade do Segundo Escalão.

Na realidade, a escada que até então eu considerava uma ajuda propícia estava prestes a se revelar um problema considerável.

No sopé do Segundo Escalão, aconteceram dois imprevistos: o primeiro foi eu descobrir que meus dois litros de suco, preparado pacientemente com gelo derretido na noite anterior, no Acampamento 6, estavam completamente congelados. Naquele momento, pareceu um inconveniente. Mais tarde, percebi da pior forma possível a gravidade do fato.

Al conferiu as garrafas dele. Também estavam congeladas. Nenhum de nós teria uma única gota de líquido durante todo o dia. Muitos montanhistas experientes de alta montanha teriam voltado daquele ponto.

O segundo foi quando Al se apoiou em mim para falar.

– Abra minha mochila. Aumente o oxigênio para quatro litros por minuto.

Ele virou de costas para mim. Tirei os *mittens* e, usando só as luvas internas, abri as fivelas da mochila para acessar o regulador. Fazer isso dentro da mochila era difícil. Regulei a válvula até aparecer 4 e fechei a mochila.

Al estava bombeando o dobro de oxigênio que eu, que estava usando dois litros por minuto. Eu compreendia seu desejo por mais gás para subir o Segundo Escalão, mas mesmo assim seu pedido me surpreendeu. Ambos conhecíamos o risco de uma grande quantidade de oxigênio. O suprimento acabaria na metade do tempo normal e, com o corpo ajustado para trabalhar com um nível mais alto, você fica arrasado quando ele acaba.

– Ok. Quatro – gritei para ele. Por um breve momento, tive a impressão de ver mais que cansaço no modo como Al se movia. Será que ele estava com alguma dificuldade que não queria contar?

Para se ter uma idéia de nossa crescente desorientação, nenhum de nós pensou em se livrar dos dois litros de líquido congelado. Estávamos escalando com dois quilos inúteis nas costas a pior parte da rota pela Face Norte.

Os primeiros seis metros foram bem simples. Uma passagem apertada por uma chaminé cheia de gelo levava a uma plataforma com degraus mais fácil, com um banco de neve contra a parede. Usei o jumar para ajudar na ascensão, deslizando o dispositivo o mais alto que meus braços alcançavam e depois puxando onde ele travava na corda. Alguém instalara uma corda de nove milímetros praticamente nova na parte inferior, o que foi de grande ajuda.

Os grampões arranhavam e batiam nos degraus da rocha como as garras de um felino ao tentar, sem sucesso, subir numa árvore. Então surgiu um grande degrau. Tensionei os pés, fazendo pressão contra a superfície ondulada de rochas projetadas à minha direita e, amaldiçoando os grampões, dei um jeito de erguer meu corpo até a plataforma que levava à escada.

Fiquei estático por vários instantes para recuperar o fôlego. Meus batimentos cardíacos mandavam uma quantidade vigorosa de sangue para meu cérebro. Eu sabia que meu pulso estava bem mais alto que em qualquer outro momento da minha vida. Minha respiração era convulsiva e praticamente descontrolada. Por um ligeiro momento de pânico, achei que estava sem oxigênio. Então percebi que ainda ouvia o sibilar do gás e disse a mim mesmo que devia me acalmar.

Eu estava mais ou menos no mesmo lugar onde Mallory e Irvine tinham sido vistos com vida pela última vez por uma luneta do acampamento do Colo Norte. A escalada deles em 1924 fora a mais difícil, e talvez a maior, do esforço pré-guerra de conquista do Everest.

Não havia nenhuma escada para eles no Segundo Escalão. Se tentaram subir, um deles pode ter caído, arrastando seu companheiro para a morte certa. Nunca consegui imaginar o horror desse último momento. Isso até agora, quando eu não tinha dificuldade alguma para imaginar uma queda fatal daquele lugar. Era o ponto mais exposto e perigoso da escalada.

O obstáculo seguinte era a minha amiga escada. Coloquei uma das mãos nela e senti que ela oscilava na Face escarpada à qual estava presa. Sempre imaginei que ela seria sólida. Comecei a subir.

O primeiro problema foram os grampões. As pontas metálicas enroscavam nos degraus ou ralavam na rocha. Sem poder olhar para baixo, com o campo de visão limitado à frente pelos óculos, eu tinha que sentir se meu pé estava no lugar certo.

Meu ritmo respiratório subiu de novo, produzindo um volume maior de vapor emanado pela fresta da máscara e que congelava dentro dos óculos. No meio da escada, eu já estava cego por causa disso e precisei levantar os óculos para conseguir enxergar. Todos tínhamos noção dos perigos do nifablepsia,[10] mas eu achei que podia correr o risco pelos próximos minutos cruciais.

---

10 Nifablepsia – cegueira temporária causada pelo reflexo da luz solar na neve. (N. T.)

A escada estava nitidamente inclinada para a esquerda, fator que, somado ao balanço alarmante sobre a mescla de pitons e cordas que a prendiam, tornou a tarefa de subi-la algo extremamente exigente em termos físicos.

Meus *mittens* de Gore-Tex eram totalmente inapropriados para a situação. Eu mal conseguira prendê-los direito para poder me segurar nos degraus. Mas, já que eu tinha começado com eles, era praticamente impossível removê-los agora, e qualquer proteção a menos certamente faria com que meus dedos sofressem queimaduras causadas pelo contato com o metal congelado da escada.

A escada podia ser qualquer coisa, menos "amiga". Decidi subir logo e sair do Segundo Escalão o mais rápido possível.

Ao alcançar o último degrau, avaliei meu último movimento. Era difícil: uma travessia nervosa que contaria apenas com as forças dos braços. O objetivo era chegar à plataforma que marcava o fim do Segundo Escalão. Para isso, eu teria que segurar em uma coleção de cordas corroídas presas a uma solteira de origem duvidosa. Em seguida, sem apoio para os pés, teria que pressionar a maior quantidade possível de pontas dos grampões contra a Face para então, num movimento fluido, balançar como um macaco para a direita.

No Acampamento-base, eu falara sobre filmar essa parte da escalada quando Brian chegasse nela. Seis semanas depois, a idéia parecia uma grande piada. Primeiro, porque nunca houve a menor chance de Brian chegar até esse ponto; segundo, a idéia de filmar num dos lugares mais letais era a última coisa que me passava pela cabeça. Tratava-se pura e simplesmente de um exercício de sobrevivência.

Ao ensaiar o movimento, percebi que haveria um momento crítico em que meu corpo não teria o apoio da escada nem estaria na segurança da plataforma. Para concluir a escalada do Segundo Escalão, eu tinha, ainda que por meio segundo, ficar pendurado na Face Norte contando apenas com a força dos meus braços.

Eu tentei – e não consegui. Segurando na escada, desci vários degraus para descansar enquanto diminuía meu ritmo respiratório. Sem oxigênio suficiente para alimentar os músculos dos meus braços, eles se cansavam com muita rapidez. Instintivamente, senti que eu teria mais uma ou quem sabe duas chances antes que ficasse tão fraco que tivesse de desistir.

Foram vários minutos até minha respiração se normalizar. Tentei mais uma vez e dessa vez deu certo. Como os dois braços perdiam força rapidamente, puxei meu corpo para cima da plataforma e cambaleei alguns metros pela encosta rochosa na direção do topo.

Dessa nova perspectiva, pela primeira vez foi possível enxergar a pirâmide do cume por inteiro. Nós quatro esperamos Al subir o Segundo Escalão e então prosseguimos.

Durante a hora seguinte fizemos um bom progresso, subindo gradualmente em um terreno misto de neve e rocha. Parei várias vezes para tirar fotografias, mas depois de 15 ou 16 fotos a câmera começou a se comportar de maneira estranha, rebobinando o filme aleatoriamente e não fechando a tampa automática da lente. Na décima sétima fotografia, a Olympus parou de vez e não deu mais sinal de vida sob temperatura abaixo de zero. Só me restava a SLR, já que minha Nikon F3 também sucumbira ao frio ainda no Acampamento 4.

Xingando a falta de sorte, abri meu macacão e coloquei a câmera encostada na camada térmica abaixo do *fleece*, na esperança de que o calor do meu corpo pudesse ressuscitá-la (o que nunca aconteceu). Então peguei a camerazinha amadora de 8 dólares comprada em Katmandu e me dei conta de que esse brinquedinho era o único instrumento à mão para fazer fotos. Na embalagem, o desenho de uma mulher bronzeada de biquíni jogando frescobol. Sentindo-me ridículo, olhei pela mira (basicamente, um buraco no plástico) e fiz a primeira das 12 fotografias disponíveis.

A pane da câmera fotográfica reacendeu um outro pesadelo: será que as filmadoras funcionariam sob ventos a 40 graus negativos? A idéia de elas quebrarem era demais para mim.

Por uma ou duas vezes, olhei para baixo, avistando a crista por onde subíramos. A silhueta de Al, um ponto vermelho vivo por causa do macacão, estava bem para trás. Em algum lugar do meu cérebro louco por oxigênio, algumas conexões ainda funcionavam bem. Al não pedira para eu voltar o regulador para dois litros.

Ele ainda estava subindo usando quatro litros por minuto e estava cada vez mais lento. Por duas vezes tivemos que esperá-lo e novamente quando chegamos ao Terceiro Escalão, onde paramos para descansar.

Nem de longe o Terceiro Escalão é tão difícil quanto os dois primeiros, mas está em um lugar bem alto. Acima dele, o campo de neve íngreme e sujeito a avalanches da pirâmide do cume, a travessia em rocha e então a crista do cume.

Agradecendo o descanso, tirei minha mochila e me sentei, com os calcanhares fincados no gelo para não escorregar. Sentindo a necessidade urgente de ingerir algum líquido, puxei minha garrafa de dentro do macacão onde a colocara, esperando que ela tivesse descongelado magicamente. Claro que ela ainda estava congelada; o que mais eu poderia esperar numa temperatura daquelas?

Por fim, ainda que tardiamente, percebendo como fora imbecil, tirei as garrafas congeladas e as coloquei no sopé do Terceiro Escalão, perto de algumas garrafas de oxigênio abandonadas. Menos dois quilos de carga.

Al estava descansando bem mais abaixo na Crista, onde havia uma área plana. Peguei a câmera e tirei uma foto dele deitado de costas. Não muito distante dali, jazia o corpo do segundo indiano, com o rosto virado para nossa direção e sem sinal algum de dor ou sofrimento em suas feições. Diferente do primeiro corpo, que me chocara quando passamos por ele, desta vez eu não me sentia surpreso na presença do cadáver – um indicador certo de que minha mente estava ocupada com outras coisas.

Depois de um tempo, Al juntou-se a nós e ficamos contemplando as fases finais da escalada. Lhakpa estava cada vez mais preocupado com o clima. O vento estava mais forte e a neve pulverizada da crista do cume praticamente encobria toda a nossa visão do sul. Além disso, começava a correr resoluto, e o uivo sinistro de um vento forte na alta altitude começou a encher o ar.

Subi o Terceiro Escalão atrás dos xerpas e chegamos à inclinação de gelo da pirâmide do cume. Se tudo desse certo, estaríamos no cume dentro das próximas duas horas.

Depois de subirmos uma enfiada de corda no gelo, Lhakpa cutucou meu braço e gritou:

– Cadê Alan? Não tem Alan.

Ao olhar para o campo de gelo abaixo, vi que ele estava certo. Al não tinha aparecido no topo do Terceiro Escalão.

Cada minuto de espera punha em risco nosso ataque ao cume. O clima piorava ainda mais. Os xerpas estavam olhando para mim, aguardando uma decisão. Devíamos deixar Al onde ele estava e torcer para que seu oxigênio fosse suficiente? Devíamos voltar e ver se ele tinha caído e estava machucado na parte de baixo do Terceiro Escalão?

De todas as hipóteses imaginadas, de tudo o que se passou pela minha cabeça como se fosse um filme com a imagem acelerada, nunca me ocorreu a possibilidade de Al ter algum problema. Eu estava confuso e chocado.

Por um tempo que pareceu uma eternidade, mas que deve ter durado não mais que três ou quatro minutos, ficamos olhando para baixo, para a ventania que marcava o topo do Terceiro Escalão. O vento estava tão forte na encosta que nos fazia virar o rosto com as rajadas.

Meu cérebro tentava encontrar respostas para aquela situação e, por sorte, alguns terminais nervosos ainda estavam se conectando. Avaliei as opções e percebi que era pouco provável que Al tivesse caído, afinal ele era muito bom para isso. No mais, ele tinha uma garrafa de oxigênio extra, portanto não havia risco de ficar sem oxigênio. Provavelmente, ele estava descansando ou recolhendo seu equipamento.

Essa era a resposta lógica. Convenci a mim mesmo de que logo ele estaria conosco, no seu próprio ritmo. Com a pausa, meus pés adormeceram. Mexendo os dedos dentro das botas plásticas, podia senti-los congelando. Minhas mãos também, pela primeira vez, começavam a congelar.

Alguma coisa dentro de mim tomou uma decisão.

– Vamos em frente – disse ao Lhakpa. As palavras foram levadas por uma rajada repentina. Ele desceu a encosta para ouvir melhor. Eu não me dei ao trabalho de repetir, só apontei para o cume. Ele ignorou e bateu no pulso, indicando que o tempo era curto.

Ajustei a corda da minha piqueta no pulso e segui os três xerpas pelo gelo escarpado.

Dentro de mim, uma voz protestava timidamente, levantando algumas dúvidas desconfortáveis: Não devíamos voltar para ver o que aconteceu? Você já considerou a possibilidade de que aqui nada é certo e tudo pode acontecer? Al pode ter sofrido um acidente, a válvula do regulador pode ter congelado, um dos grampões pode ter quebrado, a ancoragem de uma das cordas do Terceiro Escalão pode ter soltado.

Ao parar para respirar, olhei mais uma vez para a parte de baixo da face nevada. Ainda nenhum sinal de Al. Continuei escalando.

A lógica tranqüilizadora falou novamente, extinguindo as chamas da dúvida. Relaxe. Ele vai ficar bem. Ele está no próprio ritmo. Ele escalou o K2. Provavelmente parou para fazer as necessidades. Talvez ele não queira fazer o cume conosco e prefira subir sozinho.

Três enfiadas de corda pelo campo de gelo. Olhei para trás de novo. Nada. Continuei escalando rumo à rocha que indicava o fim do triângulo. E desta vez eu não olhei para trás.

Eu cruzara outra daquelas linhas invisíveis na neve. Aquela mesma força que se libertara de sua gaiola dentro de mim lá no Colo agora assumia todo o controle. Eu queria tanto fazer o cume que estava abandonando Al, não importava o que tivesse acontecido com ele.

Naquela última hora, todo o meu ser tinha um único foco: o desejo de chegar ao topo do mundo me consumia. Ele usurpara qualquer preocupação com meu companheiro de escalada, bloqueando a capacidade de questionar meus atos e me transformando em algo pouco diferente de um robô, um pé após o outro, como uma máquina programada.

A febre do cume me pegou de corpo e alma e agora uma nova onda de energia parecia fluir dentro de mim. De repente, vi que eu estava subindo quase sem esforço, tendo que parar somente porque os xerpas à minha frente estavam andando com mais lentidão. Mesmo no meu estado desorientado me ocorreu imaginar de onde vinha esse novo levante. Eu tinha certeza de que naquele momento meu corpo estava próximo da exaustão.

O que exatamente me impulsionava para o ponto mais alto do planeta?

Os xerpas estavam cansados. O ritmo leve de Lhakpa tinha diminuído como uma pilha descarregada. No início da pirâmide de neve, eles descansavam a cada cinco ou seis passos. No topo do largo, depois de quatro enfiadas de corda, só conseguiam dar um ou dois passos antes de descansar.

São 8.750 metros. Faltavam menos de 100 metros de ascensão vertical.

O campo de neve formava um arco, ainda mais íngreme, rumo ao que eu imaginei ser o cume. Mas, em vez de continuar subindo o gelo como eu esperava que ele fizesse, Lhakpa seguiu por outro caminho por trás de outras paredes de rocha que flanqueavam esse contraforte.

Meu coração parou. Mais pedras, e de novo com os grampões.

Na verdade, como eu vi depois de examinar a rota gelada com mais atenção, a parte superior obviamente podia gerar uma avalanche. Detritos recentes de avalanche, blocos do tamanho de carros, espalhavam-se nas redondezas. Escalar a parede rochosa era a opção mais segura, se é que "segura" era a palavra certa.

Primeiro atravessamos outra plataforma estreita, escavada pela erosão numa falha da rocha. Fiz a travessia com cuidado, prendendo-me a uma corda que parecia estar ali há décadas, suspendendo bem o pé direito para não deixar o esquerdo escorregar. Na metade do caminho, cerca de 50 metros, um afloramento exigia uma manobra de equilíbrio para deslizar o corpo em torno de um abaulado e chegar à plataforma do outro lado. Nesse ponto, a corda era friccionada contra a rocha. O vento a reduzira a um fio gasto, com a largura e a resistência de um fio de lã. E quase que com a mesma utilidade para impedir uma queda.

Eu dei risada ao trocar meu pé com os grampões de posição para fazer o movimento.

A queda abaixo era a mais íngreme até agora. Já havíamos cruzado toda a Face e agora estávamos quase exatamente embaixo do cume, bem à direita do Grande Corredor. Pequenas pedras e fragmentos de rochas que inevitavelmente se soltavam a nossos pés não quicavam montanha abaixo como antes, elas simplesmente despencavam no abismo até sumir de vista.

Com o rosto colado na rocha, jogando meu peso na mesma direção para evitar a queda, superei o obstáculo centímetro a centímetro e no final parei para descansar, ofegante. Só então percebi que tinha prendido a respiração durante o movimento. Minha vista escureceu e tive a sensação de que ia desmaiar enquanto me esforçava para deixar o oxigênio entrar no meu corpo. Recuperado, continuei pela plataforma decadente. Eu achava que estava progredindo mais rápido que os xerpas, mas eles já haviam feito o contorno e eu não podia mais vê-los.

No final da travessia, a rota subia abruptamente por uma série de plataformas semelhantes àquelas pelas quais passamos quando ainda estava escuro. Usei meus braços para erguer meu corpo sempre que possível, ainda relutante em colocar todo o meu peso sobre os grampões.

Em uma dessas plataformas, minha solteira enroscou em um pedaço de corda velha e interrompeu o movimento no meio do caminho. Tive que voltar para a plataforma e me equilibrar antes de desenroscá-la e prosseguir.

Depois de cerca de 20 minutos de escalada, chegamos às encostas mais altas do campo de neve da pirâmide do cume, tendo suplantado a parte mais sujeita a avalanches e subido algo em torno de 50 metros.

Enquanto isso, o vento aumentou de novo. A crista de neve e o céu estavam repletos de um emaranhado de nuvens formadas pelo gelo carregado pelo vento. O vento era instável, soprando em rajadas imprevisíveis. Acima a visão era mais assustadora, com uma massa circular de partículas de gelo rodopiando como um tornado em miniatura acima do que eu presumi fosse o cume, a meros 20 metros de nós.

Encontramos algum abrigo sob a cobertura de um afloramento rochoso e esperamos ali para recuperar o fôlego para o ataque final. Tão perto do cume, eu mal conseguia esperar. Uma onda de paranóia me atingiu; eram só mais alguns minutos, e se algo nos impedisse de chegar lá no último instante?

Lhakpa olhou de novo seu relógio e falou com Gyaltsen. Não consegui ouvir o que ele disse, mas, no meu estado paranóico, já imaginei uma discussão sobre o perigo do vento no topo, chegando à conclusão de que era melhor voltar.

Então meus sentidos voltaram ao normal e entendi de onde vinha essa loucura: eram os sinais sutis do mal da montanha, do qual pensamentos irracionais são a primeira fase. Desde que havíamos partido do acampamento, oito horas antes, eu não tinha bebido nada. Meu corpo estava perigosamente desidratado.

Lhakpa liderava a marcha penosa e lentamente pela nuvem de neve pulverizada, com Gyaltsen e Mingma logo atrás e eu por último. Não havia cordas e eu tinha o cuidado de fincar o máximo de grampões no gelo. No meio da subida, peguei a câmera fotográfica e fiz uma fotografia enquadrando na vertical os três xerpas enquanto eles descansavam.

Eu não imaginava que existisse um cume falso. Mas era isso mesmo. Ao chegar à crista do campo de neve, fiquei surpreso com o que nos esperava. Em vez da última parte que eu imaginara, estávamos no início da Crista final, com a cornija protuberante do verdadeiro cume esperando por nós na outra extremidade. Entre nós e ele, uma série de ondulações de gelo, esculpidas pelo vento, suspensas na Face Kanshung.

Não sei se por uma questão de perspectiva ou se talvez por outro efeito irracional da falta de oxigênio, a Crista parecia imensa e o cume parecia estar a quilômetros de distância. Em outro daqueles momentos bizarros de dúvida, achei que Lhakpa e os demais iam parar e decidir não continuar. O vento soprava com força e com mais freqüência. O penacho se espalhava e estávamos prestes a passar por ele.

Então percebi algo que dava a real perspectiva da Crista. Um cordão de bandeirolas de oração instalado no cume pendia tristemente pela lateral. Dava para distinguir cada bandeira de seda colorida. Essa referência visual deu à Crista sua verdadeira dimensão e eu notei que ela era bem menor que minha primeira impressão.

O cume estava apenas a algumas centenas de metros adiante.

Fiquei logo atrás de Lhakpa e começamos a administrar a subida das ondas de gelo estriado. A chegada ao cume foi tão dramática quanto se podia desejar. À direita, a montanha despencava num abismo de 3.048 metros verticais, proporcionando uma visão total do cume encantado do Pumori, 7.165 metros, e de outros sentinelas do norte do Himalaia. Além deles, o árido platô marrom do Tibete, com a curvatura da Terra bem delineada.

À esquerda, descendo o lado Kanshung, não dava para ver nada, apenas a massa branca do penacho que brotava da Crista. Não havia marcas de grampões nem pegadas. Preferimos subir pela direita, onde ainda se via a rocha, evitando pisar em alguma das cornijas soltas.

Peguei a câmera de novo e fotografei Lhakpa na minha frente enquanto ele andava, de cabeça baixa, com a imensa protuberância do cume enquadrada à frente dele.

Ao ouvir o clique da câmera, um estalo despertou outra preocupação: será que a filmadora ia funcionar no cume? A única forma de encerrar o filme era com imagens do cume. Eu já tivera problemas com câmeras em situações críticas. Rezei em silêncio para que tudo corresse bem.

Então me ocorreu que, sem o Al, não haveria seqüência alguma a filmar. O foco do filme mudara de Brian depois que ele decidira voltar e agora a estrela era Al e a echarpe do Dalai Lama que ele tinha prometido colocar no cume.

Olhei para a Crista, na esperança de vê-lo atrás de nós. Nada. Disse a mim mesmo para ter paciência e pensar em uma coisa por vez – primeiro, chegar ao cume, depois me preocupar com ele.

Estranhamente, quanto mais perto do cume, parecia que o vento diminuía, mas o penacho soprava com mais força ainda. No início da Crista, éramos açoitados a cada rajada, o suficiente para nos curvar ao vento a fim de evitar um tombo. Mas naquele momento, enquanto dávamos os últimos passos rumo ao cume do Monte Everest, o vento parou como num passe de mágica.

Coloquei minha mão no pólo do cume e subi no topo do mundo. Para minha surpresa, eu estava em prantos. Era a primeira vez que eu chorava desde que era criança.

Olhei para a Crista. Mingma e Gyaltsen vinham subindo, mas nem sinal do Al. Com nós quatro no topo, não sobrava muito espaço. Esculpido pelo vento predominantemente do oeste, o topo tem a medida de uma mesa de bilhar, inclinado para o norte e para o sul, projetando-se a leste em uma cornija abaulada.

Lhakpa tirou seus *mittens* e apertou minha mão com alegria. Todos nos cumprimentamos e gritamos congratulações abafadas.

Minha maior impressão era a de uma altura estupenda. Mesmo cercado por outras montanhas gigantes de oito mil metros, como o Lhotse e Nuptse, o Everest não tinha concorrentes quando se está no seu cume – ele domina completamente. O Everest não precisa cavar um lugar no coração do Himalaia, ele prevalece sobre os primos mais baixos com uma majestade incontestável.

Mas a vista não estava completa. A oeste, quase um terço do horizonte estava encoberto por nuvens de cristais de gelo que formavam o penacho. Visto de perto, o penacho é tão hipnótico que se fica praticamente embasbacado. Fiquei observando as nuvens de gelo por alguns instantes e então percebi por que o cume estava tão calmo. O vento atingia a Face Norte e depois fazia uma curva sobre nossa cabeça, formando um grande "rotor" antes de dar a volta e atingir a Face Kanshung.

Com um pé na encosta da Face Sul e outro na Norte, sentei de pernas abertas na crista do cume e enfiei minha piqueta o máximo possível na crosta. Tecnicamente, eu estava dividido exatamente pela fronteira entre China e Nepal.

Na minha frente, o pólo metálico do cume, repleto de bandeirolas e encharpes. Apoiado nele, estavam alguns painéis metálicos – talvez um dispositivo refletor de alguma pesquisa passada sobre altura – e duas garrafas de oxigênio vazias cor de laranja.

Matt Dickinson

Ciente de que nosso suprimento de oxigênio estava diminuindo a cada minuto, peguei a filmadora que Mingma carregava e encaixei uma das baterias de lítio que estava na minha mochila. Havia trabalho a fazer. Tive que tirar meus *mittens* para conseguir encaixar a bateria. Então, em suspense, apertei o botão. Levantei meus óculos de proteção, ajeitando-os na testa, olhei pela pequena mira e lá estavam – como deveriam mesmo estar – as imagens que eu ansiava ver.

A câmera funcionou perfeitamente. Pressionei o botão para gravar e vi o indicador vermelho REC aparecer. Eureca! Eu estava filmando no topo do mundo!

Ainda sentado, comecei com duas longas tomadas panorâmicas que partiam da massa de nuvens sobre o Lhotse e terminavam nos três xerpas. Lhakpa estava tentando passar um rádio para o Acampamento-base, então dei um *zoom* até onde as lentes alcançavam para fazer um close.

Quando Lhakpa terminou de falar, deu-me o rádio. Desliguei a câmera para pegar o rádio e ouvi Gyaltsen exclamar alguma coisa. Seguindo seu braço esticado, vi que ele apontava para Al, que estava no final da Crista, vindo em nosso encontro.

Falei algumas coisas a Barney e então ouvi a voz extasiada de Brian.

– Matt? Estamos arrepiados! Não se esqueça de dizer algumas palavras pelo Dalai Lama!

Ocorreu-me um estalo.

– Peça para o Kees filmar aí.

– Ele está aqui, está filmando tudo.

– Ok. Câmbio e desligo.

Devolvi o rádio para Lhakpa e liguei a filmadora de novo. Era perfeito. Eu podia gravar a chegada de Al ao cume e sua conversa com Brian pelo rádio. Lá no Acampamento-base, Kees poderia filmar o outro lado do diálogo e então juntaríamos tudo na edição para compor uma única seqüência do cume.

Segurando a filmadora com a maior estabilidade possível, enquadrei Al e o filmei enquanto ele se aproximava lentamente de nós. Ele dava alguns passos e parava para respirar, como nós fizéramos. Parecia que estava sendo difícil para ele. Meu coração batia acelerado e não só por causa da escassez de oxigênio; aqueles momentos de filmagem eram intensamente empolgantes – os mais emocionantes da minha vida. Lá estava eu, sentado no cume do Everest filmando um dos maiores montanhistas do mundo em sua luta para atravessar o último campo de neve para chegar àquele lugar sagrado.

Não havia reconstituição, nenhuma cena ensaiada, era a tomada que tornava este filme sobre o Everest – o meu filme sobre o Everest – especial, a seqüência que levaria o espectador ao cume conosco.

Percebendo que eu não podia fazer toda a tomada aberta indefinidamente, dei um *zoom* até os pés de Al e mantive o foco neles por alguns segundos enquanto ele subia a encosta. Depois subi pelo seu corpo e dei um close em seu rosto, os cristais de gelo nitidamente visíveis na máscara de oxigênio.

Enquanto ele percorria os últimos metros, abri de novo e continuei gravando enquanto os três xerpas comemoravam.

– Muito bom, Al! Nós conseguimos!

– Finalmente, conseguimos. No topo do mundo!

Al fez uma pausa para respirar fundo. Seus ombros arquejavam e ele parecia muito cansado, mas estava falando com eloqüência. Lhakpa passou o rádio para ele.

– Brian? Está me ouvindo? Eu estou no cume! Estou no cume e trouxe a encharpe do Dalai Lama!

– É o cara de Yorkshire? E aí, como vai? – a voz do Brian ressoava no ar. – Eu estou no Acampamento-base, dá para me ver? Estou acenando para vocês!

Al virou a cabeça e olhou para baixo para o Glaciar Rongbuk. A dimensão da paisagem era tão gigantesca que mal conseguíamos distinguir o monastério, imagine as pequenas barracas do acampamento que estavam a uns bons 25 quilômetros de distância!

– Na verdade, não, mas posso imaginar a cena.

– Estamos muito orgulhosos! Vocês dois são heróis e os xerpas também! Volte em segurança e faça uma oração pela paz mundial pelo Dalai Lama! Não se esqueça: *Om mani padme hum*.

Al devolveu o rádio para Lhakpa e tirou a encharpe do pescoço. Os xerpas soltaram uma exclamação de contentamento quando perceberam o que ele ia fazer. Estendendo a seda branca, Al prendeu-a ao pólo do cume e a deixou tremular livremente ao vento.

Ele fez uma breve oração, como Brian pedira.

Filmei a encharpe o quanto pude e depois dei a câmera para Al gravar enquanto eu falava com Brian pelo rádio. Agradeci a ele por ter dado o pontapé inicial da expedição e do filme. Afinal de contas, fora sua paixão genuína pelo Everest que nos levara até ali e eu não queria que ele achasse que eu me esquecera disso.

Faltava a tomada de todos nós no cume. Al se afastou uns 10 metros na Crista e filmou. Quando a câmera começou a gravar, comemoramos e agitamos nossas piquetas no ar. Pronto. Trabalho encerrado.

– É melhor darmos o fora daqui.

O oxigênio estava acabando, tínhamos ficado no cume bem mais tempo do que o previsto. Foram quase 50 minutos.

Com pressa, tiramos fotografias nossas com a câmera amadora que já estava ficando sem poses. Parecia que a temperatura estava caindo drasticamente, ou talvez fosse apenas impressão devido ao tempo que havíamos permanecido sem nos mover no cume. Minhas mãos e meus pés estavam congelando e ficando adormecidos. Era hora de partir.

Então me lembrei dos bolinhos – um presente feito com carinho pela minha mãe e que eu guardara para esta ocasião. Demorou um pouco para achá-los no fundo da mochila. O papel que os embrulhava tinha rasgado um pouco durante a jornada, mas eles ainda estavam em boas condições. Tirei a parte de cima do embrulho e dei uma grande mordida.

Estava duro feito pedra, totalmente congelado. Furioso com a idéia de que eu tinha carregado meio quilo de carga pela montanha mais alta do mundo para nada, o desgosto quase me fez atirá-los pela Face Konshung.

Mas como explicar isso para minha mãe?

Arriscando meus incisivos superiores e inferiores, dei um jeito de extrair um pedaço simbólico antes de colocar o desagradável bolinho de volta na mochila para ser consumido em outro momento.

Então, depois de avistar demoradamente o Nepal, começamos nossa descida para o Acampamento 6.

Para mim, a descida foi a pior parte do pesadelo. Depois de um sono extremamente frio e inquieto de cinco horas nas últimas 50 horas (e sem dormir absolutamente nada nas últimas 30), eu estava com uma fadiga esmagadora. O esforço da subida tinha sido de longe o mais exigente entre tudo que eu fizera antes, e o fato de não ter bebido nada nas últimas 14 horas de escalada do ataque ao cume significava que eu e Al estávamos à beira do mal da montanha, com uma desidratação crônica que ameaçava acabar em um edema pulmonar ou cerebral. Além disso, algum tipo de queimadura por causa do frio era praticamente inevitável.

Descer é sempre mais arriscado que subir. O corpo está mais longe do solo, o que aumenta as chances de um escorregão. Usando os grampões infernais, derrapando e fazendo estardalhaço com as pedras soltas e esfareladas da Face Norte, por várias vezes passei perto de despencar pelo precipício de 3.048 metros.

As horas passavam. Descemos o Terceiro e o Segundo Escalão, passamos pelos corpos dos escaladores indianos e chegamos ao Primeiro Escalão.

A travessia das plataformas fragmentadas pareceu levar uma eternidade. Na subida, a Face parecia imensa, mas agora, na descida, ela era absolutamente monstruosa. Concentrado em manter o oito na corda e preso à minha cadeirinha em uma das cordas verticais, perdi o equilíbrio. Fiz um arco no ar, batendo o joelho com toda força na rocha. Por alguns segundos, pensei que fosse desmaiar.

Os três xerpas observavam de baixo, sem poder fazer nada para ajudar, enquanto eu balançava preso à corda, xingando por causa da dor do impacto. Minha queda foi impedida por um parafuso de gelo enfiado na neve acima da parede. Não faço a menor idéia de quem o instalou ali, mas, seja lá quem tenha sido, fez um bom trabalho. Levei vários minutos para me soltar e arrumar o equipamento antes de continuar descendo.

As paradas para descanso tornaram-se mais freqüentes. Cada vez que eu sentava, meus olhos se fechavam sozinhos e minha mente divagava, atraída pela escuridão do sono. De repente uma luz vermelha de alerta soava e eu me forçava a levantar e prosseguir. Cada vez com mais freqüência, minha mente vagava por cantos desconhecidos da imaginação, e eu não me lembro de ter visto Al passar por mim na Crista e continuar descendo.

Os xerpas eram bem mais rápidos que nós e chegaram ao Acampamento 6 pelo menos uma hora antes. A última parte, a descida das terríveis valas da Franja Amarela, levou-me ao limite de minha resistência física; acho que foi só a gravidade que me conduziu para baixo. Al passou quase o dia todo comigo, esperando por mim ao fim de cada enfiada de corda.

Levei pelo menos uma hora para percorrer os últimos 100 metros até o santuário do Acampamento 6. Em algum ponto da descida, meu oxigênio acabou, mas eu estava muito confuso para me dar conta disso.

Ao chegarmos, todas as sirenes do meu corpo soavam pedindo atenção. Um retumbar pulsante dentro da minha cabeça emitia um sinal de emergência de que se eu não bebesse alguma coisa logo eu ia desmaiar e entrar em coma. O problema é que eu estava tão quebrado que sabia que não teria coordenação para preparar nada.

Simon acabara de chegar ao acampamento vindo do Acampamento 5. Ele não tinha nenhum líquido e também aparentava estar muito cansado. Ele mal apertou a mão de Al e sentou em uma pilha de coisas. Perguntei se os xerpas haviam preparado chá, mas ele não sabia. Al chamou na barraca dos xerpas, mas não houve resposta. De algum modo, tirei a mochila e me arrastei até o interior esquálido da minha barraca. Al veio logo atrás. Eu lembro vagamente de balbuciar pedindo algo para beber.

– Você tem que me ajudar, Al, eu vou apagar. Estou mal. Você tem que acender a porra do fogareiro ou eu vou ter um problema muito sério.

Al, também desorientado e se mexendo com muita morosidade, começou o longo processo. Eu sentia que um blecaute queria me derrubar, mas lutei o quanto pude para ficar consciente. Foi quando ouvimos passos do lado de fora da barraca. Era Sundeep, também vindo do Acampamento 5, e também aparentando estar tão detonado quanto Simon, oscilando levemente, curvado para a frente para se apoiar na piqueta.

– Você tem suco? – perguntei.

Ele puxou a máscara de oxigênio de lado e murmurou algo. Vi sua garrafa de água presa no cinto e apontei para ela. Meu cérebro só tinha força para reproduzir mais uma frase.

– Eu tenho que beber alguma coisa, Sundeep. Eu não vou tomar tudo, mas preciso de um pouco ou vou desmaiar.

Isso era o que pretendia dizer, mas o que saiu foi uma enxurrada de palavras sem sentido. Porém Sundeep entendeu e me deu a garrafa. Bebi um terço do conteúdo e passei o recipiente para Al, que também bebeu.

Meia hora depois bebemos a primeira caneca morna da bebida preparada na panela com neve derretida. Foi quando eu finalmente pude acreditar que sobreviveria.

12

Às 2h30 da manhã seguinte, Simon, Sundeep e os dois xerpas aprontavam-se para o ataque ao cume. Acordei com o barulho dos preparativos, mas estava muito cansado para colocar a cabeça para fora da barraca e desejar boa sorte a eles. Eles escalaram as paredes da Franja Amarela, num progresso mais lento que o nosso no dia anterior, e chegaram à Crista uma hora depois do amanhecer.

Roger e Tore também não realizaram o sonho de chegar ao topo do Everest. Roger voltou de um ponto logo acima do Acampamento 5 depois de perceber que, embora soubesse que conseguiria chegar ao Acampamento 6, tinha certeza de que não conseguiria ir mais além. Tore, que sofrera muito para escalar o Colo no dia 17 de maio, voltou no dia seguinte quando enfrentava os fortes ventos no meio da Crista Norte.

Al e eu deixamos o Acampamento 6 no início da manhã do dia 20 de maio, descendo para o Acampamento-base Avançado. Ao passar pela barraca de Reinhard, de repente me dei conta de que me esquecera completamente do escalador austríaco que agora estava morto lá dentro. Passei depressa – se é que "depressa" é a palavra certa para o modo lerdo como eu me movia –, afastando da minha cabeça a terrível tentação de dar uma espiada lá dentro.

No dia seguinte, pelo rádio, a abalada esposa de Reinhard pediu a Simon e Sundeep que enterrassem seu marido da melhor forma possível. Exaustos como estavam depois da investida abortada ao cume, eles não tinham forças para cavar nem um buraquinho no solo duro congelado. Com a ajuda de Ang Chuldim, o melhor que eles conseguiram fazer foi desmontar a barraca, envolvendo o corpo com ela, e colocar algumas pedras e garrafas de oxigênio vazias sobre ele. Isso levou várias horas. Simon fez um crucifixo com pedaços de estacas de barraca que ele achou por perto e os três escaladores ficaram em pé em volta do túmulo, com as cabeças abaixadas, no vento cortante.

Simon disse algumas palavras por Reinhard que comoveu os três, fazendo-os chorar. Então, com mãos e pés já perigosamente congelados, começaram a descer para o Colo, onde chegaram na noite de 21 de maio. No dia seguinte, desceram em segurança para o Acampamento-base.

Simon continuou no Acampamento-base Avançado a fim de supervisionar a limpeza da montanha, enquanto o restante de nós desceu para o Acampamento-base e começou a fazer as malas. Em 24 de maio, todas as barracas e detritos foram removidos pelos xerpas dos Acampamentos 4 e 5, e uma fila de iaques carregava os equipamentos de volta para o Glaciar Rongbuk.

Três dias depois, partimos em um comboio de jipes para o Nepal, cada um envolto nos próprios pensamentos enquanto os veículos aceleravam pelo caminho empoeirado depois do Monastério Rongbuk. No topo do Paço Pang La, os veículos pararam, nós subimos e olhamos para o Everest pela última vez. O penacho estava lá, como quando eu o vira na montanha daquele mesmo ponto, ao chegar ao Acampamento-base. Separado dos outros, eu tentava encontrar palavras para dizer à montanha na qual, eu tinha certeza, jamais colocaria os olhos de novo.

No final, um "obrigado" sussurrado foi tudo que eu consegui dizer antes de voltar para as Toyotas e partir pelo platô tibetano.

Katmandu foi um choque depois dos meses de isolamento no Tibete. O tráfego intenso e as vielas lotadas de Tamel pareciam incrivelmente coloridos e cheias de vida em comparação com o ambiente monocromático e brutal da montanha que aceitamos como lar.

Louco para consumir gorduras e proteínas, eu imediatamente me preocupei em tentar recuperar parte dos 11 quilos perdidos. No primeiro dia de volta a Katmandu, tomei café-da-manhã, comi panquecas com creme, bolo de chocolate, bolo de banana, frutas com sorvete e um bife com batata frita extragrande. À noite, estava voluptuosamente passando mal por causa da gula. Kees estava pior ainda; sua comilança o deixou de cama por três dias com uma febre gástrica, o que não era muito bom, já que faltava apenas uma semana para seu casamento.

Pela primeira vez, pudemos ver a crueldade da imprensa com relação ao desastre do Everest. Isolados do mundo na montanha, com contato apenas por meio dos relatos via rádio, não tínhamos visto nenhum dos artigos sensacionalistas de jornais e revistas depois do evento. Agora, nas bancas de

Katmandu, descobrimos como fora grande o impacto da tempestade e suas fatalidades. As capas da *Times* e da *Newsweek* destacavam o desastre e amigos e parentes nos enviaram por fax outros artigos publicados no Reino Unido.

A qualidade das matérias variava bastante em termos de pesquisa sobre seu conteúdo, e certos aspectos – controvérsias persistentes entre os lados sul e norte – nem sempre batiam com nossa opinião ou com o que tínhamos visto na montanha.

Um exemplo era a tragédia dos indianos e a perceptível falha dos japoneses ao não tentar um resgate.

A história amplamente aceita foi que o escalador indiano morto encontrado em menor altitude estava a apenas 100 metros da segurança do acampamento. Essa informação – também usada por Richard Cowper no seu artigo para o *Financial Times* de 18 de maio intitulado "The climbers left to die in the storms of Everest" [Os escaladores abandonados à morte nas tempestades do Everest] – foi dada por escaladores que estavam no acampamento mais alto do lado norte nos dias seguintes à tempestade. O fato de Cowper usar a informação não denigre sua imagem de forma alguma, ele apenas escreveu de boa-fé, usando os dados que obteve naquele momento.

No entanto, o número "100 metros" pôs mais lenha na fogueira, fazendo o ato dos japoneses parecer ainda mais inumano. Se o escalador indiano estivesse a 100 metros da segurança, então o fato de os japoneses não o terem resgatado era totalmente imperdoável. O número fazia parecer que ele quase conseguira se salvar.

Na verdade, tendo visto o local exato onde estava o corpo do indiano localizado na altitude mais baixa (ou seja, aquele mais perto do Acampamento 6), posso atestar que o número de 100 metros está muito longe da verdade. Como Al, os xerpas e eu descobrimos, o escalador estava na Crista, a pelos menos 300 metros *verticais* acima do Acampamento 6, talvez a uns 500 metros de escalada real distante da segurança. Nós levamos pelo menos quatro horas e meia de subida ininterrupta desde o Acampamento 6 para encontrar o corpo do indiano.

Mas mesmo esses valores não revelam a verdadeira natureza da situação deles. Para descê-los até o Acampamento 6, qualquer equipe de resgate teria que conseguir descer seu corpo semiconsciente pela Franja Amarela, a camada de rocha maciça que formava a barreira de paredões que tivemos que escalar durante a noite.

O terreno é extremamente íngreme, com várias paredes que precisam ser desescaladas com muito cuidado mesmo por um escalador em boa forma.

Há bem poucos, ou nenhum, pontos de ancoragem na rocha puída e valas de neve – as fendas e fissuras naturais – que são usadas na descida mal suportam o peso da passagem de um escalador, imagine o peso de um corpo inconsciente.

Resumindo, eu não acredito que teria sido possível uma tentativa de resgate, mesmo se houvesse uma maca disponível (o que não havia), e, na minha opinião, qualquer escalador que encontrasse os indianos na posição e nas condições em que estavam na montanha teria concluído imediatamente, assim como os japoneses, que eles estavam fora de alcance para um resgate.

Por que os japoneses não tentaram aliviar as últimas horas de sofrimento dos indianos oferecendo algum líquido e oxigênio é outra questão e só eles podem responder.

Outro assunto de debate para nossa equipe, como para todas as outras, discutido interminavelmente entre nós também foi tema de muita especulação na mídia: por que Rob Hall e Scott Fischer subiram ao cume tão tarde se todo mundo sabia que eles aplicavam a tática de "dar meia-volta" a um determinado horário, quando os membros devem voltar, não importa onde estejam? Qual era a hora de voltar e por que as duas equipes não a cumpriram?

No seu livro *No ar rarefeito*, o jornalista Jon Krakauer (membro da equipe de Hall) escreveu:

> *No Acampamento-base, antes de nossa tentativa de chegar ao cume, Hall havia contemplado dois horários para dar meia-volta – ou às 13 h ou às 14 h. Porém, nunca declarou a qual desses horários deveríamos obedecer – o que era curioso, considerando-se o quanto ele martelara a importância de estabelecer um prazo rígido e obedecê-lo, acontecesse o que acontecesse. Fomos simplesmente informados de modo muito vago que Hall se absteria de tomar uma decisão final até o dia do ataque e que, depois de avaliar as condições do tempo e outros fatores, assumiria a responsabilidade pessoal de mandar todos voltarem na hora apropriada.*

O grupo de Fischer também não soube com antecedência qual seria a hora específica para dar meia-volta, embora, novamente, foram citadas às 13 e 14 horas. Na realidade, no dia do ataque, os dois guias contaram com sua experiência para decidir em que ponto seus grupos não poderiam mais seguir adiante. Isso dependeria de um conjunto complicado de fatores, incluindo velocidade do grupo e condições climáticas.

No dia 10 de maio, às 14 horas, apenas seis escaladores haviam chegado ao cume, então por que os demais não voltaram? Talvez a resposta seja porque a *maioria* deles estava *extremamente* perto do cume naquele momento, perto o suficiente para chegarem oito escaladores a partir das 14h10. Era a hora-limite, mas talvez, no momento em que acabou o tempo, o grupo principal estivesse a menos de 50 metros do cume e dentro do campo de visão. Numa situação dessas, é bem pouco provável que algum dos clientes teria obedecido às ordens de seus líderes para voltar, anulando terminantemente o ponto de retorno – o que requer total disciplina do líder. Fazer alguém voltar quando está no sopé do Escalão Hillary é uma coisa, mas tentar fazer alguém voltar quando está subindo a crista final do cume seria quase inconcebível.

A falha foi que, embora a maioria dos escaladores tenha chegado ao cume até às 14h30, faltavam dois deles. Quando o grupo principal de escaladores começou a descer, Doug Hansen, cliente de Hall, e Scott Fischer, que estava com muita dificuldade, estavam lutando para conseguir subir. Fischer fez o cume às 15h40 e partiu 15 minutos depois.

Por que Fischer continuou subindo? Ele já tinha chegado ao cume antes, é claro, e todos os seus clientes chegaram ao cume e desceram. Mas Fischer sabia que Rob Hall e Lopsang, braço direito e o xerpa mais forte de Fischer, estavam no cume esperando. Saber disso, mais seu alto nível de motivação pessoal, deve tê-lo encorajado a prosseguir. Dar meia-volta, bem na cara de seu amigo e concorrente, seria algo difícil de se conviver. Ambos eram membros da elite do montanhismo, e pode-se imaginar que Fischer perderia muito de seu prestígio se – por qualquer motivo – não conseguisse subir com seus clientes.

Para Hall, a presença de Lopsang e Fischer também deve tê-lo induzido a permitir que Hansen continuasse subindo. Com três guias (normalmente) fortes, Hall deve ter calculado que teria como descer Hansen. Três dos guias mais fortes do mundo haviam se iludido com uma falsa sensação de segurança. Quando Hansen chegou, o exausto Fischer e Lopsang já tinham descido.

Rob Hall esperou Hansen subir ao cume até as 16 horas, duas horas depois da hora de retorno prevista. Por que ele se deixara cair na armadilha que era chegar a um cume tão tardiamente (ainda mais com a vantagem da visão lá de cima)?

A resposta provável é que ele deve ter lembrado o que ocorrera um ano antes, no ataque ao cume da Adventure Consultants em maio de 1995. Naquela expedição, Rob Hall fizera Doug Hansen abandonar a investida pelo sul às 14 horas. Hansen ficara com o gosto amargo de o cume "estar tão perto e tão distante" e decidira com o apoio entusiástico de Hall tentar de novo em 1996. Hansen não era um milionário. Vivia com um salário modesto de funcionário do correio e arrumara um outro emprego para conseguir pagar por sua vaga na expedição. Seria improvável Hansen conseguir dinheiro para voltar mais uma vez.

Os dois eram amigos próximos e Hall tinha um compromisso especial de levar Hansen ao topo. Enquanto esperava no cume seu cliente aparecer, Hall deve ter enfrentado uma batalha de titã consigo mesmo. Fazer Hansen desistir de novo, desta vez ainda mais perto do cume que no ano anterior, teria sido algo muito difícil.

No fim, o desejo de ver seu cliente chegar ao topo atrapalhou o julgamento de Hall o suficiente para fazê-lo esperar.

E esperar muito.

Quando Hansen chegou ao cume, as nuvens vinham em seu encalço, bem como o vento. Fischer e Lopsang já estavam fora de vista. Hall estava sozinho com seu cliente exausto quando a tempestade caiu.

Fiel aos mais valiosos princípios de sua profissão, Hall ficou com seu cliente até o fim.

Em 6 de junho, todos os membros da expedição Crista Norte da Himalayan Kingdoms de 1996 retomaram sua vida "normal".

Simon, o líder da expedição, voltou ao escritório da Himalayan Kingdoms em Sheffield e retomou suas atividades como gerente de operações. Planejava voltar ao Everest em 1999, pelo sul, que seria sua quarta tentativa na montanha.

Barney voltou ao Himalaia meses depois, guiando um grupo de cinco clientes da Himalayan Kingdoms no Cho Oyu (8.201 metros), a oeste do Everest. Como ocorreu na nossa expedição, também não fez o cume, tendo que retornar com um cliente. Desde então, tem trabalhado como guia contratado e em pesquisas de petróleo em países como o Paquistão.

Kees retornou a Toronto 48 horas antes do seu casamento. No grande dia, seu rosto ainda apresentava as marcas dos efeitos nocivos da radiação e ele estava magro feito um palito. Seu filho, Cornelius Alexander't Hooft, nasceu no dia 19 de novembro. Depois de seu nascimento, Katie voltou a lecionar ciências políticas na Universidade de Toronto, enquanto Kees cuidava da casa e de vez em quando era contratado como cinegrafista. Kees ainda viajou para a Inglaterra, onde, por alguma excentricidade sua, assumiu o comando da construção de um barco segundo suas próprias especificações. Amante de coisas requintadas, instruiu os construtores a instalar uma peça de carvalho maciço na embarcação cinco estrelas.

– Eu não tinha certeza – disse-me com uma expressão abatida –, então os fiz remover o carvalho e trocar por teca. – Ele ficou observando minha expressão incrédula por um instante e então caiu na gargalhada quando viu que eu havia caído na brincadeira.

Brian voltou para o Reino Unido com 16 quilos a menos e fez uma coletiva de imprensa na qual contou aos repórteres que ele *tinha* arrancado a bandeirola da expedição japonesa do pólo e havia urinado nela – só mais uma das citações maliciosas que os jornalistas conscientes publicaram devidamente entre aspas. Enquanto a imprensa tirava fotografias de Brian na rua do lado de fora da sede da ITN, um motorista de ônibus, distraído pela multidão barulhenta, bateu o ônibus de dois andares em uma árvore, provocando um grande estrondo, o que encerrou a sessão – talvez apropriadamente – com um toque bem dramático.

Quase sem descanso após o rigor da expedição, Brian logo retomou sua vida profissional agitada. Teleconferências, uma turnê para promover seu novo livro sobre o Everest, uma temporada de mímica no Tunbridge Wells e preparar o início do filme *Macbeth* que ele ia dirigir.

Com relação ao Everest, qual era a opinião de Brian sobre a expedição?

– Fiquei envergonhado com meu desempenho no Everest este ano – contou-me. – Não tive resistência para prosseguir. Mas voltarei em 1999, pelo sul. Mais uma tentativa.

A paixão ainda ardia dentro de Brian, e era ela que o tornava especial.

A estadia de Al foi curta até ele começar a fazer os preparativos e carregar malotes rumo ao Paquistão, para uma expedição de verão bem-sucedida para escalar o Gasherbrum 1 e 2 da Karakoram. Com isso, totalizou em seu currículo oito montanhas de oito mil metros, uma conquista de primeira linha. Como ele encontrou forças para partir poucas semanas depois da expedição ao Everest e escalar outra montanha está além da minha capacidade de compreensão. Eu e os outros membros da expedição levamos meses para nos recuperar completamente.

Depois do Paquistão, Al voltou para suas visitas a Newcastle e retomou o trabalho promocional para a Berghaus, empresa de equipamentos para esportes na natureza, participando de feiras de negócios e palestras e dando os toques finais a um projeto que – se desse certo – colocá-lo-ia na vanguarda do montanhismo de alta montanha. Com o nome de "Challenge 8.000" (Desafio 8.000), Al se propunha escalar as outras seis das 14 montanhas do mundo com mais de oito mil metros. Se conseguisse, seria o primeiro inglês a realizar tal feito e a décima quinta pessoa em todos os tempos.

As seis montanhas da sua lista eram Lhotse (8.516), Makalu (8.481), Kanchenjunga (8.586), Nanga Parbat (8.125), Dhaulagiri (8.167) e Annapurna (8.091). Quando eu estava prestes a publicar este livro, recebi a boa notícia de que ele conseguira conquistar o Lhotse em maio de 1997 e o Nanga Parbat em julho de 1998.

O projeto era de alto risco: as estatísticas de montanha indicam que a escalada das 14 montanhas mais altas do mundo implica 40% de probabilidade de morte.

Al e eu nunca conversamos sobre os eventos do dia do ataque ao cume no Everest e meu medo irracional de que ele não conseguisse chegar lá. Não foi necessário. Depois percebi que foi o mal da montanha que devorava meu cérebro e me convenceu de que ele desistiria da investida. A demora para ele subir o Terceiro Escalão enquanto eu esperava com os três xerpas, que para mim parecera uma eternidade, na verdade deve ter sido de apenas alguns minutos, tempo que ele levou para ajeitar seus óculos de neve congelados, que haviam causado problemas pela manhã. Meu cérebro estava trabalhando com a idéia paranóica de que algo *tinha* que dar errado, e qualquer coisinha dava margem à teoria de que algo não fora bem com Al. Na realidade, Al chegou ao cume dez ou quinze minutos depois de nós.

Para minha surpresa, antigos rivais de Al, sentindo que talvez houvesse ocorrido uma falha em sua imagem intocável de "homem resistente", ligaram para minha casa depois da expedição, ávidos por detalhes de como eu "vencera" Al na corrida até o cume. Mas, se eles achavam que eu ia cuspir no prato em que comi, estavam muito enganados. Al chegou ao cume de maneira imaculada e, enquanto permaneceu lá, estava lúcido o suficiente para conversar bastante tempo pelo rádio com Brian e colocar a bandeira no mastro do cume. Ele também fez questão de me acompanhar durante toda a descida até o Acampamento 6, embora eu tenha certeza de que ele poderia ter descido muito mais rápido se assim quisesse.

Sundeep voltou para casa com uma montanha de 20 mil libras de dívidas e a notícia de que em breve seria transferido para a Bósnia com sua unidade. Depois a transferência foi revogada e ele tentou entrar no curso que o qualificaria ao cargo de P Coy – a seleção para a Força Aérea inglesa. Infelizmente, um problema grave na tíbia – talvez resquícios da expedição ao Everest – acabou com suas chances. Sundeep retomou suas atividades como médico do Exército, tentando insanamente esquecer a frustração de ter estado tão perto do seu sonho de escalar os Sete Cumes quando esteve no Everest.

– Recebi uma proposta de dez mil libras por uma vaga numa expedição para a primavera de 1997, mas, com tantas dívidas para saldar depois da viagem, não dava para encarar outra – ele me disse.

Sabendo dessa oportunidade para Sundeep, Roger ofereceu a ele, sem alarde, a quantia necessária em empréstimo, um ato de extraordinária generosidade que me tocou profundamente quando eu soube disso. Mas outros compromissos inviabilizaram a ida de Sundeep. Mas, no ano seguinte, como muitos de nós esperávamos, Sundeep conseguiu voltar ao Everest, fazendo o cume em 25 de maio de 1998.

Roger Portch raspou a barba e voltou para o assento do 747 da British Airways, transportando passageiros pelo mundo todo. Madras, Muscat, Johannesburgo, Cidade do México. Sua jornada de trabalho contém uma longa história de viagens, mas as memórias da expedição ao Everest nunca serão esquecidas, não importa quantas vezes Roger irá decolar e aterrissar.

– Eu aprendi a conviver com isso, com o fato de não ter feito o cume, mas aceitar isso ainda vai levar muito tempo –, ele me disse. – Mas eu não vou voltar. Aquela foi minha única chance. Estou muito velho para tentar de novo e realmente não seria justo com Muriel e minhas filhas. Não posso fazê-las passar por tudo aquilo de novo.

Há um momento em particular para Roger em que a idéia do que poderia ter sido é quase insuportável e, infelizmente, é um momento que ele revive todos os dias. É quando ele decola e o indicador digital da cabine de seu Boeing 747 atinge os 8.848 metros. É quando ele olha o infinito azul da atmosfera, saboreando a altura, admirando a curvatura da Terra, vagando, imaginando como teria sido dar os últimos passos para chegar ao topo do mundo. Essa é a tristeza eterna de um sonho que nunca se realizou.

Roger ainda usa em seu pescoço o cordão vermelho do puja.

E eu? Voltei com meus dois dedos queimados por causa do frio para saber que fui o 27º inglês a escalar o Everest e o quinto a escalar a Face Norte. Alguns amigos curiosos me perguntavam:

– O que *acontece* depois de escalar o Everest?

– Como assim?

– Você sabe, convites para ao Palácio de Buckingham para tomar um chá com biscoitos com Lord Hunt na Royal Geographical Society e falar sobre os detalhes da rota. Medalhas. Esse tipo de coisa.

Na realidade, nada aconteceu, o que eu achei ótimo. O máximo de agito foi um cartaz que meu filho Alistar pintou com giz de cera escrito VALEU, PAPAI! Essa homenagem bastava.

Durante algumas semanas, mostrei meus dedos a vários especialistas. Chegaram à conclusão de que o melhor era esperar. Foi o que eu fiz. Depois de duas semanas, as bolhas ficaram esverdeadas, depois pretas e então duras como um pedaço de papelão. Oito semanas depois, as cascas queimadas caíram, revelando dedos mais ou menos perfeitos. As pontas dos dois dedos vão ser sempre ultra-sensíveis ao calor e ao frio – e mais susceptíveis à queimadura por causa do frio –, mas eu estava feliz por eles estarem ali.

– Mais três ou quatro minutos de exposição – disse um dos especialistas – e você teria perdido os dois dedos. Mais dez minutos e você teria perdido muito mais.

Em comparação com a queimadura de Makalu Gau e Beck Weathers (ambos tiveram amputações graves), aquilo não era nada.

Durante os meses de junho e julho, trabalhei no filme, revivendo a expedição na sala de corte da ITN, concluindo a produção em apenas seis semanas. O filme foi exibido no Canal 4 em 26 de agosto de 1996. Desde então, filmei em países como Malásia, Tailândia, Iêmen, Malaui e Omã, além de escrever este livro. O fato de ter filmado no cume do Everest não fez muita diferença para minha carreira. Ainda faço roteiros no meu tempo livre na esperança de largar os filmes de aventura.

Como pessoa, não acho que o Everest realmente me mudou – um fato que de alguma forma irrita Fiona, pois acho que ela esperava que, como uma borboleta, um novo marido surgisse de dentro da pupa esquelética e congelada do outro que ela pegou em Heathrow depois da expedição. Na verdade, continuo sendo a mesma criatura egoísta e resolutamente nômade de sempre. Ainda não consigo ficar mais que alguns dias em casa antes de começar a furar o chão de tanto andar de um lado para o outro, pensando no próximo trabalho. Ainda acordo nas primeiras horas da manhã, traçando na minha cabeça roteiros de viagem por lugares que ainda não visitei. Ainda compartilhamos muitos sonhos, mas aqueles que não compartilhamos não desapareceram num passe de mágica só porque escalei uma montanha.

Sempre me questiono se algum dia ainda vou escalar outra grande montanha. Muitas pessoas têm sido bastante gentis, dizendo que a determinação revelada no Everest poderia me levar ao cume de outras montanhas. Mas eu não tenho certeza disso. Os motivos que me levaram a escalar o Everest, e agora estou convencido disso, estão tão enraizados na minha mente e no meu coração como no movimento de meus músculos e tendões. Escalei o Everest em um momento da minha vida quando havia um gêiser interior de frustrações a ponto de explodir. Se essa oportunidade tivesse surgido alguns anos antes ou depois, talvez eu não tivesse chegado ao cume.

Então qual é a conclusão? Está tudo igual. Nada mudou. O Everest é grande, mas não grande o suficiente para mudar os padrões de uma vida inteira. As contas vencidas ainda estão empilhadas ao lado do telefone. A financiadora ainda está cobrando as prestações atrasadas da casa. Nosso casamento ainda segue o mesmo padrão – a alegria de estarmos juntos e a tristeza de estarmos separados. Por sorte, ainda podemos rir juntos e nenhum de nós consegue ver alguma maneira de mudar nossa relação, agora que ela sobreviveu ao Everest.

Uma parte de mim ainda espera pelo raio de luz azul, o grande néon celestial que eu não vi no cume. Talvez Fiona devesse escalar uma montanha; talvez ela *visse* a luz celestial quando chegasse ao topo. Talvez eu devesse sugerir isso a ela.

Mas, pensando bem, não sei se é uma boa idéia. A logística para transportar todo o seu estoque de gim-tônica montanha acima derrubaria até o líder mais brilhante.

Enquanto isso, continuo fazendo filmes de aventura. Preciso fazê-los para ganhar meu sustento, mas meu coração já está em outra. Eu me vejo, daqui a dez anos, escrevendo e dirigindo filmes em Hollywood – uma visão aparentemente nobre até você perceber que todo mundo que trabalha na televisão tem a mesma ambição. Então, continuo fazendo a única coisa que me resta – deixar minha imaginação voar e escrever histórias que nascem em algum canto longínquo da minha mente, sempre com a esperança de conseguir vender um dos meus roteiros e começar uma nova carreira antes que alguém me telefone perguntando se quero fazer um filme sobre uma expedição ao K2.

SOBRE O AUTOR

MATT DICKINSON é produtor e roteirista de filmes, especialista em lugares selvagens e povos indígenas do mundo inteiro. Sua paixão pela aventura o levou até agora a quase 100 países, incluindo expedições para o deserto do Saara, para a Groenlândia e às florestas da América do Sul.

Estudou antropologia antes de iniciar sua carreira na televisão. Depois de uma passagem de quatro anos pela BBC, começou a trabalhar como *freelancer* em 1988, produzindo e dirigindo documentários de aventura para redes como BBC, National Geographic Television, Discovery Channel, Arts & Entertainment Network, entre outras.

Seus filmes foram exibidos em mais 35 países e receberam vários prêmios em festivais renomados.

Seus projetos filmográficos atuais incluem uma viagem marítima de iate para a Antártida, um filme sobre rafting no rio Brahmaputra, na Índia, e uma expedição a pé cruzando o inóspito deserto da Namíbia.

Na temporada pré-monção do Everest de 1996, em meio às piores condições climáticas já registradas, na companhia de Alan Hinkes, renomado montanhista britânico de alta montanha, realizou uma ascensão bem-sucedida pela famosa Face Norte do Monte Everest, uma das escaladas tecnicamente mais exigentes da maior montanha do mundo.

Matt vive na Inglaterra com sua esposa, Fiona, e seus três filhos. Seu site é www.mattdickinson.com.

A Crista Final com cume enquadrado no centro. Lhakpa lidera os últimos 100 metros de escalada. (Fotografia feita com a câmera amadora.)

Mingma, Gyaltsen e Matt Dickinson no cume do Monte Everest. (Fotografia também feita com a câmera amadora.)

A equipe de Rob Hall no Acampamento-base do Everest, no lado sul da montanha, abril de 1996.

Brian Blessed (visto de costas) e a equipe seguindo pela Crista Norte. Ventos fortes arrancam cristais de gelo da crista. A investida foi abortada várias horas depois, quando se percebeu que o grupo estava muito lento.

Da esquerda para a direita: Rob Hall, Ang Tshering e lama xerpa no puja, no lado sul do Everest.

À direita: Beck Weathers, membro da expedição da Adventure Consultants, do lado sul da montanha. A recuperação milagrosa de Weathers – e seu resgate da montanha – é uma das histórias mais extraordinárias do Everest.

Abaixo: A retirada por helicóptero de Makalu Gau do Acampamento-base no lado sul da montanha – um dos resgates por helicóptero mais espetaculares já realizados.

Acima: A Equipe B no Acampamento-base. Da esquerda para a direita: Sundeep Dhillon, Simon Lowe (líder da expedição), Richard Cowper, Tore Rasmussen e Roger Portch.

Acima, à esquerda: A Face Norte do Monte Everest com as nuvens da tempestade se aproximando no dia 10 de maio.

À esquerda: A Crista Norte do Everest (à esquerda) que leva à Crista Nordeste (vista na linha do horizonte). O cume no topo à direita. O Primeiro e o Segundo Escalão podem ser vistos como protuberâncias na Crista.

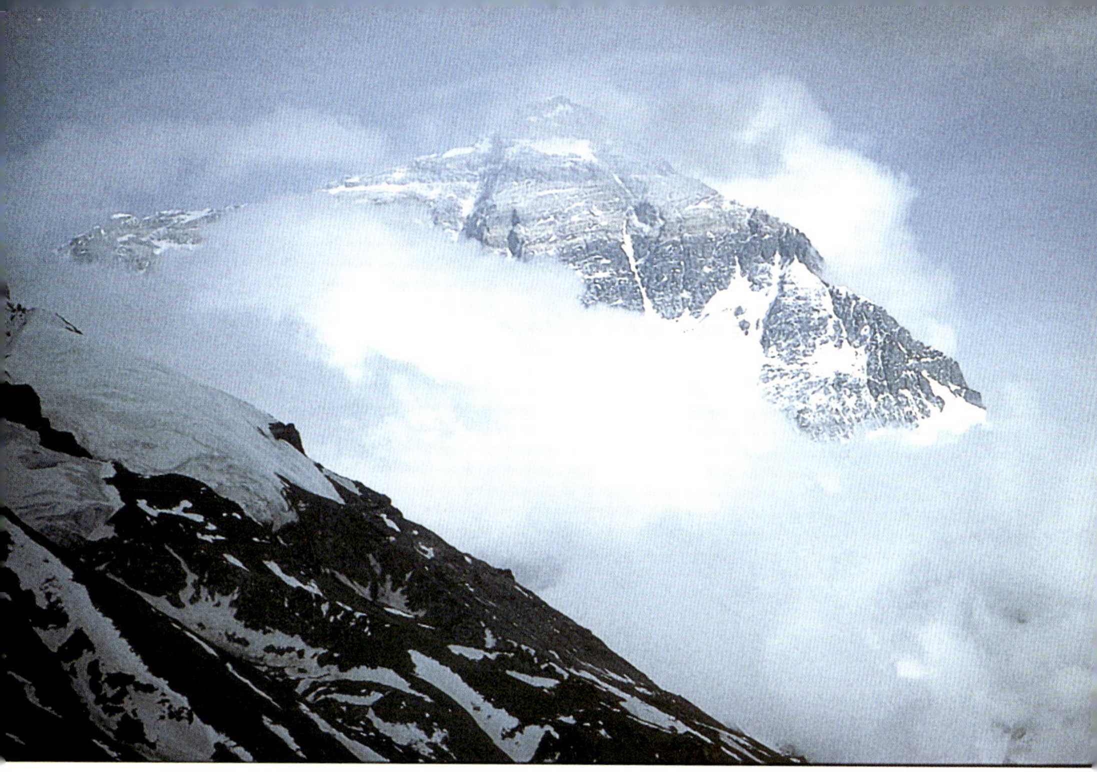

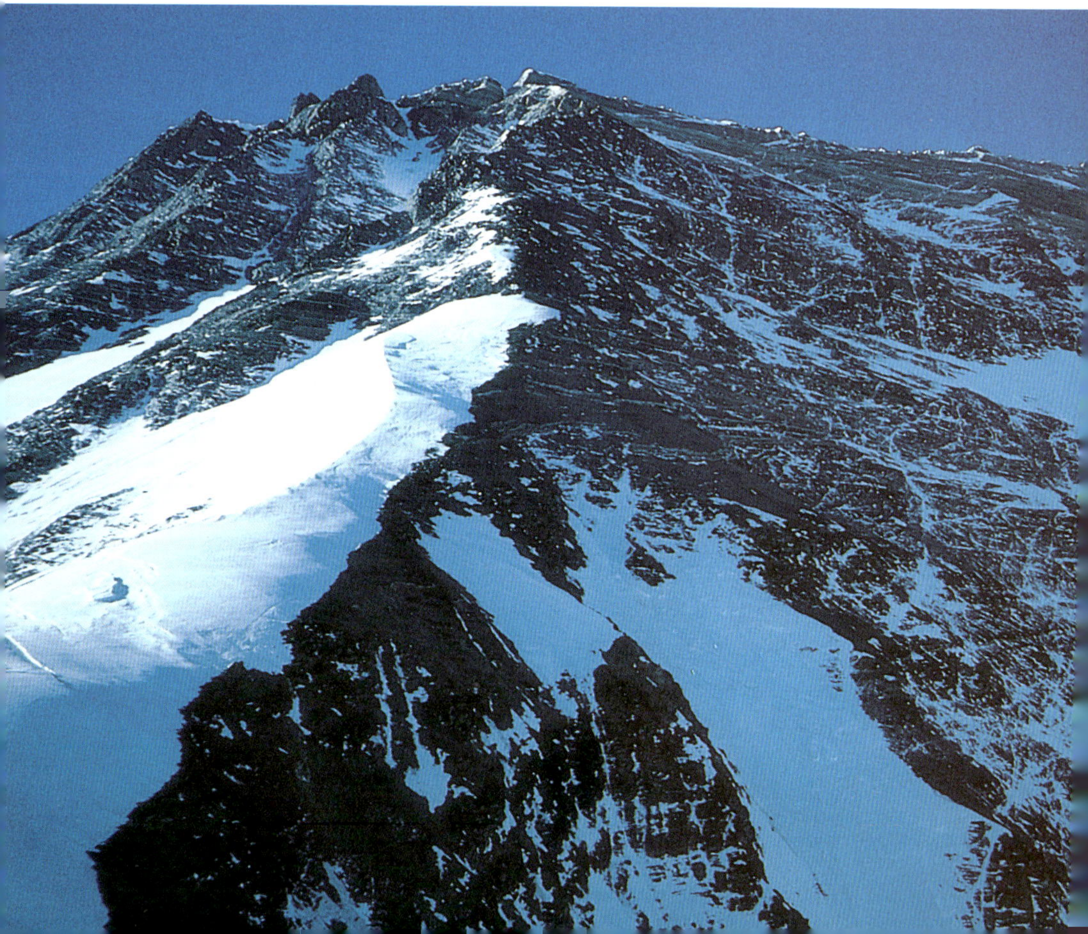

Acampamento-base Avançado no topo do Glaciar Rongbuk, numa altitude de 6.450 metros. No fundo, as assustadoras falésias geladas do Colo Norte.

Membros da equipe da Himalayan Kingdoms escalando o Colo Norte.

À esquerda: A Face Norte do Everest vista do Monastério Rongbuk. A montanha domina o vale, mesmo a 32 quilômetros de distância.

Abaixo: O cinegrafista Ned Johnston gravando com a câmera 16 mm no Glaciar Rongbuk.

Abaixo: Membros da equipe xerpa fotografados durante o puja, realizado antes de o grupo começar a escalar a montanha.

Matt Dickinson (*à esquerda*) e Brian Blessed (*à direita*) no Acampamento-base, pouco antes da primeira viagem de aclimatação pelo Glaciar Rongbuk.

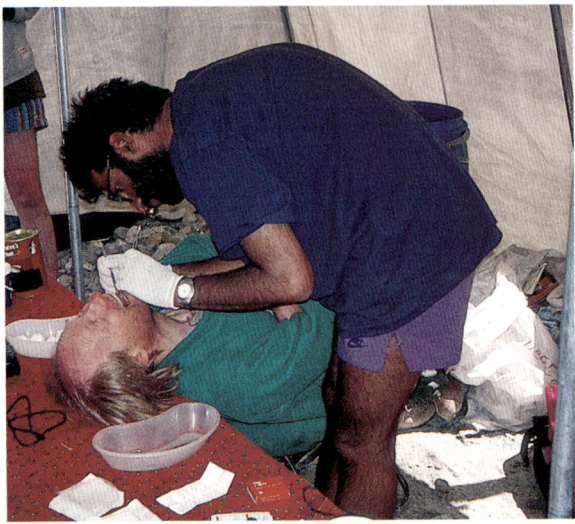

À esquerda: O médico da expedição, Sundeep Dhillon, cuidando de um problema dental do cinegrafista Kees't Hooft. Com o frio intenso, restaurações tendem a trincar e cair.

Abaixo: A Face Norte do Everest vista do platô tibetano.

À esquerda: Matt Dickinson na bagunça do cume do Monte Everest posando de Hillary!

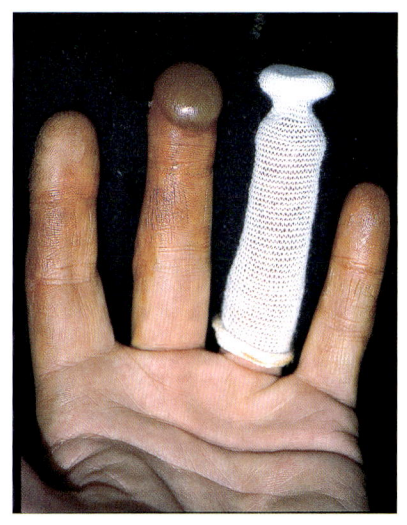

Acima: Queimadura de primeiro grau nos dois dedos do meio de Matt Dickinson, causada pelo frio durante a ascensão. As bolhas cicatrizaram completamente.

Abaixo: Matt Dickinson (*à esquerda*) e Alan Hinkes (*à direita*) no Hotel Summit, em Katmandu, na volta do Tibete.

Acima: Matt Dickinson no cume do Monte Everest aproximadamente às 10 h do dia 19 de maio de 1996.

Abaixo: Alan Hinkes fotografado no cume do Monte Everest com a foto de sua avó e sua filha. Atrás dele, Mingma e Gyaltsen.

Acima: Acampamento 6 na Face Norte do Everest a 8.300 metros, o acampamento mais alto do mundo. Pode-se ver o que sobrou das barracas de outras expedições destruídas por tempestades e garrafas de oxigênio abandonadas.

À esquerda: O famoso Segundo Escalão da Crista Norte do Everest, com Matt Dickinson na metade do caminho. O Segundo Escalão é um maiores desafios do dia do ataque ao cume na ascensão pelo norte.

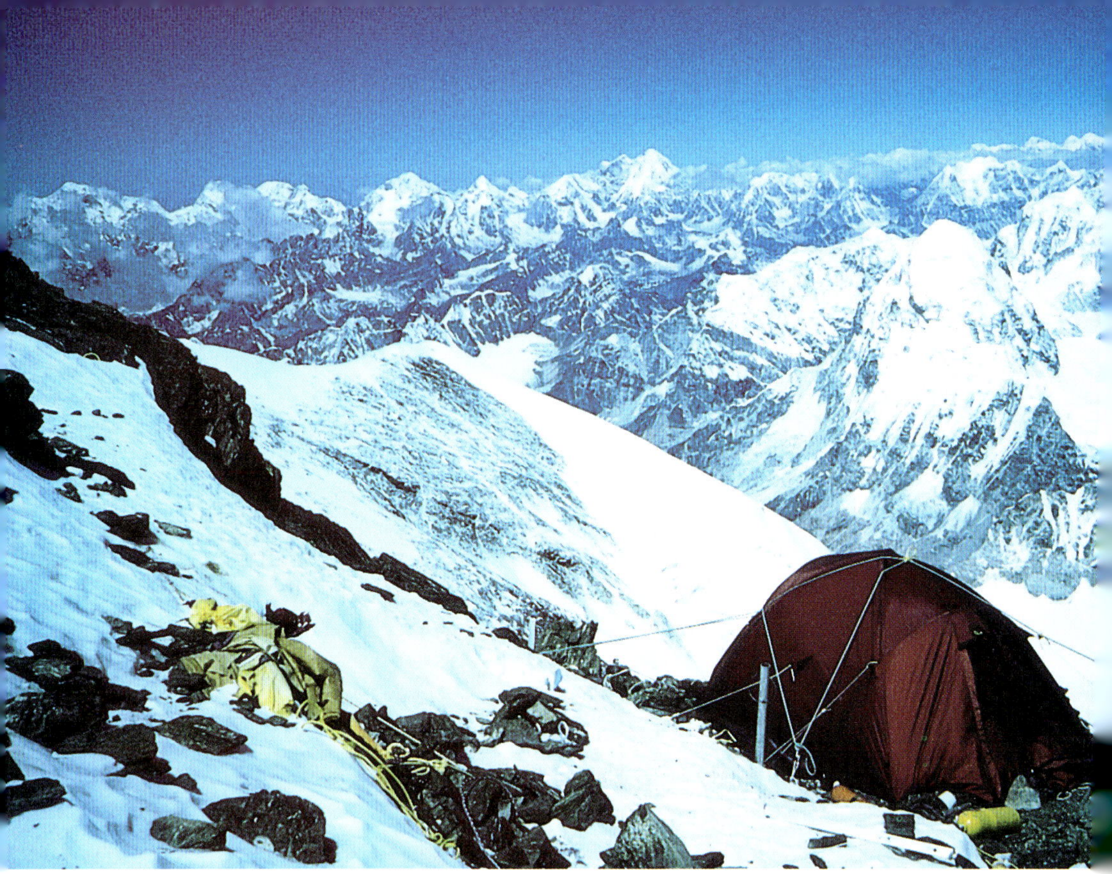

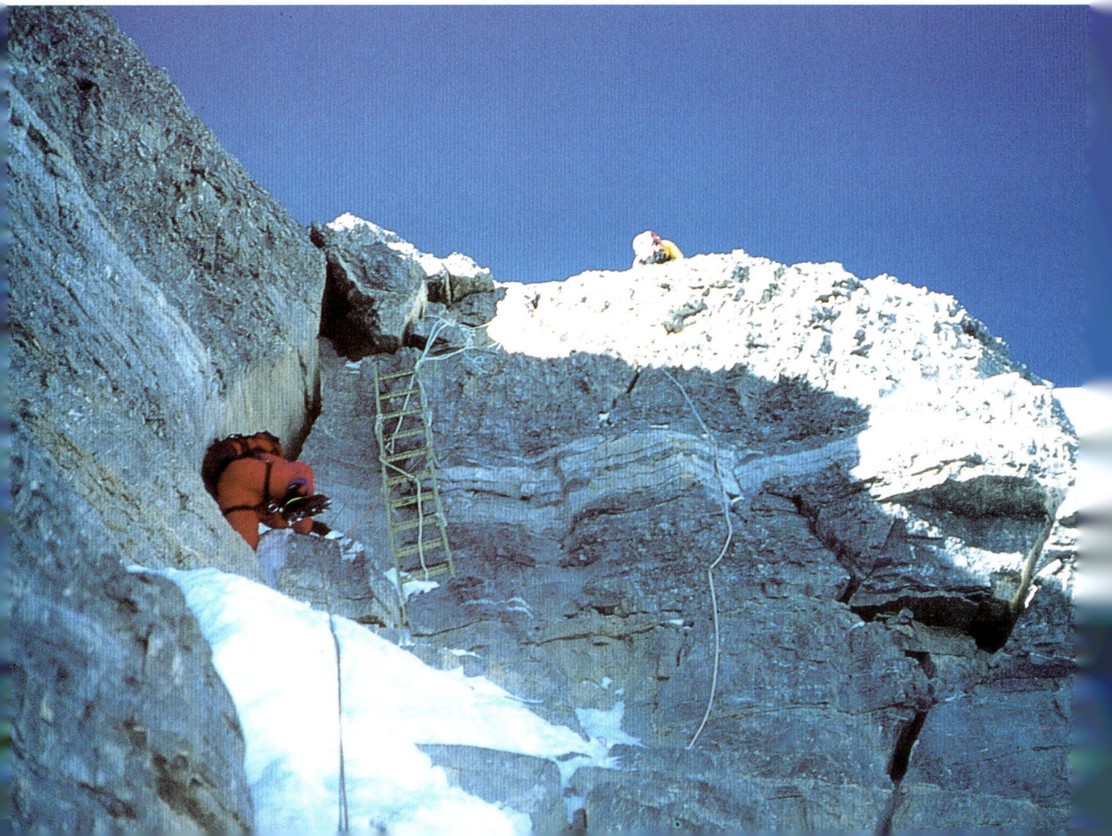

Alan Hinkes no Acampamento 5 com garrafas de oxigênio.

À esquerda: Membro da equipe da Himalayan Kingdoms subindo o Colo Norte. Essa parede de gelo sujeita a avalanches foi cenário de várias tragédias.

Matt Dickinson com o Changtse ao fundo.

O acampamento do Colo Norte, com a Crista Norte ao fundo.

Acima: Membros da equipe xerpa a caminho do Acampamento-base.

Abaixo: A Face Norte do Monte Everest, 8.848 metros.

Acima: Os pastores de iaque partindo para o Acampamento-base Avançado, com o Everest no enquadramento. Várias toneladas de equipamento são transportadas pelo Rongbuk Oriental dessa forma.

Acampamento-base da expedição no Glaciar Rongbuk. O Everest, centralizado na foto, domina o horizonte com seu famoso penacho de cristais de gelo.

À esquerda: Brian Blessed com a guirlanda no Hotel Summit em Katmandu. A expedição foi a terceira tentativa de Brian no Everest.

Abaixo: Membros da equipe subindo o Glaciar Rongbuk com a Face Norte do Everest ao fundo. A caminhada de três dias é o primeiro desafio da ascensão pelo norte.